annabac
SUJETS et CORRIGÉS 2020

Histoire Géographie T^le
séries L, ES

Christophe Clavel
Professeur d'histoire-géographie-géopolitique
à l'IES Normandie

Jean-François Lecaillon
Professeur certifié d'histoire-géographie

Achevé d'imprimer
Par Maury imprimeur à Malesherbes - France
Dépôt légal 05243-7/01 - Août 2019

Annabac

MODE D'EMPLOI

Que contient cet Annabac ?

Tous les outils nécessaires pour se préparer de manière efficace à l'épreuve d'histoire-géographie du bac 2020.

En premier lieu des sujets corrigés tombés lors des épreuves du bac 2019, mais également :
– des sujets complémentaires ;
– des conseils de méthode ;
– les repères clés du programme.

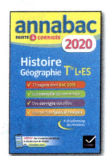

▶ Une large sélection de sujets d'écrit

L'ouvrage comprend les sujets de la dernière session et des sujets complémentaires. Il regroupe à la fois des sujets complets et des exercices classés par thème, de manière à couvrir tout le programme. Il s'efforce de représenter de manière équilibrée tous les types d'exercices qui peuvent être proposés dans le cadre de l'épreuve.

▶ Également des sujets d'oral

Nous vous proposons également des sujets vous permettant de vous faire une idée de l'épreuve orale de contrôle et de la préparer, si nécessaire, en en connaissant les exigences.

▶ Comment les sujets sont-ils traités ?

Les auteurs de cet ouvrage ont eu à cœur de vous aider à bien interpréter un sujet et « fabriquer » une bonne copie. C'est pourquoi ils ont associé à chaque énoncé :
– une explication du sujet et des aides pour construire la réponse (rubrique « Les clés du sujet ») ;
– un corrigé clairement structuré, avec des conseils et des commentaires quand c'est nécessaire.

Comment utiliser l'ouvrage ?

▶ À l'aide du sommaire

Dès le mois de décembre, à l'occasion d'un contrôle ou d'un examen blanc, n'hésitez pas à vous familiariser avec les types d'exercices proposés au bac en traitant ceux correspondant aux thèmes du programme à réviser. Le sommaire vous aidera à les sélectionner.

Travaillez-les le plus possible, dans un premier temps, avec la seule aide des « Clés du sujet » ; puis confrontez ce que vous avez fait avec le corrigé proposé.

▶ À l'aide du planning de révisions

La date de l'examen se rapproche. Grâce à la rubrique « Votre planning de révisions », choisissez, en fonction du temps qui vous reste, les sujets qui vous permettront d'aborder l'épreuve dans les meilleures conditions possible.

Et l'offre privilège sur annabac.com ?

L'achat de cet ouvrage vous permet de bénéficier d'un accès gratuit* aux ressources d'annabac.com : fiches de cours, podcasts, quiz interactifs, exercices, sujets d'annales…

Pour profiter de cette offre, rendez-vous sur www.annabac.com, dans la rubrique « Vous avez acheté un ouvrage Hatier ? ». La saisie d'un mot clé du livre (lors de votre première visite) vous permet d'activer votre compte personnel.

* Selon conditions précisées sur www.annabac.com.

Qui a fait cet Annabac ?

▶ L'ouvrage a été écrit par deux enseignants d'histoire et de géographie : Christophe Clavel et Jean-François Lecaillon.

▶ Les contenus ont été préparés par plusieurs types d'intervenants :
- des coordinateurs éditoriaux : Grégoire Thorel et Anaïs Goin, assistés de Cloé Bineau et de Luce Valli ;
- un éditeur : François Capelani ;
- des graphistes : Tout pour plaire et Dany Mourain ;
- des maquettistes : Hatier et Nadine Aymard ;
- un cartographe : Philippe Valentin ;
- une illustratrice : Juliette Baily ;
- un compositeur : STDI.

SOMMAIRE

- **Index des points méthode** 9
- **Votre planning de révisions** 10
- **Des sujets supplémentaires sur annabac.com** 12

Infos et conseils sur...

- **L'épreuve d'histoire-géo** 13

Préparer l'épreuve écrite

Cochez les sujets sur lesquels vous vous êtes entraîné.

Sujet complet de France métropolitaine 2019

1 COMPOSITION • Le Proche et Moyen-Orient, un foyer de conflits depuis la fin de la Seconde Guerre mondiale. . . . . .26 ❏
2 COMPOSITION • Médias et opinion publique dans les grandes crises politiques en France depuis l'affaire Dreyfus . . . . .31 ❏
3 ÉTUDE CRITIQUE DE DOCUMENTS • Les opérations de maintien de la paix, reflet de l'organisation géopolitique du monde ? . . . . .36 ❏

Histoire

LE RAPPORT DES SOCIÉTÉS À LEUR PASSÉ

Les mémoires : lecture historique

4 COMPOSITION • L'historien et les mémoires de la Seconde Guerre mondiale en France • Liban, mai 2018 . . . . .42 ❏
5 ÉTUDE CRITIQUE DE DOCUMENTS • L'historien et les mémoires du génocide des Juifs • France métropolitaine, juin 2018. . . . . .47 ❏
6 COMPOSITION • La rivalité des mémoires de la guerre d'Algérie (de 1962 à nos jours) • Sujet inédit . . . . .53 ❏

IDÉOLOGIES ET OPINIONS EN EUROPE DE LA FIN DU XIXe SIÈCLE À NOS JOURS

Socialisme, communisme et syndicalisme en Allemagne depuis 1875

7 COMPOSITION • Socialisme, communisme et syndicalisme en Allemagne de 1875 à 1945 • Asie, juin 2018 . . . . .59 ❏

SOMMAIRE

8 COMPOSITION • **Socialisme, communisme et syndicalisme en Allemagne des lendemains de la Seconde Guerre mondiale à nos jours** • France métropolitaine, juin 2017............................64 ❏

9 ÉTUDE CRITIQUE DE DOCUMENTS • **RFA et RDA : deux conceptions du socialisme après 1945** • Nouvelle-Calédonie, décembre 2017...........69 ❏

Médias et opinion publique dans les grandes crises politiques en France depuis l'affaire Dreyfus

10 ÉTUDE CRITIQUE DE DOCUMENTS • **Médias et opinion publique en France au moment de l'affaire Dreyfus** • Liban, mai 2013 ....74 ❏

PUISSANCES ET TENSIONS DANS LE MONDE
DE LA FIN DE LA PREMIÈRE GUERRE MONDIALE À NOS JOURS

Les chemins de la puissance : les États-Unis et la Chine

11 COMPOSITION • **Les États-Unis et le monde, depuis les « 14 points du président Wilson » (1918)** • Amérique du Nord, mai 2017 ....80 ❏

12 ÉTUDE CRITIQUE DE DOCUMENTS • **L'affirmation de la puissance américaine de 1918 aux années 1950** • Liban, mai 2019................85 ❏

13 ÉTUDE CRITIQUE DE DOCUMENT • **Les États-Unis et le monde selon Jimmy Carter** • Liban, mai 2017 ....91 ❏

14 ÉTUDE CRITIQUE DE DOCUMENT • **Le rôle des États-Unis dans le monde de l'après-guerre froide** • Polynésie française, juin 2017 ....97 ❏

15 COMPOSITION • **La Chine et le monde depuis 1949** • Liban, mai 2018 ..101 ❏

16 ÉTUDE CRITIQUE DE DOCUMENTS • **La Chine et le monde sous Mao Zedong** • Amérique du Nord, mai 2018 ....105 ❏

17 ÉTUDE CRITIQUE DE DOCUMENTS • **La Chine et le monde depuis la fin des années 1970** • Polynésie française, septembre 2018 ....111 ❏

Le Proche et le Moyen-Orient, un foyer de conflits depuis 1918

18 ÉTUDE CRITIQUE DE DOCUMENTS • **Le Proche et le Moyen-Orient dans l'entre-deux-guerres** • Amérique du Nord, mai 2016...............116 ❏

19 ÉTUDE CRITIQUE DE DOCUMENTS • **Le Proche-Orient dans les années 1970** • Antilles, Guyane, septembre 2016...............123 ❏

LES ÉCHELLES DE GOUVERNEMENT DANS LE MONDE
DE LA FIN DE LA SECONDE GUERRE MONDIALE À NOS JOURS

L'échelle de l'État-nation

20 COMPOSITION • **Gouverner la France depuis 1946 : État, gouvernement, administration** • Afrique, juin 2019................128 ❏

21 ÉTUDE CRITIQUE DE DOCUMENT • **Le rôle de l'administration dans le gouvernement de la France** • Asie, juin 2013 ....133 ❏

22 ÉTUDE CRITIQUE DE DOCUMENTS • Deux conceptions du rôle et de l'action de l'État en France • France métropolitaine, juin 2013 . . . . .138 ❏

L'échelle continentale

23 COMPOSITION • Le projet d'une Europe politique, des traités de Rome à l'UE à 28 États • Polynésie française, juin 2016 . . . . .144 ❏

24 ÉTUDE CRITIQUE DE DOCUMENT • Le projet d'Europe politique après le congrès de La Haye • France métropolitaine, septembre 2016 . . . . .150 ❏

25 ÉTUDE CRITIQUE DE DOCUMENTS • Les étapes et les hésitations de la construction européenne • Amérique du Sud, novembre 2017 . . . . . . .155 ❏

L'échelle mondiale

26 COMPOSITION • La gouvernance économique, à l'échelle mondiale, depuis 1944 • Liban, mai 2016 . . . . .160 ❏

27 ÉTUDE CRITIQUE DE DOCUMENTS • Le FMI, outil de gouvernance économique mondiale ? • Sujet inédit . . . . .165 ❏

28 ÉTUDE CRITIQUE DE DOCUMENTS • Réformer le Conseil de sécurité de l'ONU • Sujet inédit . . . . .170 ❏

Géographie

Les 7 croquis pouvant donner lieu à des sujets de bac sont réunis, à la fin de la partie, dans une section spécifique qui propose une préparation complète à l'épreuve.

CLÉS DE LECTURES D'UN MONDE COMPLEXE

Des cartes pour comprendre le monde

29 ÉTUDE CRITIQUE DE DOCUMENTS • Les inégalités géoéconomiques et géoenvironnementales dans le monde
Nouvelle-Calédonie, novembre 2016 . . . . .175 ❏

30 ÉTUDE CRITIQUE DE DOCUMENTS • Les inégalités d'accès à Internet
Pondichéry, avril 2017 . . . . .180 ❏

LES DYNAMIQUES DE LA MONDIALISATION

La mondialisation en fonctionnement

31 COMPOSITION • La mondialisation : processus, acteurs, débats
France métropolitaine, septembre 2018 . . . . .186 ❏

32 COMPOSITION • La mondialisation : mobilités, flux et réseaux
Amérique du Nord, mai 2018 . . . . 192 ❏

33 COMPOSITION • L'iPhone, un produit mondialisé • Pondichéry, mai 2018 197 ❏

Les territoires dans la mondialisation

34 COMPOSITION • L'inégale intégration des territoires dans la mondialisation • France métropolitaine, juin 2018 .... 202 ❏

35 COMPOSITION • Les espaces maritimes : enjeux géostratégiques Nouvelle-Calédonie, décembre 2017 .... 207 ❏

36 ÉTUDE CRITIQUE DE DOCUMENTS • Les espaces maritimes : approche géostratégique • Asie, juin 2018. .... 212 ❏

DYNAMIQUES GÉOGRAPHIQUES DE GRANDES AIRES CONTINENTALES

L'Amérique : puissance du Nord, affirmation du Sud

37 COMPOSITION • Le continent américain : entre tensions et intégrations régionales • Asie, juin 2015 .... 218 ❏

38 COMPOSITION • États-Unis – Brésil : rôle mondial • Afrique, juin 2018 .. 223 ❏

39 COMPOSITION • États-Unis – Brésil : dynamiques territoriales France métropolitaine, septembre 2018 .... 228 ❏

40 ÉTUDE CRITIQUE DE DOCUMENTS • ALENA et Mercosur : deux outils d'intégration régionale sur le continent américain Nouvelle-Calédonie, novembre 2018 .... 232 ❏

41 ÉTUDE CRITIQUE DE DOCUMENTS • La situation géoéconomique actuelle du Brésil • Antilles, Guyane, septembre 2017 .... 238 ❏

L'Afrique : les défis du développement

42 COMPOSITION • Le Sahara : ressources, conflits • Liban, mai 2019 .... 244 ❏

43 COMPOSITION • Le continent africain face au développement et à la mondialisation • Antilles, Guyane, septembre 2018 .... 249 ❏

44 ÉTUDE CRITIQUE DE DOCUMENTS • Atouts et limites pour le développement de l'Afrique • Liban, mai 2016. .... 254 ❏

L'Asie du Sud et de l'Est : les enjeux de la croissance

45 COMPOSITION • L'Asie du Sud et de l'Est : les défis de la population et de la croissance • Pondichéry, mai 2018. .... 260 ❏

46 COMPOSITION • Mumbai, une ville mondiale entre modernité et inégalités • Polynésie française, septembre 2018 .... 265 ❏

47 ÉTUDE CRITIQUE DE DOCUMENTS • L'Inde face aux défis de la population et de la croissance • Afrique, juin 2016. .... 270 ❏

48 COMPOSITION • Japon-Chine : concurrences régionales, ambitions mondiales • France métropolitaine, juin 2018. .... 277 ❏

SOMMAIRE

LES 7 CROQUIS POUVANT DONNER LIEU À DES SUJETS

49 CROQUIS • Pôles et flux de la mondialisation . . . . .282 ❏
50 CROQUIS • Une inégale intégration des territoires
dans la mondialisation . . . . .285 ❏
51 CROQUIS • Les espaces maritimes : approche géostratégique . . . . . .288 ❏
52 CROQUIS • Les dynamiques territoriales des États-Unis . . . . .291 ❏
53 CROQUIS • Les dynamiques territoriales du Brésil . . . . .294 ❏
54 CROQUIS • Le continent africain : contrastes de développement
et inégale intégration dans la mondialisation . . . . .297 ❏
55 CROQUIS • Mumbai : inégalités et dynamiques territoriales . . . . .300 ❏

Préparer l'épreuve orale de contrôle

Cochez les sujets sur lesquels vous vous êtes entraîné.

Histoire

56 ÉTUDE DE DOCUMENT • La reconnaissance des responsabilités
de l'État français durant la Seconde Guerre mondiale . . . . .304 ❏
57 ÉTUDE DE DOCUMENTS • Le rôle des médias lors de la crise
de mai 1968 . . . . .307 ❏
58 QUESTION DE COURS • 1973-1993 : la France face à la crise . . . . .311 ❏

Géographie

59 QUESTION DE COURS • Le continent américain entre tensions
et intégrations régionales . . . . .314 ❏
60 ÉTUDE DE DOCUMENT • Le commerce maritime mondial,
un enjeu géostratégique . . . . .317 ❏
61 ÉTUDE DE DOCUMENT • Le Sahara : ressources et conflits . . . . .320 ❏
62 QUESTION DE COURS • Mumbai : métropole de la modernité,
métropole des inégalités . . . . .324 ❏

La boîte à outils

● **Le programme en 9 cartes mentales** 327

Index

des points méthode

Sujet	Point méthode
Composition et étude critique de document(s)	
4	▶ Rédiger une introduction
10	▶ Comment « montrer que… » ?
22	▶ Les différents types de documents en histoire
23	▶ Dégager la problématique d'un sujet de composition
Croquis	
49	▶ Organiser son travail
50	▶ Bien employer les couleurs
51	▶ Traiter les figurés de surface
52	▶ Traiter les figurés linéaires
53	▶ Traiter les figurés ponctuels
54	▶ Traiter la toponymie
55	▶ Traiter les trames

Votre planning de révisions

Vous débutez vos révisions 1 mois avant l'épreuve

J −30 — Révisez les thèmes clés

Sujets	Thèmes du programme
4	Le rapport des sociétés à leur passé
2	Idéologies et opinions en Europe
12	Puissances et tensions dans le monde
20	Les échelles de gouvernement
34	Les dynamiques de la mondialisation
40	Dynamiques géographiques (Amérique)
43	Dynamiques géographiques (Afrique)

J −15 — Consolidez vos méthodes

Sujets	Points de méthode
23	Dégager la problématique d'un sujet de composition
4	Rédiger une introduction
10	Comment « montrer que… » ?
49 à 55	Construire un croquis

J −7 — Dernière ligne droite !

Sujets	
	7 • 25 • 36 • 45

Vous débutez vos révisions 15 jours avant l'épreuve

J –15 Parcourez le programme

Sujets	Questions du programme
9	Socialisme, communisme et syndicalisme en Allemagne
15	Les chemins de la puissance
26	L'échelle continentale
3	Des cartes pour comprendre le monde
38	L'Amérique : puissance du Nord, affirmation du Sud
42	L'Afrique : les défis du développement

J –7 Dernière ligne droite !

Sujets	12 • 24 • 32 • 47 • 49 à 55

Révisez dans des conditions optimales

● **Organisez-vous**
Planifiez des plages de révisions pour toutes les matières à réviser.

● **Mettez-vous dans les conditions de l'examen**
Entraînez-vous avec de vrais sujets en respectant la durée des épreuves.

● **Travaillez en équipe**
Organisez des séances de révisions avec des amis afin de partager vos connaissances et d'échanger sur vos techniques de travail.

● **Préparez-vous mentalement et physiquement**
Ménagez-vous des pauses pour prendre l'air, faire du sport, des exercices de respiration (relaxation). Privilégiez des repas équilibrés.

Des sujets supplémentaires

sur annabac.com

Complétez vos révisions avec cette sélection de sujets en accès gratuit
- Rendez-vous sur le site www.annabac.com
- Saisissez le titre du sujet dans le moteur de recherche.
- D'un clic, vous affichez le corrigé.

Histoire

Le rapport des sociétés à leur passé

63 COMPOSITION • Le génocide des Juifs et des Tziganes : de la mémoire occultée aux mémoires plurielles ?

Idéologies et opinions en Europe

64 ÉTUDE DE DOCUMENT • Le socialisme en Allemagne

Puissances et tensions dans le monde

65 ÉTUDE DE DOCUMENT • Les États-Unis et le monde depuis 1918
66 ÉTUDE DE DOCUMENT • La Chine et l'Afrique de 1950 à nos jours

Les échelles de gouvernement dans le monde

67 COMPOSITION • Gouverner la France depuis 1981 : État, gouvernement et administration

68 ÉTUDE DE DOCUMENTS • Deux visions du projet d'une Europe politique au début des années 2010

Géographie

Les territoires dans la mondialisation

69 ÉTUDE DE DOCUMENTS • Les espaces maritimes : enjeux économiques et stratégiques

L'Amérique : puissance du Nord, affirmation du Sud

70 ÉTUDE DE DOCUMENTS • Le continent américain entre tensions et intégrations régionales

L'Afrique : les défis du développement

71 COMPOSITION • Unité et diversité du continent africain face aux défis du développement
72 ÉTUDE DE DOCUMENTS • Le continent africain face au développement et à la mondialisation

L'Asie du Sud et de l'Est : les enjeux de la croissance

73 COMPOSITION • Population et croissance dans l'Asie du Sud et de l'Est

D'autres ressources sur ▶ annabac.com

Avec ce livre, accédez à des ressources dans toutes les matières :

Pour profiter de cette offre, reportez-vous au mode d'emploi de la page 3.

Infos et conseils sur...

L'épreuve d'histoire-géo

Descriptif 14

1. Quels sont les thèmes du programme d'histoire ?
2. Quels sont les thèmes du programme de géographie ?
3. En quoi consiste l'épreuve ?

Guide méthodologique 20

4. Aborder l'épreuve dans les meilleures conditions
5. Réussir la composition
6. Réussir l'étude de document(s)
7. Réussir le croquis

1 Quels sont les thèmes du programme d'histoire ?

Le programme d'histoire pour les terminales ES et L s'organise autour de quatre thèmes, qui se déclinent chacun en une ou plusieurs « questions ».

A Le rapport des sociétés à leur passé

Ce thème étudie, à travers une seule question, la distinction entre histoire et mémoire. Il définit la **démarche de l'historien**, qui reconstitue le passé à partir de sources authentifiées (textes, objets, images) et permet d'analyser la notion de mémoire (événements du passé qu'une communauté choisit de préserver de l'oubli).

▶ Les mémoires, lecture historique

● L'emploi du pluriel vous oblige à recenser les différents **points de vue** mémoriels qui existent, pour mieux les confronter et cerner leur partialité.

● La « lecture historique » démontre comment la mémoire évolue au fil du temps, en fonction des découvertes des historiens, mais aussi des **enjeux** propres à chaque époque.

> **ATTENTION** Vous étudiez au choix les mémoires de la Seconde Guerre mondiale en France ou celles de la guerre d'Algérie.

B Idéologies et opinions en Europe de la fin du XIXᵉ siècle à nos jours

Ce thème vous invite à étudier des notions relatives aux **idéologies** et à comprendre le rôle des **médias** dans la formation de l'opinion publique. Il est illustré par deux questions.

▶ Socialisme et mouvement ouvrier

La première question aborde l'exemple de l'Allemagne de 1875 à nos jours. Elle se penche sur le **mouvement socialiste** et ses diverses interprétations, mais aussi sur les **types d'associations ouvrières** et leurs évolutions, afin de cerner leur rôle dans les sociétés.

▶ Médias et opinion publique

● Cette question s'intéresse aux **crises politiques** qui jalonnent l'histoire de la France de 1890 (affaire Dreyfus) à nos jours.

● Il s'agit de comprendre comment médias et opinion interviennent dans le cadre de ces crises ; mais aussi **comment ils interagissent**.

C Puissances et tensions dans le monde depuis 1918

Ce thème, composé de deux questions, interroge la notion de **puissance** et met en évidence certaines des **tensions internationales** contemporaines.

▶ Les chemins de la puissance

● À travers le cas des États-Unis, grande puissance du XXᵉ siècle, et celui de la Chine, grande puissance potentielle du XXIᵉ siècle, il s'agit d'identifier ce qui fait « puissance », mais aussi les **étapes** qui conduisent un État à **dominer** le monde.

● L'étude d'une puissance établie mais en recul relatif (les États-Unis depuis 1918), puis d'un pays émergent (la Chine depuis 1949), invite aussi à cerner ce qui peut **limiter** une puissance.

▶ Un foyer de conflits

● L'étude se rapporte à la région du Proche et du Moyen-Orient (lequel peut inclure l'Afghanistan) depuis la fin de la Première Guerre mondiale. Il s'agit d'étudier les **enjeux** et les **tensions** qui traversent ce territoire, à l'origine de **conflits**.

● Mêlant des **motifs multiples** (économiques, religieux, politiques, etc.), ces conflits s'additionnent et interpellent toute la communauté internationale.

D Les échelles de gouvernement dans le monde depuis 1945

Le dernier thème d'étude est centré sur la notion de **gouvernance**, sous trois échelles différentes (nationale, continentale et mondiale).

▶ L'échelle de l'État-nation

À travers le cas de la France de 1946 à nos jours, il s'agit de comprendre comment se gouverne un pays. L'analyse des institutions permet de mettre en évidence les différents **types de pouvoir**. Elle les inscrit dans une histoire et souligne comment les responsables politiques ont usé des outils mis à leur disposition.

▶ L'échelle continentale

Le **projet européen** depuis 1948 permet d'étudier la construction d'une gouvernance à l'échelle continentale et montre comment les institutions de la CEE puis de l'UE se sont progressivement établies.

▶ L'échelle mondiale

L'analyse porte ici sur la **gouvernance économique**. Elle s'intéresse au rôle et à l'influence d'organismes tels que le FMI, l'OMC, le G20, etc. Leurs interactions et contradictions sont également abordées.

2 Quels sont les thèmes du programme de géographie ?

Le programme de géographie comprend trois thèmes. Comme en histoire, ceux-ci se déclinent en « questions ».

A Clés de lectures d'un monde complexe

Ce premier thème, qui comprend une seule question, présente les **outils** géographiques permettant de comprendre votre environnement.

▶ Des cartes pour comprendre le monde

● La question s'appuie sur des cartes aussi variées que possible dans leur thématique comme dans leur échelle. Elle vous invite ainsi à vous familiariser avec l'**outil principal du géographe**. Vous devez apprendre à **lire, interpréter, critiquer et confronter** ces cartes pour en extraire des informations et parvenir à une meilleure compréhension du monde contemporain.

● Cette question vous fournit ainsi des éléments précieux pour les **méthodes** de l'étude de documents et de la réalisation de croquis.

B Les dynamiques de la mondialisation

Ce deuxième thème réemploie les outils du thème précédent dans le cadre de **l'étude des dynamiques mondiales**. Il se décline en deux questions.

▶ La mondialisation en fonctionnement

La question est à aborder selon trois axes successifs.

● À travers l'étude d'un produit distribué dans le monde entier, vous dégagez les **grands enjeux politiques, économiques et culturels** qui découlent de sa diffusion : standardisation des modes de consommation, acculturation, redistribution des activités de production, spécialisations régionales, etc.

● Vous analysez ensuite les **acteurs** (entreprises, États, organisations internationales) de cette mondialisation et leur **rôle**.

● Enfin, vous étudiez les **flux d'échanges et réseaux de communications** empruntés. Ce dernier axe vous conduit à représenter les mouvements en question (croquis).

▶ Les territoires dans la mondialisation

Vous analysez des territoires d'extension différente pour voir comment ils s'inscrivent (ou non) dans le cadre de la mondialisation.

● Vous commencez par une étude de cas : une **ville à rayonnement mondial** (au choix).

● Vous étudiez et comparez ensuite les **espaces majeurs** de la mondialisation (pôles de la Triade, pays émergents) et les **territoires marginalisés** (pays les moins avancés, pays fermés, déserts humains).

● Vous considérez enfin les **espaces maritimes**, envisagés à travers les enjeux géostratégiques.

C Dynamiques géographiques de grandes aires continentales

Le troisième thème s'intéresse aux **dynamiques continentales**. Composé de trois questions, il propose un tour d'horizon des problématiques par grands continents.

▶ L'Amérique : puissance du Nord, affirmation du Sud

La question est abordée sur deux plans complémentaires.

● Elle analyse les **équilibres géostratégiques** internes à l'ensemble du continent à travers les tensions et les tentatives d'intégration régionale.

● Elle étudie et compare les **États-Unis** et le **Brésil** : leur rôle mondial et leurs dynamiques territoriales.

▶ L'Afrique : les défis du développement

● Vous commencez par une étude de cas sur le Sahara : ses **ressources** et les **conflits** qui le traversent.

● Vous étudiez ensuite le continent africain face au développement et à la mondialisation.

▶ L'Asie du Sud et de l'Est : les enjeux de la croissance

L'étude de ce continent s'organise autour de trois problématiques.

● Vous vous penchez d'abord sur le **défi social**, à travers une étude de cas de Mumbai : comment traiter les inégalités que suscite la modernité ?

● Vous vous interrogez ensuite sur le **défi démographique** : comment gérer les masses humaines à croissance rapide (Inde, Chine) ?

● Vous abordez enfin le **défi politique** : comment le Japon et la Chine peuvent-ils coordonner leurs ambitions ?

③ En quoi consiste l'épreuve ?

L'épreuve écrite comprend toujours deux exercices : l'un en histoire, l'autre en géographie.

A Comment se déroule l'épreuve écrite ?

1. Durée et coefficients

L'épreuve écrite d'histoire-géographie dure **4 heures**. Les coefficients sont, pour la série **ES** : 5 ; pour la série **L** : 4.

2. Structure de l'épreuve

L'épreuve écrite comprend deux exercices :
– une **composition** sur un thème d'histoire ou de géographie ;
– si la composition porte sur la géographie, vous devrez ensuite mener une **étude d'un ou deux documents** en histoire ; en revanche si la composition porte sur l'histoire, vous devrez réaliser soit une **étude d'un ou deux documents** en géographie, soit un croquis.

B En quoi consiste chacun des exercices ?

1. La composition

● Pour la composition, vous avez le **choix entre deux sujets** de la même discipline. Un sujet de composition porte sur l'équivalent de 2 ou 3 heures de cours minimum.

> **INFO** Les sujets de composition sont généralement très proches de l'intitulé des questions du programme.

● Pour réussir ce type d'exercice, vous devez :
– **mobiliser** vos connaissances sur le sujet ;
– les **organiser** selon un plan cohérent ;
– **rédiger** votre devoir de manière claire et progressive.

● Votre devoir doit comprendre une introduction, un développement en deux ou trois parties et une conclusion.

2. L'étude de document(s)

● Vous devez présenter, analyser et confronter les documents. Vous devez également faire preuve de **sens critique**, même si la consigne ne le précise pas.

● L'étude de document(s) comporte un **titre** qui permet de cerner le sujet de l'étude. La plupart du temps, **deux documents** vous sont ensuite proposés. En géographie, dans ce cas, au moins l'un d'entre eux est une carte.

● Le ou les documents sont accompagnés d'une **consigne** plus ou moins longue (2 à 4 lignes). Celle-ci est susceptible de suggérer une problématique et/ou un plan.

3. La production graphique

Vous devez réaliser un **croquis**, c'est-à-dire la représentation graphique d'un territoire accompagnée d'une légende et définie par un titre.

> **INFO** Les croquis pouvant être demandés à l'examen se limitent à une liste officielle de sept sujets que vous trouverez dans cet Annabac.

C Qu'en est-il de l'épreuve orale ?

Si vous n'avez pas obtenu la moyenne à l'écrit, vous pouvez vous rattraper en repassant l'épreuve d'histoire-géographie à l'oral. La note d'oral remplace celle de l'écrit si, et seulement si, elle est supérieure.

1. Comment se déroule-t-elle ?

● L'examinateur vous fait **tirer au sort** un sujet. Celui-ci comporte obligatoirement une question d'histoire et une question de géographie.

● L'une des questions est accompagnée de document(s) qu'il faudra présenter et interpréter. L'autre est une « question de cours » qui porte sur une partie du programme ; vous la présenterez comme une composition orale.

● Vous disposez de **20 minutes de préparation**. Ensuite, l'oral proprement dit dure 20 minutes, décomposées comme suit :

– 10 minutes pour la présentation de votre réponse aux deux questions ;
– puis 10 minutes d'**entretien** avec l'examinateur.

> **ATTENTION** L'examinateur évalue la maîtrise de vos connaissances, la clarté de votre exposé, votre capacité à exploiter les documents et à répondre aux questions. La note est globale.

2. Comment la réussir ?

● Profitez de la préparation pour faire un **plan détaillé** que vous garderez sous les yeux pendant tout l'exposé.

● Écrivez les titres en capitales, de manière à pouvoir les visualiser d'un simple coup d'œil. Cela vous aidera à produire un exposé clair et structuré.

● Inscrivez en tête de chaque partie les arguments principaux, que vous reprendrez en fin de partie à titre de transition vers la partie suivante.

4 Aborder l'épreuve dans les meilleures conditions

Vous devez vous préparer au cours de l'année et bien répartir votre temps le jour de l'épreuve.

A Comment se préparer ?

1. Connaître son cours

● Dressez la **liste des sujets possibles** de composition. En tenant compte des différents thèmes et questions du programme, vous devez arriver à environ 20 sujets en histoire et autant en géographie.

● Cette liste définit les **fiches de révision** que vous devez créer. Elles vont vous aider à **mémoriser** les points importants d'un thème : problématique, arguments, conclusion, type de plan, etc.

● Vos fiches doivent être **lisibles en un coup d'œil** : mettez les points importants en évidence, variez les couleurs et utilisez des symboles explicites.

2. Maîtriser les méthodes

Vérifiez **votre maîtrise** de la méthode : comment analyser le sujet, bâtir un plan, présenter un document, le critiquer, construire une légende, etc.

3. S'entraîner

● Entraînez-vous **par écrit**. Réciter un cours oralement ne suffit pas.

● **Chronométrez-vous !** Vérifiez chez vous que vous êtes capable de réaliser un croquis ou une étude de document(s) en une heure.

B Comment répartir son temps le jour J ?

● Vous avez **4 heures** pour réaliser deux exercices d'importance différente, comme en témoigne leur barème : 12 points pour la composition, 8 points pour l'étude de document(s) ou le croquis. Le correcteur est cependant invité à donner une **note globale**. Il n'y a pas de demi-point ni addition stricte des deux notes.

> **CONSEIL** Le temps à réserver à chaque exercice est fonction de son importance : prévoyez 1 h 30 pour l'étude de document(s) et 2 h 30 pour la composition.

● Commencez par **l'épreuve courte**. Dans le cas d'un croquis, commencez par élaborer la **légende** et pensez à surveiller votre montre.

● Ménagez-vous un temps de **relecture** pour vérifier si votre réponse forme un tout cohérent et corriger l'orthographe ou la syntaxe.

5 Réussir la composition

La composition propose une réponse organisée et hiérarchisée à la question soulevée par l'énoncé.

A Comprendre le sujet

1. Analyser le sujet et mobiliser ses connaissances

● Le libellé des sujets de composition ne doit pas vous surprendre : il s'appuie toujours sur celui des questions au programme (voir fiche 4).

● Commencez par repérer et **définir** le ou les mots clés du sujet. Tenez compte des **limites temporelles et spatiales** indiquées, afin de ne pas vous égarer. Faites attention aux mots de liaison entre les différents termes du sujet.

● Mobilisez vos **connaissances** sur le chapitre concerné : sur votre brouillon, notez les notions, mots clés, personnages, événements, etc.

2. Formuler la problématique

● Ce travail préparatoire vous permet de dégager les **enjeux** du sujet, à partir desquels vous allez formuler votre problématique.

● La problématique est la **question** qui va servir de **fil conducteur** à votre devoir. Elle doit apparaître clairement dans votre introduction.

B Construire le plan

1. Choisir un plan adapté

Le choix d'un plan dépend du type de sujet et de votre problématique. Trois grands types de plan sont possibles.

● Le **plan chronologique** présente des périodes successives ; il permet de montrer une évolution. Il est adapté aux sujets d'histoire couvrant une longue période (plus de trente ans à votre niveau).

● Le **plan thématique** est utile pour mettre en valeur les différents aspects d'un problème, pour dresser un bilan ou pour évaluer une situation.

● Le **plan didactique** (faits/causes/conséquences), souvent adapté aux sujets de géographie, est à utiliser quand on veut souligner des liens de cause à effet (par exemple, une géographie économique favorisée par des conditions humaines ou géophysiques).

2. Prévoir des sous-parties et des transitions

● Chaque partie comporte des sous-parties. Celles-ci doivent aussi suivre une logique **chronologique** ou **thématique**. En général, pour éviter l'effet « catalogue » (énumération de données), privilégiez des sous-parties thématiques dans un plan chronologique, et inversement des sous-parties chronologiques dans un plan thématique.

● Prévoyez des transitions entre chaque partie : concluez brièvement sur la partie achevée et introduisez la suivante.

C Rédiger

1. L'introduction

L'introduction comprend trois étapes.

● Commencez par une entrée en matière qui amène le sujet. Puis, **définissez les termes** de celui-ci ainsi que ses limites spatiales et temporelles.

● Ceci vous conduit à présenter votre **problématique**, de préférence sous forme interrogative.

● Enfin, vous annoncez le **plan** que vous allez suivre.

2. Le développement

● Le développement est une **démonstration** qui suit le plan que vous avez choisi. Il expose vos connaissances de manière à démontrer la justesse de votre raisonnement.

● Sautez une ou deux lignes entre chaque partie. Faites des paragraphes correspondant à chaque sous-partie. Veillez à illustrer chaque idée par un exemple, à mentionner les mots clés, dates, chiffres, etc. attendus.

> **ATTENTION N'écrivez jamais à la première personne du singulier. Évitez également l'usage du « on ».**

● En histoire, évitez l'emploi du futur. En géographie, l'insertion d'un **schéma simple** (schéma d'organisation spatiale, schéma fléché, etc.) dans la composition valorise la copie. Elle est donc recommandée lorsque le sujet s'y prête.

3. La conclusion

● La conclusion **répond à votre problématique**. Récapitulez les idées principales développées au cours du devoir pour justifier l'aboutissement de votre raisonnement.

● Vous pouvez terminer par une **ouverture** vers un sujet plus large : autre période ou autre espace, question d'actualité, etc.

6 Réussir l'étude de document(s)

L'étude de document(s) consiste à rendre compte de documents et à mettre en valeur leur intérêt historique ou géographique.

A Comprendre le sujet

1. Analyser la consigne

● Plus développée qu'un énoncé de composition, la consigne associée à une étude de document(s) définit un **sujet** et en propose un **plan d'étude**.

● Notez bien les **verbes** employés : présenter, expliquer, analyser… ont chacun un sens précis que vous devez respecter. Ils orientent le travail des étapes suivantes.

2. Analyser le document

● Lisez les documents plusieurs fois. Repérez l'**auteur**, la **date**, le **destinataire**, etc. Le document peut être « officiel » (il impose quelque chose) ou ne proposer qu'un « point de vue » (une opinion qui n'engage que son auteur). S'il y a plusieurs documents, cherchez leurs points communs et leurs différences.

> **CONSEIL Critiquer un document, ce n'est pas donner son opinion personnelle, c'est confronter celle du document à une information contradictoire.**

● Le document fournit toujours une **réponse** à la question du sujet. Mais il ne faut pas répéter (**paraphraser**) le document ; il faut **expliciter** (éclairer) ce qu'il exprime.

B Rédiger

Comme une composition, votre devoir doit comporter un certain nombre d'éléments.

● En **introduction**, rappelez le sujet et présentez les documents en faisant le lien avec leurs contextes. Puis, annoncez le fil directeur de votre analyse et votre plan.

● Le **développement** comprend deux ou trois parties, à partir des axes d'analyse que vous aurez dégagés du ou des document(s).

> **CONSEIL Insérez régulièrement des citations ou des références aux documents, et commentez-les.**

● La **conclusion** fait le bilan de votre étude. Vous pouvez clore en mettant en perspective les documents ou en soulignant leurs limites.

7 Réussir le croquis

Un croquis est une représentation graphique d'un espace, qui met en évidence les enjeux qui le caractérisent.

A Comment aborder cet exercice ?

● Les sujets de croquis se limitent à une **liste officielle de sept** : la meilleure option consiste à les apprendre par cœur, après avoir compris leur logique.

● La question de la conception du croquis passe donc au second plan : c'est la **réalisation** qui peut faire la différence. Tout au long de l'année, entraînez-vous à faire et à refaire ces croquis. Le jour du bac, cela vous permettra de dégager du temps pour le reste de l'épreuve.

B Comment réaliser le croquis ?

1. Construire la légende

Sur la page fournie, préparez la légende de votre croquis. Prenez le temps d'en faire d'abord un **brouillon rapide**, pour éviter d'oublier un élément essentiel. Cela vous permettra d'ailleurs de définir **l'ordre dans lequel vous dessinerez les différents éléments** à faire figurer (par exemple, en numérotant les lignes de votre brouillon).

> **CONSEIL** Prenez le temps de bien choisir les couleurs et les figurés les plus pertinents par rapport au sujet.

2. Réaliser le croquis

● Indiquez le **titre** au-dessus du croquis, en reprenant ou reformulant le sujet.

● Respectez les **conventions graphiques** : bleu pour les mers et cours d'eau, dégradé de couleurs chaudes pour les évolutions positives, froides pour les évolutions négatives, etc.

● Commencez par les **aplats** de couleur ; placez ensuite les symboles **ponctuels** et **linéaires**.

● Terminez par les **textes**. Écrivez à l'horizontale, en lettres d'imprimerie. N'utilisez pas de feutres (ils percent le papier).

> **ATTENTION** Les correcteurs sont très sensibles au soin apporté à la réalisation du croquis.

Préparer l'épreuve écrite

55 sujets expliqués et corrigés

SUJET

1

France métropolitaine • Juin 2019
COMPOSITION

Le Proche et le Moyen-Orient, un foyer de conflits depuis la fin de la Seconde Guerre mondiale

LES CLÉS DU SUJET

■ **Analysez le sujet**

Les termes du sujet

Terme	Définition
Proche et Moyen-Orient	Régions situées entre la Turquie, l'Égypte et l'Afghanistan et englobant notamment l'Iran, l'Irak et la péninsule Arabique.
Foyer de conflits	Au-delà des lieux de tensions (guerres, soulèvements, etc.), la notion renvoie à des espaces susceptibles d'être déstabilisés.
Fin de la Seconde Guerre mondiale	La fin de la Seconde Guerre mondiale permet de finaliser la création d'États arabes indépendants. Se pose alors la question de la création d'un État juif.

La problématique

Depuis 1945, les conflits se perpétuent au Proche et au Moyen-Orient. Analyser cet espace et les troubles qui l'agitent revient ainsi à **s'interroger sur les erreurs et intérêts qui ont maintenu la région en état de crise**, au risque de répercussions mondiales.

■ **Utilisez les mots justes**

Le sujet exige de faire des distinctions précises.

• Concernant le conflit en Palestine, faites la différence entre les **États arabes** qui mènent des guerres conventionnelles contre Israël, et le **peuple palestinien** qui n'a pas d'État ni d'armée et organise des « intifadas » (révoltes populaires) ou des attentats.

• De nombreux conflits sont de nature confessionnelle. Sur ce plan, distinguez « **musulman** » (croyant de l'islam) et « **islamiste** » (partisan d'une interprétation rigoriste de l'islam). Ne confondez pas « **juif** » (en référence à une croyance) et « **Israélien** » (en référence à une citoyenneté). Autre

26

France métropolitaine 2019 **CORRIGÉ** **1**

SUJET COMPLET

confusion à éviter : celle consistant à voir dans tout Palestinien un musulman ; certains sont chrétiens.

• La notion de **terrorisme** est à manier avec précaution. Pour ceux qui les soutiennent, les « terroristes » sont des « résistants » !

• Distinguez les notions d'**antisémitisme** (hostilité à l'encontre des juifs en tant que communauté confessionnelle) et d'**antisionisme** (opposition à la création d'un État juif en Palestine). Tous les juifs ne sont pas sionistes.

■ Évitez les pièges

• Faites attention à ne pas laisser apparaître votre sympathie pour l'une ou l'autre des causes. Vous devez **prendre du recul**.

• **Ne centrez pas toute votre copie sur le seul conflit israélo-palestinien.** Il entretient des ramifications avec tous les autres.

• Le sujet implique des **changements d'échelles** pour distinguer les conflits locaux (internes à un État), régionaux (opposants des États entre eux) ou mondiaux (impliquant les grandes puissances). Faire apparaître ces différences de niveaux valorisera votre copie.

• Le choix du plan est difficile. Thématique et chronologique sont tous deux possibles, mais veillez à ne pas passer de l'un à l'autre. Nous optons ci-dessous pour le **plan chronologique** parce qu'il est plus facile.

CORRIGÉ 1

Ce corrigé est rédigé sous la forme d'un plan détaillé. Les titres en couleurs servent à guider la lecture et ne doivent en aucun cas figurer sur la copie.

Introduction

[Contexte] En 1945, à la faveur de la paix retrouvée, Proche et Moyen-Orient forment une région politiquement réorganisée ; mais les accords ne satisfont pas tous les partis en présence.

[Problématique] Quels foyers de conflits apparaissent ? En quoi déstabilisent-ils la région pour longtemps ?

[Annonce du plan] Après avoir évalué les enjeux propres à la région (1945-1947), nous évoquerons les guerres israélo-arabes (1948-1979) auxquels font suite les guerres du pétrole (depuis 1980).

France métropolitaine 2019 CORRIGÉ 1

I. 1945-1947 : une région riche en atouts, politiquement redessinée

1. Le carrefour de trois continents, réservoir mondial de pétrole

• La région est au carrefour de l'Afrique, de l'Asie et de l'Europe. Des routes maritimes importantes y sont rattachées (Bosphore, canal de Suez, détroit d'Ormuz).

• Elle détient les plus importantes réserves d'hydrocarbures mondiales. Les plus gros pays producteurs de pétrole s'y concentrent (Arabie Saoudite, Irak, Iran, Émirats arabes unis).

2. Des États pauvres confiés à des alliés jugés fiables

• Suite aux promesses faites pendant la Seconde Guerre mondiale, des États y voient le jour : le Liban en 1943, la Jordanie et la Syrie en 1946. En Irak et en Iran, le pouvoir est confié à des personnalités amies des vainqueurs.

• Les États de la région ont tout à construire. Pour la plupart se pose aussi la question de l'eau, ressource rare.

• Des minorités ethniques (druzes, kurdes) ou religieuses (yézidis, maronites) sont marginalisées ou ignorées.

3. La création de l'État d'Israël dans un espace à haute identité sacrée

• Berceau des religions monothéistes, la région est riche en lieux saints disputés (Jérusalem, La Mecque, Nadjaf, etc.).

• Les juifs revendiquent la création d'un État promis en 1917 par les Britanniques.

• En 1947, l'Organisation des Nations unies (ONU) propose un plan de partage de la Palestine en trois entités : un État juif, un État palestinien et Jérusalem sous statut international. Validé par les grandes puissances, il est rejeté par la Ligue arabe.

> **Info**
> La déclaration Balfour de 1917 promettait de créer un État juif en échange d'un soutien aux Britanniques contre l'Allemagne.

[Transition] Espace à forte identité confessionnelle, Proche et Moyen-Orient constituent une région où se croisent de nombreux intérêts. La victoire de 1945 a permis aux Grands d'imposer leur ordre ; mais celui-ci résistera-t-il à ceux qui le désapprouvent ?

France métropolitaine 2019 **CORRIGÉ** **1**

SUJET COMPLET

II. 1948-1979 : des guerres israélo-arabes entretenues par les grandes puissances

1. La guerre de 1948 et la question palestinienne

• **La** création de l'État d'Israël **en 1948 est remise en cause par les pays arabes qui déclenchent un conflit militaire contre lui.**

• **La** victoire des Israéliens **leur permet d'agrandir leur territoire. Elle provoque aussi l'exode de 800 000 Palestiniens.**

• **Les Israéliens revendiquent leur** droit à disposer du territoire **qui leur a été accordé par la communauté internationale. Les Palestiniens réclament le même droit, mais l'État prévu pour eux n'a pas vu le jour.**

2. 1956 : Un conflit israélo-arabe instrumentalisé par les Européens

• Soucieux de se développer, les États arabes cherchent des capitaux. Pour financer la construction du barrage d'Assouan sur le Nil, le président égyptien Gamal Abdel Nasser décide de nationaliser le canal de Suez.

• Français et Britanniques, qui en avaient alors la gestion, incitent les Israéliens à déclencher une guerre préventive contre l'Égypte. Ils prévoient de proposer ensuite leur arbitrage. Si l'opération est un échec pour eux, elle est un succès pour Israël qui désarme ainsi son grand voisin.

• Nasser se tourne vers l'Union des républiques socialistes soviétiques (URSS). Dans le cadre de la guerre froide, Proche et Moyen-Orient constituent un enjeu pour les deux Grands.

3. 1967-1977 : des guerres soutenues par les grandes puissances

• Les États-Unis aident Israël, l'URSS soutient les États arabes. Les guerres des Six Jours en 1967 et du Kippour en 1973 n'apportent aucune solution.

• En 1967, Israël s'est emparé de vastes territoires (Sinaï, Gaza, Cisjordanie et plateau du Golan) qu'il promet de rendre en échange de la paix. L'ONU condamne l'occupation israélienne ; mais, bloquée par le veto américain au Conseil de sécurité, elle ne peut agir.

• Après l'échec de la guerre du Kippour, l'Égypte traite avec Israël qui lui rend le Sinaï en 1979. Livrés à eux-mêmes, les Palestiniens multiplient les attentats.

> **Info**
> L'attentat le plus retentissant fut commis lors des Jeux olympiques de Munich en 1972.

[Transition] L'équilibre entre les deux Grands, les intérêts nationaux des États arabes et la résistance des Israéliens figent la situation. Mais en 1979 l'Iran fait une révolution islamique. Comment s'en ressent l'ensemble de la région ?

29

France métropolitaine 2019 CORRIGÉ 1

III. De 1980 à nos jours : une région en feu sur fond de radicalisation islamique

1. Batailles pour la domination régionale

• Depuis 1945, Turquie, Arabie Saoudite, Irak et Iran cherchent à asseoir leur domination régionale. Mais, au début des années 1980, l'échec des nationalismes et l'espoir suscité par la révolution iranienne déstabilisent la région.

• Pendant huit ans (1980-1988), l'Iran et l'Irak se déchirent dans une guerre qui a de fortes répercussions internationales : second choc pétrolier en 1979, contre-choc en 1986.

• Les ambitions nucléaires de l'Irak et de l'Iran inquiètent les Occidentaux.

2. Les guerres du pétrole

• En 1991, Saddam Hussein tente d'annexer le Koweït pour faire de l'Irak la première puissance pétrolière mondiale. Les États-Unis obtiennent mandat de l'ONU pour l'en chasser. C'est la première guerre du Golfe.

• En 2001, Al-Qaïda revendique les attentats contre le World Trade Center de New York : c'est une véritable déclaration de guerre à l'Occident.

• Les États-Unis interviennent alors en Afghanistan (2001) puis en Irak (2003) dans le cadre de la lutte contre le « terrorisme ». Ils cherchent aussi à garder le contrôle du pétrole. Contre l'Iran ils soutiennent l'Arabie Saoudite et Israël.

3. Le conflit israélo-palestinien

• En 1986, une nouvelle forme de guerre oppose l'État d'Israël aux Palestiniens des territoires occupés qui se battent à mains nues : c'est la première Intifada (« guerre des pierres »).

• La disparition de l'URSS en 1991 change la donne géopolitique : Yasser Arafat se rapproche des États-Unis et accepte les accords d'Oslo en 1993. La paix semble possible.

> **Info**
> À partir de 1969, Yasser Arafat dirige l'Organisation de libération de la Palestine (OLP).

• Mais un front du refus bloque le processus : l'intransigeance israélienne qui colonise les territoires occupés d'une part, l'émergence de nouveaux mouvements palestiniens se réclamant de l'islamisme (Hamas, Hezbollah) d'autre part, perpétuent l'état de guerre.

Conclusion

Depuis 1945, l'ingérence des grandes puissances, les ambitions régionales des États et la radicalisation des peuples attisent les foyers de conflits et maintiennent Proche et Moyen-Orient dans le chaos.

SUJET

2

France métropolitaine • Juin 2019
COMPOSITION

SUJET COMPLET

Médias et opinion publique dans les grandes crises politiques en France depuis l'affaire Dreyfus

LES CLÉS DU SUJET

■ Analysez le sujet

Les termes du sujet

Terme	Définition
médias	Ensemble des techniques ou supports de diffusion de l'information et de la culture auprès des populations (presse papier, radio, télévision, Internet, etc.).
opinion publique	Ensemble des idées, valeurs ou convictions communément admises par une population ; manière de penser la plus répandue dans une société.
crise politique	Moment de forte tension politique susceptible de mettre en danger un gouvernement ou le régime en place (exemples : affaire Dreyfus, manifestation du 6 février 1934, défaite de 1940, crise de mai 1958 ou de mai 1968, etc.).

La problématique

Elle est contenue dans le « et » qui lie les deux mots clés du sujet. Il faut déterminer **en quoi les médias influent sur l'opinion qui, elle-même, oriente leurs discours** ou l'offre d'informations. La longue durée suggérée par une période allant de 1898 (affaire Dreyfus) à nos jours invite à évaluer l'**évolution** de cette relation. En quoi se rééquilibre-t-elle au fil des années ?

France métropolitaine 2019 **CORRIGÉ** **2**

■ **Utilisez les mots clés**

presse papier   flash   audiovisuel   direct
télévision   blog   tribune   sondage   influence
Internet   radio   « J'accuse »   forum   ORTF   buzz
sources   audience   éditorial   agence de presse   une
BBC   caricature   journal   Twitter   audimat
éditorial

■ **Évitez les pièges**

• Évitez le devoir organisé autour de trois ou quatre crises que vous exposeriez successivement. Non seulement vous seriez hors sujet mais la démarche vous conduirait à vous répéter. Centrez-vous plutôt – suivant un **plan chronologique** – sur la relation réciproque entre médias et opinion selon les types de support.

• De même, évitez d'illustrer la relation entre média et opinion en renvoyant dans chaque cas à la même crise. Les **exemples** doivent être les plus **variés** possibles afin de valoriser la copie.

• Enfin, vouloir montrer que le support conditionne la relation serait une erreur. Certes, l'influence de l'opinion sur les médias et *vice versa* change au fil du temps, mais la **relation** reste fondamentalement **bilatérale**.

CORRIGÉ **2**

Ce corrigé est rédigé sous la forme d'un plan détaillé. Les titres en couleurs servent à guider la lecture et ne doivent en aucun cas figurer sur la copie.

Introduction

[Accroche] En janvier 2015, l'attentat contre le journal *Charlie Hebdo* provoque une immense réaction de soutien, témoin du lien qui lie la presse à l'opinion publique.

[Problématique] Depuis 1898, la France a connu bien d'autres crises politiques au cœur desquelles ce lien joua un rôle clé. Quelle relation lie les médias au public et *vice versa* ?

[Annonce du plan] Au fil des années, nous tenterons de définir cette relation et de voir comment elle évolue selon les supports propres à chaque période.

France métropolitaine 2019 CORRIGÉ 2

SUJET COMPLET

I. La forte influence de la presse papier (1898-1940)

1. L'affaire Dreyfus, une référence historique

• En 1894, la presse condamne unanimement le capitaine Alfred Dreyfus. L'opinion suit : contre le traître, le consensus est total.

• En 1898, Émile Zola publie un violent réquisitoire dans le journal *L'Aurore.* Contre l'opinion établie, il accuse l'armée de falsification.

> **Info**
> Les services de renseignement de l'armée ont fabriqué la preuve qui sert à condamner Dreyfus.

2. La puissance du média sur l'opinion

• En quelques jours, Zola retourne une fraction de l'opinion publique, tandis que de nombreux Français, choqués par ses accusations, rejettent son plaidoyer par le biais d'une presse antidreyfusarde. Les opinions s'affrontent par médias interposés.

• La crise portée par les médias divise les Français, profite à l'antisémitisme et à l'expression de positions mettant le régime aux abois. Cette violence se retrouve dans la presse d'extrême droite lors de la crise du 6 février 1934 contre la République.

> **Info**
> À la faveur d'une manifestation qui tourne mal (14 morts), les ligues d'extrême droite tentent un coup d'État.

3. Les limites d'une puissance

• En réalité, les clivages d'opinion antérieurs aux crises évoluent peu. Ainsi en 1898, les partisans des droits de l'homme rallient Zola quand les nationalistes soutiennent la presse antidreyfusarde ; en 1934, les journaux d'extrême droite dénoncent la République quand ceux de gauche soutiennent le gouvernement. La presse est autant au service d'opinions établies *a priori* que créatrice de celles-ci.

• Le recours à l'image (les caricatures de Caran d'Ache ou celles du journal *L'Assiette au beurre*, par exemple) témoigne des limites de médias confrontés à l'analphabétisme.

[Transition] De 1898 à 1940, les journaux font preuve d'une puissante capacité de mobilisation au service de l'opinion qu'ils servent. L'apparition des médias audiovisuels change-t-elle la donne entre la défaite de 1940 et les années 1990 ?

France métropolitaine 2019 CORRIGÉ 2

II. La puissance émotionnelle des médias audiovisuels (1940-1990)

1. Le rôle des médias audiovisuels dans les crises

• La force des images et du son renforce le pouvoir des médias. La « bataille des ondes » pendant la guerre, les messages envoyés de Londres *via* la BBC ou le développement des films de propagande en témoignent.

• En mai 1958, le général de Gaulle utilise la télévision pour favoriser le recours à sa personne et permettre la mise en place de la Ve République.

> **Info**
> La télévision diffuse des images des foules rassemblées à Alger.

• Lors de la crise de mai 1968, les transistors en émettant des reportages en direct font de la radio un outil au service des étudiants et suscitent des émotions inédites auprès des auditeurs.

2. Les caractères nouveaux de la relation

• Les technologies audiovisuelles nécessitent des moyens qui favorisent le monopole d'État (ORTF) ou, plus tard, les intérêts d'entreprises privées (TF1) disposant d'importants capitaux.

> **Info**
> Créé en 1964, l'Office de radiodiffusion-télévision française (ORTF) ne comportait qu'une seule chaîne contrôlée par l'État. Il n'existait pas de concurrence privée.

• Le direct donne au public l'illusion de l'immédiat. Le montage des images ou les coupures peuvent le tromper. Le risque de manipulation s'accentue.

• Les reportages font entrer le monde au domicile des Français dont le regard sur le « village planétaire » (McLuhan) change.

3. Le maintien d'une relation bilatérale

• Le pouvoir de conditionnement porté par les médias audiovisuels renforce leur influence sur l'opinion. Il convainc les publicitaires qui envahissent les écrans et les ondes.

• Le poids de l'audimat pèse toutefois sur la programmation. Les médias suivent donc souvent la demande du public.

[Transition] La puissance de l'émotion et l'efficacité du direct ont renforcé le « quatrième pouvoir », celui des médias ; pour autant, celui-ci ne parvient pas à contrôler totalement l'opinion publique. L'éclatement des sources introduit par Internet ne renverse-t-il pas la relation ?

France métropolitaine 2019   **CORRIGÉ** **2**

III. Le nouvel équilibre lié à Internet (depuis 1990)

1. La déprofessionnalisation des médias sur le Web

• L'intrusion d'Internet dans le monde de l'information produit une démultiplication des sources : tous les internautes deviennent des médiateurs virtuels *via* les forums ou les blogs. Les crises, comme lors du rejet du Traité constitutionnel européen en 2005, se discutent désormais en ligne.

• Le foisonnement des points de vue qui s'expriment sur le Net fait imploser l'idée même d'opinion publique de plus en plus difficile à cerner.

• À l'instar des radios périphériques en 1968, Twitter institue à partir de 2006 le commentaire citoyen en direct, entraînant les journalistes dans une course en avant dangereuse. Les réseaux sociaux deviennent aussi la proie de manipulations diverses dont témoigne l'affaire des possibles ingérences russes dans les élections américaines (2016).

2. Les médias traditionnels en crise

• Presse papier, radios et télévisions survivent mais leur audience s'effondre, auprès des plus jeunes tout particulièrement. La crise politique, en l'occurrence, est celle des médias eux-mêmes.

• Le sentiment de liberté que donne la Toile remet en cause l'utilité de ces anciens médias.

• Sauf à risquer l'indignation des citoyens en mettant Internet sous contrôle, l'État perd la main qu'il pouvait avoir encore sur l'information.

3. Le maintien d'une relation mais un équilibre reconfiguré ?

• Les limites d'Internet existent pourtant : la crédibilité des blogueurs, sites et sources se pose et redonne de l'importance aux médias professionnels. Journaux, radios et télévisions développent une information en ligne de manière à conserver leur public traditionnel.

• Malgré les efforts des médias traditionnels pour les dénoncer, *fake news* et soupçons de manipulation des réseaux sociaux par des puissances étrangères brouillent les pistes. Une défiance sans précédent affecte les journalistes accusés de servir des causes partisanes.

Conclusion

[Bilan] En un siècle, l'équilibre entre les médias et l'opinion publique s'est redistribué et la médiatisation incontournable des professionnels s'est affaiblie avec l'apparition d'outils toujours plus indépendants vis-à-vis du temps et de l'espace.

[Réponse] La relation reste néanmoins bilatérale, comme elle l'a toujours été. Médias et opinion forment ainsi un couple inséparable autant que complice.

SUJET 3

France métropolitaine • Juin 2019
ÉTUDE CRITIQUE DE DOCUMENTS

Les opérations de maintien de la paix, reflet de l'organisation géopolitique du monde ?

▶ Que montrent ces deux cartes de l'organisation géopolitique du monde ? Quelles sont leurs limites pour en rendre compte ?

DOCUMENT 1 — Principaux États contributeurs au budget des missions de maintien de la paix de l'ONU (2017)

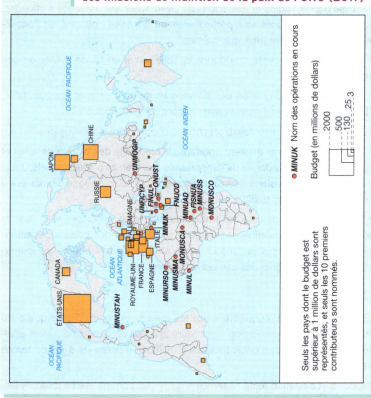

France métropolitaine 2019 **SUJET 3**

DOCUMENT 2 — **Principaux États contributeurs en nombre de soldats aux missions de maintien de la paix de l'ONU (2017)**

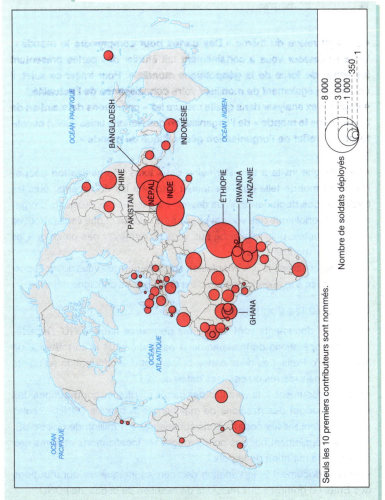

Source des deux cartes : d'après la cartothèque de Sciences Po Paris, données des Nations unies, Département des missions d'opérations de maintien de la paix (DOMP), www.un.org/en/peacekeeping

LES CLÉS DU SUJET

■ Lisez la consigne

Le sujet

• Le sujet relève du thème « **Des cartes pour comprendre le monde** ». Votre professeur vous a certainement fait étudier des cartes présentant **les lignes de force de la géopolitique mondiale**. Pour traiter ce sujet, il conviendra également de mobiliser votre **connaissance de l'actualité**.

• Vous devez analyser dans quelle mesure les « **opérations de maintien de la paix dans le monde** » de l'Organisation des Nations unies (ONU) constituent un « **reflet de l'organisation géopolitique du monde** ».

La consigne

• La consigne invite à travailler selon **deux axes** : l'organisation géopolitique du monde telle qu'elle apparaît à travers les documents, puis les **limites de ces documents**. Vous devrez donc relever les éléments d'organisation géopolitique que vous avez appris en classe et que vous retrouvez dans ces cartes, puis relever ce que vous ne retrouvez pas parce que les cartes ne le montrent pas.

• Un tel sujet nécessite une **conclusion soignée**, puisque vous devez apporter la réponse à la question posée dans le sujet et sa consigne détaillée.

■ Analysez les documents

• Les deux documents sont des **cartes de source fiable** (ONU, Département des opérations du maintien de la paix), tirées de la cartothèque de Sciences Po Paris. Les deux cartes présentent une information en points proportionnels (carrés ou cercles), datée de 2017.

• Dans le document 1, la variation des carrés montre les **contributions des États au budget** des missions de maintien de la paix de l'ONU – seules sont représentées les contributions supérieures à 1 million de dollars US. Y figurent également par des points rouges les **localisations et noms des missions de maintien de la paix**.

• Dans le document 2, la variation des cercles indique les **contributions des États en hommes** aux missions de maintien de la paix de l'ONU.

■ Définissez les axes de l'étude

• Une première solution consiste à suivre le **plan suggéré par la consigne** : organisation géopolitique du monde et limites des documents.

• Il peut être cependant préférable de mener une **analyse thématique** en utilisant les trois informations données par les cartes et en incluant pour chacune une **analyse critique** appuyée sur un contre-exemple.

France métropolitaine 2019 **CORRIGÉ** **3**

CORRIGÉ **3**

Les titres en couleurs servent à guider la lecture et ne doivent en aucun cas figurer sur la copie.

Introduction

[Accroche] Fondée en 1945, l'Organisation des Nations unies (ONU) a comme objectif premier de « maintenir la paix et la sécurité internationales ». Pour ce faire, elle dispose de moyens relativement efficaces, tel l'envoi, décidé par le Conseil de sécurité, de soldats, les casques bleus, dans des « missions de maintien de la paix ».

[Présentation et problématique] Ce sont ces missions de maintien de la paix qui sont décrites par les documents 1 et 2, deux cartes de source fiable (ONU, Département des opérations du maintien de la paix). Dans le document 1, la variation des carrés présente les contributions des États au budget des missions de maintien de la paix de l'ONU – seules sont représentées les contributions supérieures à 1 million de dollars US. On y voit également la localisation des missions. Dans le document 2, la variation des cercles présente les contributions des États en hommes aux missions de maintien de la paix de l'ONU. Quelle valeur donner à ces cartes de 2017 ? Dans quelle mesure reflètent-elles l'organisation géopolitique du monde ?

[Annonce du plan] Au vu des documents, les conflits sont situés au Sud. Et, si les pays du Nord financent la paix, ce sont ceux du Sud qui, majoritairement, envoient leurs hommes sur le terrain.

I. Les conflits sont au Sud

• Le document 1 affiche quinze points rouges, avec les sigles des missions de maintien de la paix de l'ONU. Incontestablement, les conflits sont au Sud. Un seul point se situe dans un pays du Nord : le Kosovo (MINUK). Les autres se réunissent en deux grands groupes : l'Afrique subsaharienne (huit missions, soit plus de la moitié) et le Proche-Orient (quatre missions).

• Cette répartition des missions reflète la géographie des conflits récents, qui affectent essentiellement les pays des Suds, notamment du fait de guerres civiles (MINURSO au Sahara occidental) ou de mouvements terroristes (MINUSMA au Mali).

> **CONSEIL**
> Il convient d'être précis dans l'étude du document 1. Comptez le nombre de cercles, donnez une proportion, puis analysez la répartition.

France métropolitaine 2019 **CORRIGÉ** 3

• Toutefois, la carte est loin d'épuiser le sujet : d'autres conflits affectent des États des Nords (Ukraine, Transnistrie) ; certains conflits dans les pays des Suds sont également absents (Syrie). Cela tient au fait que le Conseil de sécurité n'a pas réussi à y organiser des missions de maintien de la paix, en raison du droit de veto de ses membres permanents, parties prenantes dans ces conflits.

II. La paix par l'argent : le Nord finance la paix au Sud

• Les missions de maintien de la paix doivent être financées. Ce financement apparaît sur le document 1. Les contributions aux opérations sont surtout le fait des pays des Nords, et en premier lieu des États-Unis (autour de 2 milliards de dollars US, trois fois plus que la Chine ou le Japon). L'Europe fait également partie des contributeurs majeurs. Au total, les pays occidentaux financent les trois quarts des missions de l'ONU.

• On note également l'implication financière de pays émergents (Chine surtout, mais aussi Brésil ou Argentine) ou réémergents (Russie). Elle traduit leur montée en puissance et leur prise progressive de responsabilités internationales. Ainsi la carte permet-elle de mesurer la recomposition des équilibres géopolitiques mondiaux.

• Une analyse plus fine du document 1 permet cependant de constater ses limites : la contribution européenne, en particulier, démontre une véritable implication multilatérale. Toutefois, le rôle géopolitique des pays européens – sans même parler de l'Union européenne – est en réalité bien moindre dans la conduite des affaires du monde.

III. La paix par le sang : le Sud maintient la paix sur le terrain

• Les missions de maintien de la paix doivent également comporter des troupes dont le document 2 présente les principaux contributeurs. Le tableau est là complètement différent. L'essentiel des contributions en hommes vient des pays des Suds, y compris d'États très pauvres : ainsi ce sont l'Éthiopie ou le Bangladesh qui fournissent les contingents les plus importants.

• Un premier groupe de pays contributeurs concerne les États d'Afrique subsaharienne (Éthiopie, Rwanda, Tanzanie, Ghana) ; un deuxième est formé d'États d'Asie du Sud (Inde, Pakistan, Bangladesh, Népal). Leur présence s'explique par leur proximité avec les théâtres de crise (au Sahel par exemple), mais aussi par leur volonté de tenir leur rang géopolitique (Rwanda, Éthiopie, Inde) dans le système multilatéral.

France métropolitaine 2019 CORRIGÉ 3

• Les Européens sont moins impliqués, en raison de la réticence des opinions publiques aux interventions extérieures. Quant aux Américains et aux Japonais, ils sont simplement absents du document 2 ! La Constitution japonaise, en particulier, stipule que ses forces armées ne doivent servir qu'à l'auto-défense.

> **CONSEIL**
> L'étude d'un document nécessite de mobiliser ses connaissances, à la fois personnelles mais aussi tirées d'autres parties du programme.

Conclusion

Ces deux documents reflètent donc en partie l'organisation géopolitique du monde. On y voit le rôle des grandes puissances, anciennes et (ré)émergentes ; on y lit une partie des théâtres de crise ; on y décèle l'opposition encore réelle entre Nords et Suds.

Toutefois, ces documents ne montrent que ce qu'ils cartographient, c'est-à-dire la géopolitique vue à travers le système onusien. Or, de nombreux conflits se règlent – ou pas – en dehors de ce système ; de nombreuses organisations internationales ou groupes infranationaux interagissent avec lui ; et les facteurs de puissance (démographique, économique, militaire, y compris nucléaire) en sont absents. Est-ce la faute des documents ? Ne doit-on pas plutôt y voir le reflet des limites du système onusien ?

SUJET

4

Liban • Mai 2018
COMPOSITION

L'historien et les mémoires de la Seconde Guerre mondiale en France

LES CLÉS DU SUJET

■ Analysez le sujet

Les termes du sujet

Terme	Définition
historien	Professionnel dont le métier est de reconstruire les événements du passé en respectant des règles qui visent à produire un récit dont les faits sont tous vérifiés.
mémoires	Événements du passé dont une collectivité choisit de se souvenir. Le pluriel rappelle que chaque communauté ne conserve pas les mêmes souvenirs du passé.

La problématique

• Le « et » qui lie « historien » aux « mémoires » dans l'énoncé est une invitation à décrire comment le professionnel présente les manières dont les Français se souviennent de la Seconde Guerre mondiale. Sachant que les mémoires à étudier s'inscrivent dans la durée, de 1945 à nos jours, et qu'elles ont évolué, l'approche chronologique s'impose. Elle permet de montrer la malléabilité de la mémoire dans le temps.

• L'emploi du pluriel induit un autre objectif : discuter de la partialité du discours sur le passé et des rivalités que celle-ci engendre quand les mémoires sont rivales.

• La problématique du sujet découle de l'esprit même du programme : en quoi la diversité des mémoires reflète-t-elle la fragilité de la mémoire et/ou sa dépendance au contexte ?

Les mémoires : lecture historique   **CORRIGÉ**   **4**

■ Utilisez les mots clés

antisémitisme   oubli   mémorial   souvenirs

Barbie   amnistie   résistancialisme   Touvier

Vél d'Hiv'   Papon   repentance   **mémoire**

histoire   Paxton   **Résistance**   épuration   Shoah

négationnisme   lois mémorielles   collaboration

■ Évitez les pièges

• Distinguez les notions d'histoire, de mémoire et de souvenirs. Toutes renvoient au passé vécu, mais n'en retiennent pas les mêmes contenus.
• Chaque mémoire a ses bonnes et mauvaises raisons, lesquelles sont à évaluer dans leur contexte. Évitez tout jugement de valeur et ne cherchez pas à faire grief à quiconque des silences entretenus, entre 1945 et 1970, sur les crimes de la France. Faites bien attention, aussi, à ne pas prendre parti en faveur d'une mémoire aux dépens d'une autre.
• Le plan thématique n'est pas interdit, mais il favorise le catalogue.

HISTOIRE

CORRIGÉ 4

POINT MÉTHODE

Rédiger une introduction

❶ Introduire consiste à **annoncer** au lecteur ce que l'on va développer (le **quoi**), **pourquoi** et **comment**. Une bonne introduction se décompose ainsi en trois temps : entrée en matière, question soulevée par l'énoncé du sujet et annonce du plan. La règle dite des 3 P (Présentation, Problématique, Plan) symbolise cette structure. Trois phrases peuvent suffire à réaliser l'introduction.

❷ **L'entrée en matière** justifie le traitement du sujet. Elle utilise un élément du contexte : ici, par exemple, la fin d'une guerre mondiale qui marque les esprits. Ce constat fait, il devient naturel d'énoncer la **question** imposée ou suggérée par l'énoncé : l'interrogation sur les mémoires et leur lecture historique. L'annonce du plan est formelle et doit éviter les lourdeurs du genre : « Dans une première partie… ». Le candidat fait apparaître le **type de plan** qu'il va suivre en énonçant les titres de ses parties.

Les mémoires : lecture historique **CORRIGÉ** 4

Ce corrigé est rédigé sous la forme d'un plan détaillé. Les titres en couleurs servent à guider la lecture et ne doivent en aucun cas figurer sur la copie.

Introduction

[Accroche] **Avec les traumatismes d'Hiroshima et d'Auschwitz, la Seconde Guerre mondiale a marqué les esprits de ceux qui l'ont vécue.**

[Problématique] **Qu'en reste-t-il dans les mémoires en France ? Comment l'historien présente-t-il ces mémoires ? Que nous révèlent ses analyses sur la manière dont les Français perçoivent leur passé, sur l'évolution de leurs regards et sur les rivalités que dévoilent la différence des points de vue ?**

[Annonce du plan] La Résistance, le rôle de l'État français pendant l'Occupation et le sort des déportés sont les thèmes qui s'imposent le plus vivement à la communauté nationale, mais de façon différente dans le temps. Trois périodes se distinguent nettement : 1945-1970, où le mythe résistancialiste occulte les autres mémoires ; 1970-1985, où la mémoire de la collaboration se réveille ; 1985-2000 enfin, qui voit la mémoire de la Shoah s'imposer.

I. 1945-1970 : le mythe résistancialiste

1. La France et ses 40 millions de résistants

• Entre 1945 et 1970, dans les manuels scolaires, au cinéma, sous la plume des historiens, les Français sont présentés comme ayant souffert mais courageusement résisté à l'occupant et œuvré à leur propre libération.

• Une formule présente de Gaulle comme « l'épée » de cette résistance quand Pétain en serait le « bouclier ». Les deux hommes auraient ainsi été les deux figures d'une même lutte patriotique.

• Deux résistances s'affirment sur la scène nationale : celle de la France libre du général de Gaulle et celle des Francs-tireurs et partisans (FTP) communistes.

2. La défense des intérêts nationaux

• De Gaulle veut réconcilier les Français et éviter une guerre civile.

• L'image de la France résistante lui permet de justifier son statut d'État vainqueur et son siège de membre permanent du Conseil de sécurité de l'ONU.

• Gaullistes et communistes se servent de la Résistance pour séduire les électeurs. L'argument électoral est utilisé jusqu'à la fin du siècle.

3. La collaboration et la Shoah occultées

• Après quelques condamnations comme celles de Laval, Pétain et Brasillach, l'épuration est écourtée. Des lois d'amnisties sont votées dès 1947 puis à nouveau en 1951 et 1953. Le milicien Paul Touvier est gracié par Georges Pompidou en 1971.

Les mémoires : lecture historique CORRIGÉ 4

• Malgré la condamnation de la famille Renault, la collaboration du régime de Vichy est occultée.

Info
En 1945, l'entreprise Renault est nationalisée à titre de punition pour fait de collaboration. Elle devient la Régie Renault.

• L'hommage rendu aux déportés salue l'action des résistants ; malgré le film d'Alain Resnais (*Nuit et brouillard*, 1955), il oublie les victimes de la Shoah et les autres communautés assassinées par les nazis (Tziganes, handicapés, homosexuels…).

[Transition] De 1945 jusqu'au début des années 1970, le mythe résistancialiste entretient une mémoire positive de la guerre et aide les Français à en sortir la tête haute ; mais le silence sur certaines réalités historiques ne résiste pas au temps. De 1970 à 1985, les révélations sur le rôle de l'État français sous l'Occupation réveillent de mauvais souvenirs.

Conseil
Une transition se décompose en deux temps : un premier qui conclut la partie achevée ; un second qui annonce le thème de la partie à suivre.

II. 1970-1985 : la mémoire de la collaboration apparaît

1. Un nouveau contexte

• Une nouvelle génération née après la guerre s'interroge.

• Dans le cadre de la guerre froide, les communistes dénoncent une nouvelle « collaboration » franco-allemande (traité de Paris de 1963) orchestrée par de Gaulle contre l'Union soviétique.

• L'extrême droite réapparaît dans le paysage politique et inquiète.

Info
Jean-Marie Le Pen fonde le Front national en 1972.

2. Des témoignages probants

• Le film de Marcel Ophuls, *Le Chagrin et la Pitié* (1971), révèle la collaboration ordinaire pendant la guerre dans un petit village de France.

• En 1973, l'historien américain Robert Paxton publie sa thèse, *La France de Vichy*, dans laquelle il révèle les complicités du régime de Vichy avec l'Allemagne nazie.

• En 1978, l'ancien commissaire général aux questions juives de Vichy, Louis Darquier, nie la réalité de la Shoah et réaffirme son antisémitisme.

3. Procès et repentance font devoir de mémoire

• L'imprescriptibilité des crimes contre l'humanité permet de relancer les enquêtes judiciaires contre des personnalités comme René Bousquet, ancien secrétaire général de la police du régime de Vichy ou Jean Leguay, un des responsables de la rafle du Vél' d'Hiv' (16 juillet 1942).

Les mémoires : lecture historique **CORRIGÉ** **4**

• Tardifs, les procès Barbie (1987), Touvier (1992) et Papon (1997) témoignent des zones d'ombres de la collaboration. Médiatisés, ils se veulent édifiants.

[Transition] Le travail historiographique a permis de rectifier la vision de la guerre ; la correction sert aussi la mémoire de la Shoah longtemps occultée.

III. La mémoire de la Shoah s'impose

1. Jusqu'à la fin des années 1970, les survivants des camps d'extermination se sont tus

• Leur expérience était indicible.

• Ils se sentaient incompris ou rejetés face à l'image glorieuse des résistants.

• Les souffrances et spoliations subies dérangeaient les consciences.

2. L'urgence de témoigner

• Il faut faire parler les survivants avant qu'ils ne disparaissent. Dès 1985, Claude Lanzmann présente un documentaire intitulé *Shoah*, composé en partie de témoignages.

• Il faut surtout apporter la contradiction au discours des négationnistes (Faurisson en 1978) et leurs relais politiques (l'extrême droite).

> **Info**
> Le négationniste nie la réalité d'un fait dont l'authenticité est pourtant prouvée. Le terme concerne d'abord la Shoah, mais aussi tous les crimes contre l'humanité.

3. Le devoir de mémoire

• Les initiatives pour faire mémoire se multiplient, dans les arts ou à l'école.

• En 1990, la loi Gayssot qualifie de délit tout acte raciste ou antisémite.

• En 1995, Jacques Chirac reconnaît la responsabilité de l'État français (le régime de Vichy) dans la rafle du Vél' d'Hiv'.

• En 2005, un musée (Mémorial de la Shoah) consacré à l'histoire juive pendant la guerre ouvre ses portes à Paris.

Conclusion

La lecture par l'historien des mémoires que les Français entretiennent de la Seconde Guerre mondiale montre que celle-ci a produit des blessures difficiles à cicatriser. Elle a surtout été l'occasion d'expériences traumatisantes et si controversées que les tabous sont parfois longs à tomber. En France, les mémoires de la guerre ne sont pas seulement plurielles et contradictoires, elles témoignent aussi de calculs et de rivalités qui sont les reflets de notre histoire depuis 1945.

SUJET

5

France métropolitaine • Juin 2018
ÉTUDE CRITIQUE DE DOCUMENTS

HISTOIRE

L'historien et les mémoires du génocide des Juifs

▶ Montrez que les documents témoignent de l'évolution des mémoires du génocide des Juifs en France. En vous appuyant sur le document 1, vous expliquerez le lien entre cette évolution et celle de la recherche historique.

DOCUMENT 1 **Interview de l'historienne Annette Wieviorka**

Le 27 janvier, chefs d'État et de gouvernement commémoreront le 60ᵉ anniversaire de la découverte du camp par les troupes soviétiques […]. Éternelle, inépuisable actualité d'Auschwitz. Notre monde demeure hanté par le souvenir de ce qui restera comme
5 le plus grand crime de tous les temps. Et les historiens ne cessent d'interroger documents et témoins pour tenter de comprendre l'inconcevable. […]

Le Nouvel Observateur (N.O.) – [Au sortir de la guerre], quand on parle des déportés, on pense surtout aux résistants et aux poli-
10 tiques. […] Pourquoi cette cécité[1] ?

A. Wieviorka – Les déportés de la Résistance qui reviennent sont infiniment plus nombreux (40 000 environ, pour seulement 2 500 juifs). Certains sont des personnalités du monde politique d'avant-guerre ou font partie des élites de la République ; ils écrivent, inter-
15 viennent dans la vie publique, créent des associations. […] Les survivants juifs sont le plus souvent des petites gens, tailleurs, casquettiers, parfois très jeunes, et confrontés à une absolue détresse : leurs familles ont été décimées, leurs maigres biens pillés, leurs logements occupés. Ils n'ont guère de moyens de se faire entendre. Dans
20 notre société moderne, la parole des victimes est sacrée, la souffrance individuelle doit s'exprimer. Ce n'était pas le cas en 1945. La parole appartenait aux représentants d'associations structurées. Et l'heure était à la célébration des héros de la Résistance. […] Les rares travaux

historiques menés jusque-là, grâce à la masse de documents rendus
25 publics au moment de Nuremberg, ont eu peu d'écho.

N.O. – Vous voulez dire que les juifs eux-mêmes avaient refoulé
Auschwitz ?

A. Wieviorka – Refoulement n'est pas le mot. Le souvenir a toujours été présent dans les familles. Mais c'était une affaire privée.
30 Dans l'après-guerre, la communauté juive elle-même ne met pas
l'accent sur les temps de la persécution et de l'extermination. Les
responsables communautaires s'occupent activement de la réinté-
gration, de la restitution des biens. La mémoire n'est pas un enjeu.
Cela explique le choc du procès Eichmann, qui se propage et va
35 gagner la France. L'action de Serge Klarsfeld[2] est ici décisive, mais
le temps rend aussi les choses audibles. La mémoire d'Auschwitz,
portée par des acteurs juifs, pénètre dans l'espace public à la fin
des années 1960. Quand Robert Paxton publie *La France de Vichy*,
en 1973, les esprits ont changé : l'opinion publique est prête à
40 l'accueillir.

N.O. – Sur le silence des juifs dans les années d'après-guerre,
deux points de vue s'opposent. Les uns disent : ayant été mis à part
dans les persécutions, ils refusaient d'être mis à part dans le deuil.
D'autres, avec Simone Veil, soutiennent que si on n'a pas entendu la
45 souffrance des juifs, c'est qu'on ne voulait pas l'entendre.

A. Wieviorka – Les deux ne s'excluent pas. Dans la sphère privée,
les familles endeuillées répugnent à entendre le récit des souffrances.
Dans la sphère publique, les juifs ne sont pas les « bons » déportés.
Ils n'ont pas été des résistants. Mais il est vrai aussi que les juifs
50 de 1945 souhaitent majoritairement s'intégrer à nouveau dans la
France républicaine, une France qu'ils ne mettent pas en accusation.
Le silence sur la persécution est donc largement consensuel.

Interview d'Annette Wieviorka par Agathe Logeart et Claude Weill,
Le Nouvel Observateur, n° 2097, 13-19 janvier 2005.

---

1. Cécité : le fait d'être aveugle.
2. Serge Klarsfeld : historien et avocat qui s'est consacré à la poursuite des criminels nazis.

Les mémoires : lecture historique **SUJET 5**

DOCUMENT 2 — **Simone Veil et Jacques Chirac à Auschwitz le 27 janvier 2005**

V. Mazuir et E. Beyeklian, « Simone Veil : son parcours en photos », publié le 30 juin 2017 sur www.lesechos.fr. Consulté le 20 novembre 2017.

LES CLÉS DU SUJET

■ **Lisez la consigne**

• La consigne est construite en deux phrases : la première renvoie à l'exposé de l'**évolution des mémoires**, la seconde à la présentation d'un lien entre cette évolution et la **recherche historique**. Il y a en fait ici deux propositions : expliquer l'évolution des mémoires d'une part ; comprendre que la recherche participe de cette évolution d'autre part. Ce second point permet de formuler la problématique.

• La problématique peut aussi être extraite de l'énoncé du sujet. Ce dernier est centré sur le « et » qui renvoie au « lien » de la consigne. **En quoi histoire et mémoires sont-elles liées ?**

• Attention : la consigne ne demande pas de **présenter les documents**, mais il faut penser à le faire dans l'introduction.

Les mémoires : lecture historique **CORRIGÉ** 5

■ Analysez les documents

• Les deux documents datent de **2005**, soit dix ans après le discours de Jacques Chirac sur la reconnaissance des responsabilités de l'État français dans les persécutions anti-juives commises entre 1940 et 1944. Ce sont, surtout, des **témoignages** lors du **60ᵉ anniversaire de la libération d'Auschwitz**.

• Ils sont toutefois de nature très différente. Le document 1 expose le **point de vue d'une historienne spécialiste** de l'histoire de la Seconde Guerre mondiale. Le document 2 illustre **l'hommage de la France** aux victimes du génocide des Juifs à travers la présence de deux importantes personnalités politiques : Jacques Chirac, alors président de la République, **incarnation de la Nation**, et Simone Veil, **survivante** du camp et membre du Conseil constitutionnel.

■ Définissez les axes de l'étude

• Il faut s'appuyer sur le document 1 pour construire l'étude : en extraire d'abord les **mémoires successives**, puis les **explications**. Le document 2 ne sert qu'à illustrer la dernière étape de l'évolution.

• Le document 1 permet de dégager les **trois périodes** de mémoires vues en cours. Les dates citées aident à fixer les limites chronologiques de chacune. Les explications données par Annette Wieviorka ne sont pas à reprendre de façon linéaire, le risque de paraphrase serait trop grand. Mieux vaut les présenter **par thèmes** : les raisons des Juifs, celles liées à l'évolution du contexte par exemple. Rien n'interdit d'ajouter des connaissances personnelles.

CORRIGÉ 5

Les titres en couleurs servent à guider la lecture et ne doivent en aucun cas figurer sur la copie.

Introduction

[Contexte] Le 27 janvier 2005, le monde commémore le 60ᵉ anniversaire de la libération du camp d'Auschwitz par les troupes soviétiques. De telles manifestations n'ont pas toujours eu lieu par le passé…

[Problématique] Comment la mémoire du génocide des Juifs a-t-elle évolué depuis 1945 ? En quoi la recherche historique est-elle liée à ce changement ?

Les mémoires : lecture historique **CORRIGÉ** **5**

[Présentation des documents et annonce du plan] Deux documents nous permettent d'évaluer cette évolution et le rôle que peut avoir l'historien sur celle-ci. Tous deux ont été publiés à l'occasion de cet anniversaire de la libération du camp d'Auschwitz. Le document 1 expose le point de vue d'une historienne sur ces commémorations, qu'elle met en perspective. À travers la personnalité de Jacques Chirac, président de la République française, et de Simone Veil, survivante d'Auschwitz et membre du Conseil constitutionnel, le document 2 illustre l'implication de la classe politique française dans l'expression du devoir de mémoire.

I. De l'occultation du génocide à la commémoration

• De 1945 jusqu'au début des années 1970, le génocide des Juifs ne fait pas mémoire. La tragédie est sinon occultée, au mieux passée sous silence. Nul ne parle de l'extermination dont les Juifs ont été la cible privilégiée pendant la Seconde Guerre mondiale. Les contemporains semblent aveugles : *Le Nouvel Observateur* parle à ce propos de « cécité » (doc. 1, l. 10).

• Au début des années 1970, tout change. La connaissance du génocide se diffuse plus facilement. « La mémoire d'Auschwitz [...] pénètre dans l'espace public », souligne Annette Wieviorka (doc. 1, l. 36-37). Une nouvelle génération cherche à comprendre une information qui n'a pas de sens pour elle (« l'inconcevable », doc. 1, l. 7).

• Depuis les années 1990 jusqu'à nos jours, le monde a pris l'habitude de faire devoir de mémoire s'agissant du génocide des Juifs, ou Shoah. Il est l'exemple du crime contre l'humanité que nul ne doit ignorer (« le plus grand crime de tous les temps », doc. 1, l. 5) pour que jamais un drame de même nature ne se répète.

> **INFO**
> Le terme « Shoah » est surtout utilisé depuis les années 1990, après la sortie du film de Claude Lanzmann, *Shoah*, en 1985.

[Transition] De l'indifférence au devoir de commémoration, la place du génocide des Juifs dans le souvenir collectif s'est inversée. Mais comment et pourquoi ce changement s'est-il effectué ? Quel rôle a joué l'historien ?

HISTOIRE

Les mémoires : lecture historique **CORRIGÉ** **5**

II. Des changements de contexte mis en lumière par les historiens

• L'évolution du contexte et les priorités qu'il impose expliquent l'évolution de la mémoire. En 1945, la victoire concentrait l'attention des populations sur les mérites des résistants (« la célébration des héros », doc. 1, l. 23). Les victimes elles-mêmes avaient des soucis plus urgents (« s'intégrer à nouveau dans la France républicaine », doc. 1, l. 50-51) que de faire mémoire. Dans les années 1960, au contraire, la reconstruction est achevée et le procès d'Adolf Eichmann (doc. 1, l. 34) réveille les souvenirs enfouis. Aujourd'hui, dans un monde en crise, la renaissance des mouvements identitaires et nationalistes incite les autorités et les partis politiques modérés à faire mémoire, d'où la présence du président Jacques Chirac à Auschwitz le 27 janvier 2005 (doc. 2).

> **INFO**
> Adolf Eichmann était responsable de l'organisation de la « solution finale ». Il est condamné à mort et exécuté au terme d'un procès qui se tient à Jérusalem, en 1961.

• Annette Wieviorka montre que la mémoire dépend aussi du statut de ceux qui parlent. En 1945, les Juifs ne sont que des survivants sans tribune (ils n'ont « guère de moyens », doc. 1, l. 19), ce sont « le plus souvent de petites gens » (doc. 1, l. 16), sans leaders. Ces derniers ont en effet, pour la plupart, été exterminés. Mais à la génération suivante émergent des hommes et des femmes issus de la communauté juive, capables de se faire entendre. L'avocat Serge Klarsfeld (doc. 1, l. 35) ou Simone Veil (doc. 2) en sont de bons exemples.

• Mais ces explications sont aussi mises en lumière par les historiens et les documents qu'ils extraient des archives. Serge Klarsfeld réunit ainsi les preuves des crimes nazis (doc. 1, note 2). Robert Paxton (doc. 1, l. 38) permet au public français de découvrir les compromissions du régime de Vichy. Le recul qu'adopte Annette Wieviorka aide à mettre les informations en perspective. Le rôle de l'historien apparaît donc essentiel parce qu'il éclaire les événements et sort de l'ombre ce que la mémoire oublie.

> **INFO**
> L'histoire est une reconstruction des événements du passé à partir de traces (archives, témoignages) dont l'authenticité est certifiée par la communauté des historiens.

Conclusion

Chargé d'émotions, le souvenir du génocide des Juifs a été souvent victime des priorités du temps dans lequel il s'est inscrit. Armé de documents et du recul que lui impose sa discipline, l'historien s'efforce d'expliquer mais aussi d'informer afin que le souvenir ne disparaisse pas. Cependant, son travail reste toujours menacé par les impératifs du temps présent.

SUJET

6

Sujet inédit
COMPOSITION

HISTOIRE

La rivalité des mémoires de la guerre d'Algérie (de 1962 à nos jours)

LES CLÉS DU SUJET

■ Analysez le sujet

Les termes du sujet

Terme	Définition
rivalité	Concurrence entre des personnes qui revendiquent la même chose. Elle peut relever d'une opposition et générer un conflit frontal ; elle peut aussi renvoyer à de simples différences sans qu'il y ait affrontement direct.
mémoires	Événements du passé dont une collectivité choisit de se souvenir. Le pluriel rappelle que chaque communauté ne retient pas les mêmes souvenirs du passé.
guerre d'Algérie	Conflit qui oppose la France (métropole) aux partisans de l'Algérie indépendante entre 1954 et 1962.

La problématique

Le terme « rivalité » invitant à mettre les mémoires recensées en relation d'opposition ou de concurrence, le devoir revient à évaluer en quoi cette rivalité entretient des ressentiments susceptibles de perpétuer les querelles du passé. Constater la pluralité des mémoires revient aussi à s'interroger sur l'universalité des souffrances et des rancœurs laissées derrière elle par la guerre. Dans quelle mesure chacun des acteurs du conflit peut-il se poser en victime et disputer ce statut aux autres ?

■ Utilisez les mots clés

attentats   Aussaresses   repentance

mémoire   de Gaulle   torture   histoire

FLN   OAS   pieds-noirs   harkis   Évian

               mémorial

mémoires   Toussaint rouge   rapatriés   souvenirs

Les mémoires : lecture historique **CORRIGÉ** **6**

■ Évitez les pièges

• Les mémoires ne s'opposent pas de façon binaire : la française d'un côté, l'algérienne de l'autre. Chaque camp a ses propres divisions. Veillez à bien évaluer toute la variété des positions.

• Il existe une fraction importante de Français de métropole qui se sentaient peu concernés et dont la mémoire de la guerre d'Algérie est – ou a été – assez secondaire. Sans insister, faites-y au moins une fois allusion.

• Combinez les approches analytique (les mémoires des différentes communautés) et chronologique (l'évolution de ces mémoires depuis 1962). Optez pour une approche au niveau des grandes parties et utilisez l'autre dans le corps des sous-parties.

• Veillez à ne pas faire apparaître de sympathie pour une des mémoires en question ; la démarche de l'historien vous impose le recul et la reconnaissance des souffrances partagées. Au niveau des responsabilités, ne mettez pas tous les torts sur un même camp ; la réalité historique reste complexe et la nuance de rigueur.

CORRIGÉ 6

Les titres en couleurs servent à guider la lecture et ne doivent en aucun cas figurer sur la copie.

Introduction

[Accroche] De 1954 à 1962, l'Algérie est le théâtre d'une guerre de décolonisation. Quels souvenirs cet épisode de l'histoire nationale a-t-il laissé ?

[Problématique] En quoi la concurrence des mémoires entretient-elle des ressentiments susceptibles de perpétuer les querelles ou souffrances du passé ?

[Annonce du plan] Le conflit ayant laissé des souvenirs différents selon les communautés, nous recenserons d'abord les mémoires qu'il a fait naître : celles publiques des deux États français et algérien d'une part, celles privées des communautés humaines d'autre part. Mais de 1962 à nos jours, ces mémoires ne sont pas restées immuables. Nous verrons donc comment elles se sont reconfigurées à partir de 1992, date à laquelle une nouvelle génération arrive à l'âge adulte.

Les mémoires : lecture historique **CORRIGÉ** **6**

I. Des mémoires d'États inversées

1. L'amnésie française (1962-1995)

• Pour l'État français, le conflit qui ensanglante l'Algérie à partir de la « Toussaint rouge » de 1954 n'est pas identifié comme une guerre. L'expression alors consacrée pour désigner l'insurrection est « les événements ». D'emblée, la réalité de la situation est niée. Par les accords d'Évian (1962) la France reconnaît l'indépendance de l'État algérien. Ceci fait, elle s'empresse de gommer le douloureux souvenir de sa mémoire.

• Cette occultation par l'État et ses institutions (administrations, armée, école) est le fruit de l'échec subi. Si, sur le champ des batailles, l'armée n'a pas été vaincue, la guerre a bien été perdue. La gauche de Guy Mollet et de François Mitterrand, comme la droite du général de Gaulle, ont hâte de faire oublier à leurs électorats respectifs leurs responsabilités dans le déroulement et l'issue de la guerre. Quant aux militaires, s'ils estiment avoir fait leur devoir, ils préfèrent que le voile soit jeté sur les méthodes que certaines unités ont utilisées (la torture).

2. La mémoire nationale algérienne (1962-1992)

• Pour les Algériens, le combat pour l'indépendance n'est pas davantage désigné comme « guerre », mais comme « révolution algérienne », terme qui vaut aussi pour la période des réformes postérieures à 1962. Au-delà de l'indépendance, le Front de libération nationale (FLN), qui s'est imposé comme acteur principal de la lutte contre la France, s'est battu pour mettre en œuvre une « République démocratique et sociale » garantissant l'égalité de tous. Un tel projet n'a pas fait l'unanimité. Certains prônaient par exemple l'établissement d'une république islamique.

• Au lendemain de l'indépendance, les nouvelles autorités algériennes s'efforcent donc d'entretenir le souvenir de la victoire sur la France, mais aussi de l'unité de la nation algérienne derrière un projet révolutionnaire. Les divergences entre Algériens sont ainsi gommées.

[Transition] Pendant une génération, les deux États entretiennent ainsi une mémoire biaisée de la guerre, en fonction des intérêts des dirigeants et des projets qu'ils ont pour leur nation respective. Mais, en marge de ces mémoires publiques, quels souvenirs conservent les communautés privées ?

II. Des mémoires communautaires qui dérangent

Dans *La Gangrène et l'Oubli* (1991), l'historien Benjamin Stora explique : « Au sortir de la guerre [...] personne ne se sentait vraiment responsable ni coupable. » Ce sentiment favorise la construction de mémoires mettant l'accent sur les injustices subies. « Il vaut mieux apparaître en victime qu'en combattant ou en militant » écrit encore Benjamin Stora.

HISTOIRE

Les mémoires : lecture historique CORRIGÉ 6

1. La mémoire ignorée des rapatriés d'Algérie

• Rapatriés dans l'urgence au lendemain des accords d'Évian de 1962, les Français d'Algérie (les pieds-noirs) se perçoivent comme victimes de la guerre. Leur mémoire se concentre sur ce qu'ils ont perdu : des êtres chers tués dans les attentats, une partie de leurs biens, principalement immobiliers et leurs morts (le cimetière), le pays où ils sont nés… La manière dont ils ont été (mal) reçus en métropole ajoute à leur humiliation.

• Ils se sentent trahis par le général de Gaulle en qui ils avaient mis leur confiance et par les Français de métropole qui ont ratifié massivement (90 %) l'abandon de l'Algérie. Réelles, leurs souffrances ne sont pas reconnues.

• Leur mémoire n'en fait pas moins l'impasse sur le sort réservé aux « indigènes » arabes considérés comme des citoyens de seconde catégorie, sur le refus des réformes et sur les attentats de l'Organisation armée secrète (OAS) qui ont rendu plus difficile la mise en œuvre de compromis.

2. L'abandon des harkis

• De nombreux musulmans d'Algérie souhaitaient le maintien de l'Algérie française. Les harkis (près de 260 000 hommes en 1962) se sont battus aux côtés de l'armée française. Considérés comme traîtres ou collaborateurs, ils sont victimes de représailles : nombre d'entre eux ont été massacrés. La France en recueille 90 000. Elle leur accorde la nationalité française ; mais, comme les pieds-noirs, ils ont tout perdu et sont mal reçus en France.

• Au souvenir des massacres et de l'exil brutal, s'ajoute pour eux la mémoire des camps dans lesquels ils sont établis dans le sud de la France. Vite oubliés par l'administration, leurs conditions de vie y sont sommaires. En 1975, des révoltes éclatent aux camps de Bias et Saint-Maurice-l'Ardoise.

3. Les anciens combattants en quête de reconnaissance

• Les soldats de la France ont aussi leurs souvenirs ; il faut toutefois distinguer les appelés du contingent et les officiers de carrière ou les engagés. Tous n'ont pas perçu la guerre de la même façon.

• Les appelés se sont retrouvés immergés dans un conflit pour lequel ils n'avaient pas été préparés et qu'ils comprenaient mal. Non seulement ils n'étaient pas prêts à risquer leur vie pour un territoire qui ne correspondait pas à l'idée qu'ils se faisaient de la patrie, mais ils ont été témoins, parfois, de méthodes militaires (la torture, par exemple) qui les ont scandalisés. Confrontés aux horreurs de la guerre, ils en sont revenus marqués, certains se réfugiant derrière les ordres donnés, d'autres durablement traumatisés et honteux.

Les mémoires : lecture historique **CORRIGÉ** **6**

• Pour les soldats de métier, la guerre d'Algérie est d'abord le souvenir d'une mission qu'ils ont eu à mener. Non battus sur le terrain militaire, ils regrettent la perte du territoire, mais ils ne se sentent pas responsables d'une décision actée par les politiques. Quelques-uns récusent les méthodes ; mais la majorité a la mémoire du devoir accompli, au nom duquel ils demandent la reconnaissance officielle (promotions, médailles, honneurs) qui leur est due.

[Transition] Concurrentes et contradictoires, mémoires publiques et privées suscitent la confusion autant que l'oubli ou l'occultation. Comment la nouvelle génération réagit-elle ?

III. Résurgences et crises des mémoires

1. L'émergence d'une nouvelle génération : la mémoire des « beurs »

• Nés en France, les enfants d'immigrés et de harkis se retrouvent côte à côte sur les bancs d'une école qui évoque timidement le conflit. Coincés entre le discours officiel de la France et les souvenirs de leurs parents, ils vivent brutalement la concurrence et la rivalité des mémoires.

• Confrontés à des problèmes d'intégration et d'identification, ces « beurs » s'emparent de la mémoire de leurs aînés et s'en servent dans le cadre des manifestations qu'ils organisent pour exprimer leur mal-être ou leur droit à la différence. Ainsi, en 1991, les enfants de harkis se révoltent-ils dans plusieurs villes de France.

• L'école, la rue, les médias, *via* les enquêtes ou les films, sont autant de champs sur lesquels les mémoires communautaires s'affrontent et interpellent.

2. La crise de la mémoire algérienne (1989 à nos jours)

• Dans le cadre d'une Algérie troublée par la montée en puissance des islamistes récusant la « révolution nationale » mise en œuvre aux dépens de l'idéal coranique, la mémoire de la guerre se concentre sur de nouveaux thèmes. En 1990, l'ancien ministre Bachir Boumaza crée La Fondation du 8 mai 1945. Il entend « réagir contre l'oubli et […] démontrer que les massacres de Sétif sont un crime contre l'humanité et non un crime de guerre comme disent les Français », pour « obtenir un dédommagement moral ».

• Par la voix du président Abdelaziz Bouteflika, l'Algérie demande à la France d'accomplir son devoir de vérité (discours du 15 juin 2000 à l'Assemblée nationale française). Il exprime son souhait que « vous ressortiez des oubliettes, du non-dit, la guerre d'Algérie, en la désignant par son nom ». En 2004, un sondage montre que 88 % des Algériens attendent de la France des excuses officielles.

HISTOIRE

Les mémoires : lecture historique **CORRIGÉ** **6**

3. La crise des mémoires françaises (1997 à nos jours)

• En France, les années 1990 sont marquées par la multiplication des polémiques entre historiens. En mai 2001, le général Paul Aussaresses reconnaît les tortures et les exécutions sommaires pratiquées par l'armée, mais avec le soutien du gouvernement français. Son livre fait scandale. Le président Jacques Chirac se déclare « horrifié ».

• Le débat sur le devoir de la France à faire repentance s'ouvre. Dans cet esprit est inauguré le 5 décembre 2002 quai Branly à Paris, un mémorial de la guerre qui vise à rendre hommage aux soldats français et supplétifs (harkis) morts en Afrique du Nord pendant les conflits d'indépendance. L'année suivante, le 5 décembre est déclaré « Journée nationale d'hommage aux morts pour la France pendant la guerre d'Algérie ». La France et l'Algérie ouvrent des négociations pour élaborer un traité d'amitié capable de rapprocher les mémoires. Le 25 septembre 2016, le président François Hollande reconnaît publiquement « les responsabilités des gouvernements français dans l'abandon des harkis, les massacres de ceux restés en Algérie et les conditions d'accueil inhumaines de ceux transférés en France ».

• Mais un autre « devoir de vérité » exige que la mémoire des anciens combattants de l'OAS soit reconnue par la France, ainsi que le « rôle positif de la colonisation ». L'insertion d'un article reconnaissant cette dernière dans la loi mémorielle du 23 février 2005 provoque une nouvelle polémique et la rupture des négociations franco-algériennes. La mention est finalement abrogée par décret en février 2006.

Conclusion

Si les autorités françaises et algériennes s'efforcent de trouver un compromis mémoriel pour tourner la page de leur commun passé, les mémoires rivales restent assez écorchées pour perpétuer les clivages qui divisaient déjà au temps de la guerre.

SUJET

7

Asie • Juin 2018
COMPOSITION

Socialisme, communisme et syndicalisme en Allemagne de 1875 à 1945

HISTOIRE

LES CLÉS DU SUJET

■ Analysez le sujet

Les termes du sujet

Terme	Définition
socialisme	Doctrine qui préconise l'établissement d'une société plus juste et égalitaire grâce à la propriété collective des moyens de production.
communisme	Idéologie d'inspiration socialiste qui préconise l'établissement d'une société sans classes par la voie d'une révolution et de la dictature du prolétariat.
syndicalisme	Organisation qui défend les revendications professionnelles de ses membres.

La problématique

Le sujet s'inscrit dans une période d'affirmation du socialisme (1875-1930) avant son effacement durant la période nazie (1931-1945). Il s'agit donc de montrer **comment et pourquoi un mouvement populaire a pu s'effondrer** brutalement face au régime hitlérien. Socialisme, communisme et syndicalisme en Allemagne ont-ils été un échec pendant la période considérée ?

■ Utilisez les mots justes

• Le sujet implique de connaître les grands principes du socialisme :

– la **dictature du prolétariat** par l'intermédiaire du parti guide – qui est unique ;

– la **propriété collective des biens de production** qui induit la nationalisation des industries et la collectivisation des terres ;

– la **planification** impérative de l'économie.

• Les divisions au sein du Parti social-démocrate allemand (SPD) obligent à distinguer le **révisionnisme** (socialisme réformiste d'Eduard Bernstein)

Socialisme et mouvement ouvrier en Allemagne **CORRIGÉ** **7**

du **spartakisme** (mouvement communiste fondé par Rosa Luxemburg) qui se veut révolutionnaire.

• Différenciez bien également le **marxisme** (idéologie d'origine établie par Karl Marx) et le **bolchevisme** (mouvement communiste russe de Lénine).

• Pour la période de la Première Guerre mondiale, faites référence à l'**union sacrée** (union de tous les partis et syndicats derrière le gouvernement).

■ **Évitez les pièges**

• Évitez le plan analytique organisé autour des trois termes du sujet. Ici, le **plan chronologique** s'impose.

• Pour chaque période, efforcez-vous de montrer que **le syndicalisme est une des expressions des mouvements socialistes** et non un phénomène simplement contemporain de ceux-ci.

• L'opposition entre le SPD (socialistes révisionnistes) et le Parti communiste allemand (KPD) ne doit pas empêcher de considérer ce dernier comme un parti appartenant à la **famille socialiste**.

CORRIGÉ **7**

Les titres en couleurs servent à guider la lecture mais ne doivent pas figurer sur la copie.

Introduction

[Contexte] Au lendemain de sa victoire sur la France et de la fondation de l'Empire (le Reich), l'Allemagne s'affirme comme une puissance politique et industrielle. La classe ouvrière y prend de l'importance. Né en 1875, le parti des travailleurs s'organise en un

> **Info**
> Référence à la guerre franco-prussienne de 1870-1871.

puissant mouvement politique : le Parti social-démocrate d'Allemagne (SPD).

[Problématique] Comment ce mouvement s'est-il inscrit dans l'histoire de l'Allemagne jusqu'en 1939 ? Et en quoi son effacement à partir de 1933 témoigne-t-il d'un échec ?

[Annonce du plan] Nous répondrons à ces questions en analysant les principales étapes de son histoire : son développement entre 1875 et 1910, sa gestion de la guerre et des affaires entre 1910 et 1929, puis son anéantissement par les nazis de 1931 à 1945.

Socialisme et mouvement ouvrier en Allemagne **CORRIGÉ 7**

I. 1875-1910, l'essor réussi d'une idéologie nouvelle

1. Congrès de Gotha : la naissance d'un mouvement ouvrier structuré

• En 1875, l'Association des travailleurs allemands et le Parti ouvrier social-démocrate s'unissent pour former le SPD.

• Le parti revendique un programme d'inspiration marxiste : établissement de sociétés ouvrières de production avec l'aide de l'État, droit de grève, réduction du temps de travail, protection de la santé.

> **Info**
> Par opposition au socialisme utopique, le marxisme se présente comme un socialisme « scientifique ».

2. Le développement d'un parti et d'un syndicalisme puissants

• S'appuyant sur des associations sportives ou culturelles et sur une presse bien implantée, le parti voit ses effectifs croître rapidement. En 1910, un électeur allemand sur trois vote SPD.

• Un syndicalisme mutualiste efficace se met en place. En 1892, il se rassemble au sein de la puissante Confédération générale des syndicats allemands (ADGB). L'association crée des bibliothèques, des dispensaires ou encore des centres aérés qui améliorent la vie des ouvriers.

> **Info**
> Une mutuelle est une association d'assurance sociale (maladie, chômage, etc.) à but non lucratif et financée par les cotisations de ses adhérents.

• Le chancelier Otto von Bismarck tente de contenir le mouvement. Par les lois antisocialistes de 1878, il fait interdire les associations sociales-démocrates tout en créant des assurances sociales – ne faisant ainsi que justifier les revendications ouvrières.

3. Des débats internes : entre pragmatisme politique et pureté idéologique

• Alors que son succès lui ouvre les portes du pouvoir, le SPD est secoué par un débat soulevé par Eduard Bernstein. Celui-ci propose une voie révisionniste consistant à accepter le parlementarisme pour faire voter des réformes en faveur des ouvriers.

• Fidèle à la tradition marxiste, Rosa Luxemburg refuse l'alliance avec les partis bourgeois et préconise l'action révolutionnaire.

• En 1912, malgré ses divisions internes, le SPD devient le premier parti du pays avec près de 35 % des voix. Il reste malgré tout dans l'opposition.

[Transition] De 1875 à 1910, le socialisme allemand est un mouvement en pleine ascension. L'union sacrée face au conflit mondial de 1914 puis la gestion des affaires l'ont-elles affaibli ?

HISTOIRE

Socialisme et mouvement ouvrier en Allemagne CORRIGÉ 7

II. 1910-1930, le socialisme à l'épreuve de la guerre et du pouvoir

1. Pour ou contre la guerre

• Dès le début de la Grande Guerre, deux positions opposées s'affrontent au sein du SPD : d'un côté, les révisionnistes qui rallient l'union sacrée ; de l'autre, les révolutionnaires qui restent fidèles à l'internationalisme et refusent la guerre.

> **Info**
> L'internationalisme est un mouvement né au XIXᵉ siècle qui rassemble les partis et syndicats socialistes de toute l'Europe contre les capitalistes.

• En janvier 1916, Rosa Luxemburg dénonce la trahison du SPD et appelle à la révolution prolétarienne contre l'impérialisme bourgeois. Ses partisans se rassemblent dans le mouvement spartakiste qui prend le nom de Parti communiste d'Allemagne (KPD) en décembre 1918.

2. Le SPD au pouvoir

• Le SPD accède au pouvoir dans le cadre de la défaite allemande de novembre 1918. Issu de ses rangs, Friedrich Ebert devient le premier président de la république de Weimar.

• Parti de gouvernement, le SPD fait voter des réformes d'inspiration socialiste comme les nationalisations de certains secteurs industriels et le droit de vote des femmes.

• Sur le modèle de la révolution bolchevique, les communistes tentent de prendre le pouvoir. La répression est sanglante, Rosa Luxemburg est assassinée en janvier 1919.

3. La gauche face à la crise de 1929

• Entre 1920 et 1929, le SPD parvient à faire voter de nouvelles réformes. Malgré les difficultés traversées par le pays, le parti reste puissant, recueillant 25 à 30 % des suffrages entre 1923 et 1928.

• Mais la crise de 1929 l'affaiblit et profite davantage au KPD. Surtout, grand bénéficiaire de cette crise, le mouvement nazi prend des voix aux partis de gauche et devient menaçant.

• Le KPD et le SPD dénoncent le nazisme, ses méthodes, son programme ; mais ils n'unissent pas leurs efforts contre l'ennemi commun.

[Transition] Parti républicain, le SPD a géré au mieux de ses moyens une période difficile, mais il ne peut rien contre la crise économique et la montée du nazisme. Peut-il survivre alors face au régime hitlérien ?

Socialisme et mouvement ouvrier en Allemagne **CORRIGÉ** **7**

III. 1931-1945, le socialisme anéanti par le totalitarisme nazi

1. L'échec socialiste face aux nazis

• La division fait le jeu d'Adolf Hitler. La gauche ne peut empêcher sa nomination à la Chancellerie en janvier 1933.

• Hitler élimine le KPD qu'il rend responsable de l'incendie du Reichstag. Le parti est interdit, ses militants arrêtés et internés dans des camps (Dachau).

• L'instauration d'un système de parti unique permet ensuite d'éliminer le SPD et de fondre les syndicats dans les organisations de masse du nouveau régime.

2. Entre clandestinité et exil

• Réduits à la clandestinité, des militants organisent la résistance au péril de leur liberté et de leur vie, comme Wilhem Frantz et Martin Stiebel.

• Beaucoup prennent le chemin de l'exil pour continuer la lutte depuis l'étranger, comme Willy Brandt ou encore Walter Ulbricht réfugié à Paris en 1933 puis à Moscou en 1938.

> **Info**
> Futurs dirigeants respectivement de la République fédérale d'Allemagne (RFA) et de la République démocratique allemande (RDA).

3. La difficile survie des résistants socialistes pendant la guerre

• De 1939 à 1945, les nazis poursuivent leur travail d'élimination des militants socialistes. Beaucoup disparaissent, assassinés dans les camps de la mort.

• Quelques courageux, comme les étudiants Hans et Sophie Scholl, tentent d'agir dans le cadre de la résistance mais, arrêtés, ils sont exécutés. La victoire des Alliés redonne espoir aux survivants.

Conclusion

[Bilan] Entre 1875 et 1945 le socialisme a été un artisan de la modernisation économique et sociale de l'Allemagne. Mais face à la défaite de 1918 et aux crises, il n'a pas su trouver les moyens de préserver son œuvre. Acteur important de l'histoire allemande, il a payé le prix fort de ses fautes politiques commises pendant l'entre-deux-guerres.

[Ouverture] Quelle nouvelle chance lui donnera la victoire en 1945 des Alliés et de l'Union des républiques socialistes soviétiques (URSS) ?

HISTOIRE

SUJET

8

France métropolitaine • Juin 2017
COMPOSITION

Socialisme, communisme et syndicalisme en Allemagne des lendemains de la Seconde Guerre mondiale à nos jours

LES CLÉS DU SUJET

■ Analysez le sujet

Les termes du sujet

Terme	Définition
socialisme	Doctrine qui préconise l'établissement d'une société plus juste et égalitaire grâce à la propriété collective des moyens de production.
communisme	Idéologie d'inspiration socialiste qui préconise l'établissement d'une société sans classes par la voie d'une révolution et de la dictature du prolétariat.
syndicalisme	Organisation qui défend les revendications professionnelles de ses membres.

La problématique

• Le sujet s'inscrit d'abord dans la **période d'instauration du communisme** en Allemagne de l'Est et de sa confrontation avec le mouvement socialiste qui cherche sa propre voie en Allemagne de l'Ouest. En se prolongeant « jusqu'à nos jours », il couvre ensuite la **période de la réunification**, celle qui voit l'échec de l'orientation communiste tandis que le parti socialiste ouest-allemand, le SPD, se convertit à la social-démocratie.

• Il s'agit donc de montrer **comment et pourquoi le socialisme comme idéologie est devenu marginal en Allemagne**, sans oublier pour autant la réussite du mouvement syndical. En quoi le premier a-t-il été un échec quand le second est plutôt une réussite ?

Socialisme et mouvement ouvrier en Allemagne **CORRIGÉ** 8

■ Utilisez les mots clés

Mur de Berlin   **DGB**   Stasi   **Willy Brandt**

KPD   SPD   **réunification**   FDGB

Die Linke   SED   **RFA**   cogestion   1989

RDA   Bad Godesberg   1961   **Gerhard Schröder**

■ Évitez les pièges

• **Évitez une construction par modèle** : I/ Le socialisme d'État en RDA ; II/ Le socialisme de parti en RFA. Cette approche conduit à mélanger plans thématique et chronologique, la période allant de 1990 à nos jours faisant disparaître la concurrence entre les deux expériences. De même, le plan analytique organisé autour des trois termes du sujet est à bannir.

• **N'oubliez pas de traiter du syndicalisme**. Ne le mettez pas sur le même plan que le socialisme et le communisme. Dans le modèle ouest-allemand il est plutôt une réussite.

• N'opposez pas le SPD (parti socialiste ouest-allemand) et le SED (parti communiste est-allemand) sur la base d'une opposition capitalisme (RFA) contre communisme (RDA). À l'origine, le SPD appartient à la famille des partis socialistes. Le sujet revient à montrer comment il s'en écarte au fil du temps.

• Le plan en deux parties organisé autour de 1989 est possible. Il risque toutefois d'être déséquilibré. Plus difficile parce qu'il suppose de bien connaître la vie politique de l'Allemagne, un **plan chronologique en trois parties**, avec 1961 et 1989 comme dates clés, est préférable.

HISTOIRE

CORRIGÉ 8

Les titres en couleurs et les indications entre crochets servent à guider la lecture et ne doivent en aucun cas figurer sur la copie.

Introduction

[Contexte] En 1945, l'Allemagne hitlérienne vaincue est occupée par l'Armée rouge à l'est, l'armée américaine et ses alliés à l'ouest. Dans ce contexte, les partis de la gauche, le Parti social-démocrate d'Allemagne (SPD) et le Parti communiste d'Allemagne (KPD) notamment, renaissent et s'organisent pour reconstruire le pays.

Socialisme et mouvement ouvrier en Allemagne CORRIGÉ 8

[Problématique] Dans quelle mesure socialisme, communisme et syndicalisme ont-ils réussi à s'imposer en Allemagne de 1945 à nos jours ?

[Annonce du plan] Trois périodes marquent l'histoire du socialisme dans ce pays divisé. Entre 1945 et 1961 se mettent en place deux socialismes concurrents. De 1962 à 1989, un socialisme réformé s'affirme à l'ouest. Depuis 1990, on observe la marginalisation du socialisme historique dans l'Allemagne réunifiée.

I. 1945-1961, la mise en place de deux socialismes concurrents

1. Les implications du début de la guerre froide

• Occupée, l'Allemagne est écartelée entre deux modèles rivaux. Le contexte réveille les vieilles divisions socialistes entre révisionnistes et révolutionnaires.

> **Info**
> La rupture entre révisionnistes (Eduard Bernstein) et révolutionnaires (Rosa Luxemburg) remonte au début du XXe siècle.

• Le début de la guerre froide impose aux Allemands deux modèles de démocratie. En 1949, la République fédérale d'Allemagne (RFA) à l'ouest, en tant que démocratie libérale, et la République démocratique allemande (RDA) à l'est, en tant que démocratie populaire, sont instituées.

2. La soviétisation de l'Allemagne de l'Est

• Satellisée par l'Union des républiques socialistes soviétiques (URSS), la RDA adopte le modèle soviétique. Le gouvernement est confié à un parti unique, le Parti socialiste unifié d'Allemagne (SED). Celui-ci impose la dictature du prolétariat. La police politique (Stasi) met la population sous surveillance.

• En matière d'économie, les principes du socialisme marxiste sont mis en place : propriété collective des biens de production (nationalisations) et planification quinquennale.

• Le syndicalisme se structure autour d'organisations de masse (FDGB) liées au SED, dont elles reconnaissent le rôle dirigeant.

3. Le socialisme réformé de l'Allemagne de l'Ouest

• Dans le cadre d'une démocratie pluripartite, le SPD devient un parti d'opposition. Il proclame son attachement à l'héritage marxiste. Le KPD, lui, est interdit en tant qu'organisation antidémocratique.

• Le syndicalisme se réorganise de manière indépendante des partis. Puissants, les syndicats se regroupent dans une confédération (DGB). Attaché au dialogue social, le syndicalisme fonctionne selon le principe de la cogestion.

> **Info**
> La cogestion est un système qui permet aux salariés de participer à la gestion de l'entreprise.

Socialisme et mouvement ouvrier en Allemagne **CORRIGÉ** **8**

• Contraint de se distinguer de l'expérience est-allemande, le SPD se réforme lors du congrès de Bad Godesberg (1959). Abandonnant l'héritage marxiste, il se déclare favorable aux valeurs de la pensée politique libérale, en particulier l'économie de marché.

[Transition] De 1945 à 1961, deux expériences socialistes concurrentes se sont mises en place dans l'Allemagne divisée. La construction du mur de Berlin en 1961 traduit cette situation. Lequel des deux socialismes s'adapte le mieux dans les années qui suivent ?

II. 1962-1989, l'affirmation d'un socialisme réformé à l'ouest

1. L'impossible convergence des deux socialismes

• Dans le contexte des Trente Glorieuses et de la Détente, le SPD progresse auprès des électeurs de la RFA. En 1966, il accède au pouvoir dans le cadre d'un gouvernement de coalition.

• D'importantes réformes sociales sont menées : la cogestion syndicale s'étend et les droits des travailleurs se renforcent.

• En 1969, le leader du SPD, Willy Brandt, devient chancelier. Il tente une politique de rapprochement avec la RDA (*Ostpolitik*). En vain : les deux modèles de socialisme ne sont pas compatibles.

2. Des accords d'Helsinki en trompe-l'œil

• Sans consultation préalable des Allemands, les accords d'Helsinki (1975) confortent la séparation entre les deux États qui se sont mutuellement reconnus en 1972. Leurs frontières de 1945 sont définitivement fixées. L'*Ostpolitik* est abandonnée.

> **Info**
> Les accords d'Helsinki sont signés le 1er août 1975 entre 35 pays dont les États-Unis, l'URSS et la majorité des pays européens.

• La reconnaissance des droits de l'homme lors des accords d'Helsinki met en évidence une importante différence entre les deux modèles : d'un côté celui qui reste autoritaire (RDA), de l'autre celui qui accepte l'alternance politique (RFA).

• La crise économique en RFA, après le premier choc pétrolier (1973), fragilise le SPD. Mais la puissance du syndicalisme parvient à préserver les acquis sociaux.

3. L'échec du modèle est-allemand

• En revanche, l'épuisement du modèle soviétique n'épargne pas la RDA. L'absence d'opposition sape l'image du parti et la contestation se développe en marge des institutions.

> **Info**
> En 1989, les « manifestations du lundi » rassemblent chaque semaine les populations devenues hostiles au régime de la RDA.

Socialisme et mouvement ouvrier en Allemagne **CORRIGÉ** 8

• En novembre 1989, le régime communiste de la RDA s'effondre. Un mouvement populaire spontané fait tomber le mur de Berlin.

[Transition] Le communisme en RDA s'est montré incapable de se réformer. La chute du mur de Berlin incarne l'échec du socialisme marxiste en Allemagne. Ce dernier peut-il survivre dans le cadre de la réunification ?

III. Depuis 1990, la marginalisation du socialisme historique dans l'Allemagne réunifiée

1. Réunification allemande, rejet du socialisme, maintien du syndicalisme

• En moins d'un an, la RFA absorbe la RDA. C'est la réunification de l'Allemagne (1990) menée par le chancelier conservateur ouest-allemand Helmut Kohl. Le SED disparaît.

• La modernisation de l'Allemagne et son adaptation à la mondialisation créent des tensions sociales. Le syndicalisme allemand reste néanmoins très puissant.

> **Info**
> En 2014, le taux de syndicalisation en Allemagne est de 18 % contre 7 % en France.

2. Converti à la social-démocratie, le SPD revient au gouvernement

• En 1998, le SPD de Gerhard Schröder reconquiert le pouvoir. Mais, converti à la social-démocratie, le chancelier fait des réformes qui ne s'inspirent pas des valeurs historiques du socialisme.

• Une partie des électeurs du SPD se sentent trahis et quittent le parti. En 2005 et en 2013, le SPD s'allie aux conservateurs dans des gouvernements de grande coalition.

3. La résistance du socialisme allemand : die Linke

• En 2007 naît un nouveau parti : die Linke (La Gauche, en français). Il rassemble les Allemands restés fidèles à l'idéal socialiste. Les communistes de l'ex-SED les rejoignent.

• Aux élections de 2009, die Linke réussit une percée électorale (près de 12 % des suffrages exprimés). Mais le mouvement peine à confirmer ce bon départ.

• En fait, seul le syndicalisme allemand semble résister à l'affaiblissement des idéaux portés par les organisations socialistes.

Conclusion

De 1945 à nos jours, socialisme et syndicalisme en Allemagne se sont affirmés comme des mouvements forts. La concurrence entre les modèles a été stimulante ; mais les échecs politiques dans des contextes économiques difficiles les ont lourdement affaiblis. Sauront-ils rebondir ?

SUJET

9

Nouvelle-Calédonie • Décembre 2017
ÉTUDE CRITIQUE DE DOCUMENTS

HISTOIRE

RFA et RDA : deux conceptions du socialisme après 1945

▶ Vous analyserez et confronterez ces deux documents afin de montrer comment les deux Allemagne mettent en œuvre deux conceptions différentes du socialisme après 1945.

DOCUMENT 1   **Extraits de la Constitution de la RDA de 1968**

Le VIIe Congrès du SED de la RDA, sous l'impulsion de Walter Ulbricht (1893-1973), secrétaire général du SED de 1950 à 1971, procède à une réécriture de la Constitution est-allemande.

Article 1. La République démocratique allemande est un État socialiste de la Nation allemande. Elle est l'organisation politique des travailleurs des villes et des campagnes, qui mettent en œuvre le socialisme sous la conduite de la classe ouvrière et de son Parti marxiste-léniniste. [...]

Article 2. L'ensemble du pouvoir politique de la RDA est exercé par les travailleurs. [...] L'alliance solide entre la classe ouvrière, les paysans organisés en coopératives, les intellectuels et toutes les autres couches du Peuple, la propriété socialiste des moyens de production, la planification pour conduire le développement de la société, [...] constituent les fondements inaltérables de l'ordre socialiste. [...]

Article 6. Conformément aux principes de l'internationalisme socialiste, la RDA pratique et développe la coopération dans tous les domaines et l'amitié avec l'URSS et les autres États socialistes. [...]

Article 12. Les richesses du sous-sol, les mines, les centrales énergétiques, les barrages et les eaux, les richesses naturelles du socle continental, les banques et les établissements d'assurance, les fermes d'État, les moyens de communication, les chemins de fer, les moyens de transport de la navigation aérienne et maritime, les installations des postes et des télécommunications, sont la propriété du Peuple. La propriété privée de ces biens n'est pas admissible. [...]

Socialisme et mouvement ouvrier en Allemagne **SUJET** **9**

DOCUMENT 2 « Évolution du socialisme » en RFA (1959)

Les socialistes allemands qui viennent de tenir un congrès extraordinaire à Bad Godesberg [...] ont senti la nécessité de modifier leur doctrine, devenue poussiéreuse [...], dont les trois points essentiels étaient la lutte des classes, la nationalisation des moyens
5 de production et l'intrusion de l'État dans l'économie. [...] Un des leaders classés à gauche, M. Herbert Wehner, s'est également élevé contre les tendances des extrémistes qui restaient fidèles à des conceptions dépassées.

Le nouveau programme, qui fut adopté à une très forte majorité,
10 reconnaît la nécessité de la libre entreprise et de la concurrence. [...] Les socialistes allemands ne font plus un dogme[1] de la nationalisation. [...] Et ce n'est pas seulement dans le domaine économique que les socialistes allemands ont révisé leurs positions. [...] Ainsi, en Europe, le socialisme est obligé de s'adapter s'il veut conserver des
15 chances de subsister.

René Payot[2], « Évolution du socialisme »,
Journal de Genève[3], 19 novembre 1959.

1. Point de doctrine considéré comme fondamental, incontesté, certain.
2. Journaliste suisse, bon connaisseur des socialismes allemands.
3. Quotidien suisse libéral ayant paru de 1826 à 1998.

LES CLÉS DU SUJET

■ **Lisez la consigne**

• L'exercice consiste à **opposer deux conceptions** du socialisme. La consigne implique de « montrer » les caractéristiques de chacune d'elles. Elle incite aussi à mettre en évidence les « **différences** ».

• La difficulté réside surtout dans la manière de construire la réponse. La consigne invitant à « analyser » et à « confronter » ne propose pas un plan, seulement une **méthode de travail**.

• Au brouillon, il faut ainsi définir des axes d'analyse puis exposer les différences relevées en les regroupant de façon **thématique**.

■ **Analysez les documents**

• **Officiel**, le document 1 définit le régime de la République démocratique allemande (RDA). Assez complet, il permet de recenser les différentes facettes du **socialisme marxiste-léniniste**. Il date de 1968, année de

Socialisme et mouvement ouvrier en Allemagne CORRIGÉ 9

normalisation des régimes du bloc de l'Est. Mais la réécriture de la Constitution opérée alors par Walter Ulbricht, numéro 1 est-allemand, ne change pas grand-chose à ce qu'est le régime depuis 1949.

• Le document 2 exprime l'**opinion** d'un journaliste issu d'un pays de l'Ouest (la Suisse), donc proche du régime **libéral** de la République fédérale d'Allemagne (RFA). Son intérêt réside dans sa date (**19 novembre 1959**), au lendemain du **congrès de Bad Godesberg** au cours duquel le parti socialiste ouest-allemand (le SPD) fit rupture avec la doctrine marxiste à laquelle le parti communiste est-allemand (le SED) restait attaché.

■ **Définissez les axes de l'étude**

• Le document 1 permet de définir au moins trois thèmes d'analyse : l'aspect strictement **politique** du régime (article 1), ses **principes économiques** (articles 2 et 12) et ses **relations extérieures** (article 6).

• Le document 2 permet de retrouver les deux premiers thèmes, sous réserve toutefois de bien connaître son cours et les décisions prises par le SPD à Bad Godesberg. Seule l'allusion à l'Europe (avant-dernière ligne) permet d'évoquer le troisième thème.

• La faible présence de ce dernier point dans le document 2 vous autorise à construire votre réponse en **deux parties** : régime politique et relations extérieures d'une part, principes économiques d'autre part.

HISTOIRE

CORRIGÉ 9

Les titres en couleurs servent à guider la lecture et ne doivent en aucun cas figurer sur la copie.

Introduction

[Contexte] En 1949, l'Allemagne se scinde en deux États rivaux : la République démocratique allemande (RDA) à l'est, la République fédérale d'Allemagne (RFA) à l'ouest. La première adopte un régime de démocratie populaire fondé sur le modèle socialiste du voisin soviétique. La seconde opte pour la démocratie libérale au sein de laquelle le Parti social-démocrate allemand (SPD) défend ses propres conceptions du socialisme.

[Problématique] En quoi diffèrent les deux modèles ainsi établis ? De quelle diversité doctrinale témoigne leur confrontation ?

Socialisme et mouvement ouvrier en Allemagne **CORRIGÉ** 9

[Présentation des documents et annonce du plan] Les deux documents permettent d'analyser chacun des systèmes. Le premier est un extrait de la Constitution est-allemande, texte officiel qui permet de définir la nature du régime dans ses différentes composantes. Réécrit en 1968 par l'homme fort du régime, Walter Ulbricht, il énonce les principes d'un système marxiste-léniniste. Rédigé par un journaliste suisse de conviction libérale, le second document résume la petite révolution – « évolution » titre l'auteur – idéologique du socialisme qui se produit en RFA dix ans après la naissance des deux républiques concurrentes.

I. Des conceptions démocratiques à l'opposé l'une de l'autre

• Le régime de la RDA s'appuie sur la notion de « lutte des classes » (doc. 1, article 1) selon laquelle bourgeoisie et prolétariat s'opposent en raison de l'exploitation du second par la première. Dans cette optique, les travailleurs imposent leur dictature. En RFA, le SPD renonce à cette lutte lors de son congrès de Bad Godesberg (doc. 2, l. 4).

• En RDA, le Parti socialiste unifié d'Allemagne (SED), qui rassemble ouvriers, paysans et intellectuels selon l'article 2 de la Constitution, gouverne dans le cadre d'un régime de parti unique. Au contraire, en RFA, le SPD accepte la compétition électorale dans une société de pluralisme politique.

> **INFO**
> En RFA, le principal concurrent du SPD est l'Union chrétienne-démocrate d'Allemagne (CDU).

• Concernant la politique extérieure, les deux Allemagne inscrivent leur action dans les deux blocs qui s'opposent lors de la guerre froide. Par le pacte de Varsovie, la RDA est en lien étroit avec l'Union soviétique (« coopération dans tous les domaines » précise l'article 6 de la Constitution). Le SPD voit son avenir dans « l'Europe » (doc. 2, l. 14), celle du bloc de l'Ouest telle qu'elle se construit depuis le traité de Rome signé deux ans plus tôt, en 1957, et instituant la Communauté économique européenne (CEE).

> **CONSEIL**
> Quand l'information fait défaut dans un document, faites appel à vos connaissances personnelles, en prenant soin de partir d'une allusion tirée du texte.

[Transition] Reflets de la guerre froide dont l'Allemagne est le premier champ de bataille, les deux socialismes allemands de l'après-Seconde Guerre mondiale sont à l'antithèse l'un de l'autre sur le plan politique. Comment cette divergence se traduit-elle sur le plan économique ?

Socialisme et mouvement ouvrier en Allemagne **CORRIGÉ** **9**

II. Le dirigisme d'État contre la liberté d'entreprendre

• En RDA, la propriété collective des moyens de production prévaut (doc. 1, article 2). Le contenu de cette nationalisation est détaillé dans l'article 12 de la Constitution. Tous les secteurs de l'économie (agriculture, énergie, industrie, transport, finance) sont ainsi placés sous le contrôle de l'État. En 1959, le SPD renonce à ce principe, au profit de la « libre entreprise » (doc. 2, l. 10), autrement dit la propriété privée des moyens de production.

• La planification d'État instaure une économie dirigiste en RDA, selon le modèle quinquennal de l'Union des républiques socialistes soviétiques (URSS). Comme le souligne René Payot, le SPD se convertit quant à lui au jeu de la « concurrence » (doc. 2, l. 10), c'est-à-dire à l'économie de marché obéissant à la loi de l'offre et de la demande. Dès lors, le SPD privilégie la négociation sous la forme de la cogestion.

> **INFO**
> La cogestion est un principe de gestion de l'entreprise selon lequel l'administration de celle-ci est confiée conjointement à la direction et aux salariés, *via* leurs syndicats.

HISTOIRE

• En Allemagne de l'Est, se maintient donc une idéologie respectant les principes du socialisme scientifique de Karl Marx, dans sa version léniniste ; en Allemagne de l'Ouest, le SPD évolue vers le capitalisme, sous réserve que les intérêts de la classe ouvrière ne soient pas sacrifiés et qu'une politique sociale soit mise en œuvre.

Conclusion

Ainsi, la confrontation des deux modèles allemands résume-t-elle les grands débats qui ont préoccupé les leaders du socialisme depuis la naissance de ce mouvement dans le courant du XIXe siècle. L'Allemagne offre un exemple rare de cohabitation de deux voies possibles pour l'idéologie socialiste : celle de l'attachement à ses principes fondateurs et celle de son évolution. Mais l'effondrement du mur de Berlin en 1989 et la réunification sonnent le glas de l'expérience socialiste est-allemande.

SUJET 10

Liban • Mai 2013
ÉTUDE CRITIQUE DE DOCUMENTS

Médias et opinion publique en France au moment de l'affaire Dreyfus

▶ Montrez que ces deux documents reflètent les fractures de l'opinion publique lors de l'affaire Dreyfus. Permettent-ils de comprendre les rapports entre médias et opinion publique ?

DOCUMENT 1   Une du journal *L'Aurore* du 13 janvier 1898

« J'accuse le lieutenant-colonel du Paty du Clam, d'avoir été l'ouvrier diabolique de l'erreur judiciaire et d'avoir ensuite défendu son œuvre néfaste, depuis trois ans, par les machinations les plus saugrenues et les plus coupables. […]

J'accuse le général Billot [ministre de la Guerre du cabinet Meline, avril 1896] d'avoir eu entre les mains les preuves certaines de l'innocence de Dreyfus et de les avoir étouffées, de s'être rendu coupable de ce crime de lèse-humanité et de lèse-justice, dans un but politique et pour sauver l'état-major compromis…

J'accuse le général de Boisdeffre et le général Gonse de s'être rendus complices du même crime, l'un sans doute par passion cléricale, l'autre peut-être par cet esprit de corps qui fait des bureaux de la Guerre, l'arche sainte, inattaquable. […]

Médias et opinion publique en France SUJET 10

J'accuse enfin le premier conseil de guerre [celui de 1894, qui jugea Dreyfus] d'avoir violé le droit, en condamnant un accusé sur une pièce restée secrète, et j'accuse le second conseil de guerre d'avoir couvert cette illégalité, par ordre, en commettant à son tour le crime juridique d'acquitter sciemment un coupable.

Quant aux gens que j'accuse, je ne les connais point, je ne les ai jamais vus, je n'ai contre eux ni rancune ni haine. Ils ne sont pour moi que des entités, des esprits de malfaisance sociale. Et l'acte que j'accomplis ici n'est qu'un moyen révolutionnaire pour hâter l'explosion de la vérité et de la justice.

Je n'ai qu'une passion, celle de la lumière, au nom de l'humanité qui a tant souffert et qui a droit au bonheur. Ma protestation enflammée n'est que le cri de mon âme. Qu'on ose donc me traduire en cour d'assises et que l'enquête ait lieu au grand jour ! »

DOCUMENT 2 — **Caricature de Caran d'Ache, parue dans *Le Figaro* le 14 février 1898**

— Surtout ! ne parlons pas de l'affaire Dreyfus !

Médias et opinion publique en France **SUJET 10**

... Ils en ont parlé...

LES CLÉS DU SUJET

■ Lire la consigne

• Le sujet porte sur le « et » entre médias et opinion. Ce lien réapparaît dans la consigne qui le traduit par le mot « rapports ». La conclusion de l'étude doit donc évaluer l'impact de la presse sur les Français et vice-versa. Le renvoi « au moment de l'affaire Dreyfus » invite à préciser le contexte. La consigne impose aussi de « montrer » et « comprendre ». « Montrer les fractures » consiste à exposer et expliquer les divisions des Français. « Comprendre les rapports entre médias et opinion » revient à expliquer le rôle de la presse.

• N'oubliez pas que vous devez faire une « étude critique ». Il vous appartient donc d'évaluer les limites des divisions d'une part, et celle de l'influence des médias d'autre part.

■ Analyser les documents

Ils sont tous deux **expressions d'opinions** parues dans la presse à un mois d'intervalle. Le premier est un article d'un des plus grands écrivains français de l'époque, Émile Zola, dans lequel il accuse l'armée de forfaiture. Il déclenche une polémique (l'affaire Dreyfus) et fait ainsi **événement**. Le second est un dessin réalisé par un antidreyfusard, Caran d'Ache, dans un journal conservateur, *Le Figaro*. L'auteur y traduit la vision qu'il a de

Médias et opinion publique en France **CORRIGÉ 10**

l'impact de l'affaire sur une famille. La confrontation de ces documents permet de voir comment la presse est à la fois outil d'action politique (document 1) et miroir de la réalité sociale (documents 1 et 2). Définir les axes de l'étude

Elle dépend de la conclusion retenue. Si celle-ci veut souligner **l'importance des fractures** et la **puissance de la presse** d'une part, les limites de l'une et de l'autre d'autre part, un plan antithétique s'impose. La consigne, cependant, suggère de suivre plutôt une **approche thématique** qui conduit à conclure sur la **forte influence des médias** en traitant successivement du contexte de l'affaire (introduction), la présentation et l'explication des fractures telles qu'elles apparaissent à travers les documents, puis l'évaluation du rôle de la presse.

HISTOIRE

CORRIGÉ 10

POINT MÉTHODE

Comment « montrer que… » ?

1 La consigne propose souvent de « montrer » quelque chose. Il s'agit d'extraire des informations d'un document pour **illustrer** ce qu'il faut montrer (ici les fractures).

2 Il faut cependant se méfier du « montrer » car il incite à la paraphrase : ici, Zola accuse, les Français se disputent.

Pour éviter ce piège, obligez-vous à faire un va et vient au sein de chaque paragraphe : exposez ce que vous devez montrer, puis renvoyez au document. Cette démarche conduit à dire au correcteur que **vous retrouvez dans le document les connaissances que vous maîtrisez.**

Les titres en couleurs servent à guider la lecture et ne doivent en aucun cas figurer sur la copie.

Introduction

Le 13 janvier 1898, Émile Zola publie dans le journal *L'Aurore* une lettre ouverte adressée au président de la République. Il y accuse l'armée d'avoir fait condamner un innocent : le capitaine Dreyfus. L'article est le point de départ d'une polémique qui divise les Français. L'affaire tourne autour d'une

Médias et opinion publique en France **CORRIGÉ** 10

question d'espionnage au profit de l'Allemagne, sujet sensible depuis la défaite de 1871 dans un pays où s'affirme un puissant mouvement nationaliste. Convaincue de la culpabilité de Dreyfus, l'armée a produit contre lui un faux document. Mais elle s'est trompée de coupable et, dans le cadre d'une République attachée aux droits de l'homme, le procédé fait scandale et les passions se déchaînent. Les journaux se font l'écho de celles-ci comme en témoigne le dessin de Caran d'Ache paru dans *Le Figaro* du 14 février 1898. Les médias participent de la polémique. Mais quel rôle jouent-ils ? Promoteur ou reflet de l'opinion publique ?

I. La presse, miroir des fractures franco-françaises

• Zola utilise la presse pour dénoncer une « machination ». Son article conduit les Français à se disputer (document 2). Les journaux diffusent les convictions de chaque camp.

• Pour les dreyfusards, ce n'est pas l'erreur judiciaire qui est grave mais ce que Zola qualifie de « crime de lèse-humanité ». Évoquant le droit, la justice et la vérité, il défend l'état de droit tel que la France s'en réclame depuis 1789. Dans l'autre camp, Zola dénonce l'attitude des militaires. Ceux-ci sacrifient les droits de Dreyfus au nom de l'intérêt supérieur de la nation. L'armée peut commettre une erreur, pour autant elle ne doit pas être mise en cause (elle est « inattaquable », note Zola). Entre les droits de l'individu et l'intérêt collectif, les deux camps s'opposent sur une question de priorité.

• Dans son article, Zola fait allusion à la « passion cléricale » d'un général. Cléricalisme et anticléricalisme est un autre sujet de fracture. Les Français s'opposent sur la question du rôle de l'Église dans la société (séparée ou non de l'État). L'affaire Dreyfus est aussi l'occasion d'une vive opposition (peut-être illustrée par le document 2) entre antisémites qui considèrent que les juifs ne sont pas de vrais Français et ceux qui pensent que la citoyenneté est indépendante de la religion ou de l'ethnie.

• Si les Français sont divisés, il faut toutefois relativiser l'importance des fractures. Tant que son innocence fut ignorée, Dreyfus fit l'unanimité contre lui. La trahison au service de l'Allemagne unit les Français. Le régime républicain, par ailleurs, n'est pas remis en cause et nombre de monarchistes (comme Albert de Mun) sont dreyfusards.

II. La puissance « révolutionnaire » des médias

• Pour se faire entendre, Zola utilise la presse, moyen qu'il dit « révolutionnaire ». En effet, depuis 1870, la presse est libre. Dans un pays où l'analphabétisme recule et où les rotatives assurent de gros tirages, elle permet une large diffusion des idées (de s'exprimer « au grand jour » écrit Zola). Par

78

Médias et opinion publique en France **CORRIGÉ 10**

ailleurs, Zola interpelle directement le chef de l'État, démarche inédite. *J'accuse* mobilisa l'opinion en faveur de Dreyfus.

• La presse est aussi un outil de débat contradictoire entre journaux. Ceux-ci passionnent d'autant plus les lecteurs qu'ils sont très visuels : ils utilisent beaucoup la caricature (document 2).

• La presse n'est pas toute-puissante pour autant. Si elle n'a pas l'information, elle reste muette et Dreyfus ne sort pas de prison. Il faut aussi le talent d'un homme comme Zola pour réussir. Si la presse permet d'informer, elle se contente souvent, aussi, de donner à lire ce que le public veut lire. L'antisémitisme, le cléricalisme et le nationalisme diffusés à la faveur de l'affaire Dreyfus ne sont pas nés avec elle.

Conclusion

Entre médias et opinion, il existe un rapport étroit d'entraînement mutuel, l'opinion justifiant la publication d'idées, la publication renforçant l'opinion. L'influence des médias sur le public est forte mais dépend malgré tout de ce que les lecteurs pensent déjà.

HISTOIRE

SUJET

11

Amérique du Nord • Mai 2017
COMPOSITION

Les États-Unis et le monde, depuis les « 14 points du président Wilson » (1918)

LES CLÉS DU SUJET

■ Analysez le sujet

Les termes du sujet

Terme	Définition
États-Unis	Le pays doit être considéré comme État (il faut étudier la politique de ses présidents) et Nation (il convient d'évoquer son opinion publique et ses valeurs).
monde	Terme très général qu'il convient d'appréhender par continents (Europe, Asie, Amérique du Sud, etc.) et grands États (URSS, Chine, France, Royaume-Uni, etc.), sans oublier les colonies avant 1950 (Afrique, Moyen-Orient, etc.).
« quatorze points »	L'expression renvoie aux buts de guerre tels que le président Wilson les définit pour justifier l'entrée des États-Unis dans le premier conflit mondial en 1917.

La problématique

Dans le cadre des « chemins de la puissance » (thème 3 du programme), vous devez identifier **les étapes conduisant les États-Unis à affirmer leur domination** : en quoi tracent-elles ainsi un chemin de puissance ?

■ Utilisez les mots clés

doctrine Monroe   *America is back*   doctrine Truman

guerre des Balkans   Roosevelt   Reagan

Bretton Woods   **isolationnisme**   plan Marshall

islamisme   Cuba   guerre froide   arsenal des démocraties

guerre du Golfe   Yalta   Vietnam   IDS

gendarme du monde   ONU   mondialisation

Les chemins de la puissance **CORRIGÉ** 11

■ Évitez les pièges

• Faites attention à ne pas vous concentrer sur l'étude des relations entre grandes puissances.

• Mettez en évidence, chaque fois que l'opportunité se présente, les divergences entre les dirigeants américains et leur **opinion publique** : elles existent en particulier sur l'engagement dans les guerres mondiales ou face à la guerre du Vietnam.

• Ne réduisez pas le sujet à la description d'une marche linéaire de l'isolationnisme à la domination américaine. Tout son intérêt repose sur la **continuelle hésitation des États-Unis** entre ces deux pôles opposés. Ne vous limitez pas à l'analyse de la puissance politique et militaire : relations économiques (rôle du dollar) et culturelles (*soft power*) doivent être évoquées.

■ Valorisez votre copie

• Puisez **des exemples dans tous les espaces mondiaux** : l'Amérique latine, le Moyen-Orient, ou encore ceux liés à la décolonisation.

• Essayez d'**équilibrer les périodes**. 1991 est une date qui s'impose *a priori*, mais vous pouvez rééquilibrer les parties en retenant 1985, date à laquelle les États-Unis s'affirment face à une URSS affaiblie.

CORRIGÉ 11

Les titres en couleurs servent à guider la lecture et ne doivent en aucun cas figurer sur la copie.

Introduction

[Accroche] En 1917, le président Wilson rompt avec l'isolationnisme traditionnel américain pour voler au secours de ses alliés européens. Un siècle plus tard, les États-Unis se posent en gendarmes du monde.

> **Info**
> L'isolationnisme renvoie à la doctrine Monroe, soit la non-ingérence des puissances étrangères dans les affaires du continent américain.

[Problématique] En quoi les relations que les États-Unis ont établies avec le reste du monde de 1918 jusqu'à nos jours témoignent-elles de la construction de leur puissance ?

[Annonce du plan] Celle-ci s'est établie par étapes : 1918-1941, le temps des hésitations ; 1941-1985, les États-Unis, chefs de file des démocraties libérales ; 1985 à nos jours, l'affirmation contestée d'une puissance hégémonique.

HISTOIRE

81

Les chemins de la puissance **CORRIGÉ** **11**

I. 1918-1941 : le temps des hésitations

1. 1917-1919 : Woodrow Wilson expose sa vision du monde

• Le président Wilson met en avant des principes à l'opposé de l'isolationnisme traditionnel américain.

• Les traités de paix (1919-1920) sont un compromis entre le rêve wilsonien et les intérêts des vainqueurs.

• Par refus de la Société des Nations (SDN), le Congrès américain ne ratifie pas le traité de Versailles. Cet isolationnisme fait alors échouer le projet de Woodrow Wilson.

2. 1920-1937 : le retour à l'isolationnisme

• L'Amérique voit dans le monde extérieur la source de tous les maux. Forts du slogan *America first*, les républicains remportent les élections en 1920.

• Les intérêts financiers justifient les plans d'aide à l'Europe. Mais la crise de 1929 accélère le repli des États-Unis sur eux-mêmes.

• Excédé par le refus des Européens d'acquitter leurs dettes, le Congrès américain adopte les lois de neutralité (1934-1937).

> **Info**
> Par les plans Dawes (1924) et Young (1929), les États-Unis allègent les réparations allemandes en échange de garanties politiques offertes aux Français et aux Britanniques.

3. 1937-1941 : les États-Unis, arsenal des démocraties

• La montée des totalitarismes inquiète les Américains.

• Le président Roosevelt contourne l'isolationnisme : la loi sur la quarantaine (1937) puis la clause du *Cash and Carry* (1939) favorisent les démocraties.

• Le *Destroyers for Bases Agreement* (1940) et la loi du prêt-bail (1941) font des États-Unis l'« arsenal des démocraties » dans le cadre de la Seconde Guerre mondiale.

[Transition] De 1918 à 1941, les États-Unis entretiennent des relations difficiles avec le reste du monde. Ils hésitent à s'engager sur la scène internationale qu'ils dominent de plus en plus. Comment la Seconde Guerre mondiale puis la guerre froide ont-elles consolidé leurs positions ?

> **Conseil**
> La transition donne une réponse à la problématique (ici, la puissance émerge sans dominer), puis la relance dans le cadre de la partie suivante.

Les chemins de la puissance **CORRIGÉ** **11**

II. 1941-1985 : les États-Unis, chefs de file des démocraties libérales

1. Les bâtisseurs d'un nouvel ordre mondial

• L'agression japonaise (1941) précipite les États-Unis dans la guerre et annihile les dernières résistances du mouvement isolationniste.

• Par les accords de Bretton Woods (1944), les États-Unis créent un système à leur main. Promu monnaie de référence, le dollar est alors le symbole d'une Amérique conquérante.

• À Yalta (1945), les États-Unis et l'URSS se partagent le monde.

2. Les États-Unis, leaders du bloc de l'Ouest

• Dans le cadre de la doctrine Truman, les États-Unis assument leurs responsabilités : pont aérien à Berlin (1948-1949), intervention en Corée (1950-1953), crise de Cuba (1961-1962).

> **Info**
> La doctrine Truman engage les États-Unis à tout faire pour contenir l'impérialisme soviétique dans le monde. Le plan Marshall en est l'arme économique.

• Pour contenir la menace soviétique en Europe, ils aident les Européens de l'Ouest par le plan Marshall (1947) et soutiennent le projet de la Communauté économique européenne (CEE) à partir de 1957.

• La décolonisation les incite à aider leurs alliés quand les Soviétiques menacent de s'étendre (Indochine) ou à faire pression sur eux (Suez, 1956), et à favoriser les nouveaux États indépendants.

3. La lente affirmation d'une puissance hégémonique

• Les difficultés économiques, l'émergence de nouveaux acteurs (Chine) puis les échecs répétés à Cuba (1962), au Vietnam (1973), face à l'Iran (1979) ou en Amérique latine (Nicaragua) plongent les États-Unis dans le doute.

• Les relations se tendent avec leurs alliés, devenus des concurrents économiques (CEE, Japon), qui quittent l'Organisation du traité de l'Atlantique nord (OTAN) comme la France ou qui s'engagent dans des politiques indépendantes, telle l'*Ostpolitik* de la République fédérale d'Allemagne (RFA).

• Dans les années 1980, sous l'impulsion du président Reagan, les États-Unis redressent la tête (euromissiles, IDS, soutien aux guérillas d'Amérique latine ou en Afghanistan). En crise, l'URSS ne peut faire face. Les États-Unis sortent vainqueurs de la guerre froide.

> **Info**
> Le programme IDS a vocation à protéger le territoire des États-Unis de toute attaque nucléaire grâce à un « bouclier spatial anti-missiles ».

[Transition] Les États-Unis font triompher le camp des démocraties libérales. Parviennent-ils pour autant à imposer au monde le « nouvel ordre » dont ils rêvent ?

HISTOIRE

III. De 1985 à nos jours, l'affirmation contestée d'une puissance hégémonique

1. L'espoir d'un « nouvel ordre »

• Menée sous l'égide de l'Organisation des Nations unies (ONU), la guerre du Golfe (1991) laisse entrevoir la mise en place d'un monde pacifié, dont les États-Unis seraient les « gendarmes ».

• La libéralisation des marchés (Union européenne, ALENA, MERCOSUR) sous le contrôle de l'Organisation mondiale du commerce (OMC) met en place un monde multipolaire qui promet développement et prospérité.

2. L'américanisation du monde

• Par le biais du Fonds monétaire international (FMI), les États-Unis imposent des réformes économiques aux pays pauvres surendettés (Mexique, Argentine, Grèce…).

• Le *soft power* américain (culture, contrôle des médias, langue anglaise) tend à modeler la planète à leur image.

• Sûrs de la supériorité de leur modèle et au nom de la sécurité, les États-Unis interviennent militairement en prenant parti plutôt que comme gendarme-arbitre, par exemple en faveur d'Israël au Proche-Orient.

3. Un nouveau désordre mondial

• L'hégémonie américaine nourrit des formes violentes de rejet. L'islamisme plonge le monde dans la terreur des attentats (2001). Les États-Unis répliquent par des interventions militaires brutales (Afghanistan, Irak) et peu efficaces.

• Les printemps arabes (2011) déstabilisent le Moyen-Orient. Les puissances émergentes (Chine, Inde) ou renaissante (Russie) affirment des ambitions qui remettent en cause les équilibres mondiaux.

• Depuis l'élection de D. Trump en 2016, les États-Unis se replient sur une position isolationniste. Hostile à toute forme de gouvernance multilatérale, le président américain remet en cause les équilibres internationaux, au risque d'affaiblir ses propres alliés.

Conclusion

De 1918 à nos jours, le chemin parcouru par les États-Unis a fait d'eux une puissance hégémonique mais contestée. Leur relation au monde balance entre soutien et hostilité selon que les peuples adhèrent ou non à leur modèle. Les résistances et le coût de la puissance pèsent cependant sur le peuple américain, tenté de revenir à son isolationnisme historique.

SUJET

12

Liban • Mai 2019
ÉTUDE CRITIQUE DE DOCUMENTS

HISTOIRE

L'affirmation de la puissance américaine de 1918 aux années 1950

▶ En replaçant les deux documents dans leur contexte et en les confrontant, montrez les étapes, les caractéristiques et les limites de la puissance américaine dans le monde depuis Wilson jusqu'aux années 1950.

DOCUMENT 1   **« Le siècle américain » de Henry Luce, 1941**

Dans la pratique, Franklin Roosevelt a été pendant sept ans un isolationniste intégral. [...] Que Franklin Roosevelt ait récemment émergé comme un leader mondial de temps de crise ne doit pas occulter le fait que depuis sept ans sa politique a annihilé la possi-
5 bilité de voir s'affirmer un leadership américain et une coopération internationale. [...]

Sous ses ordres et sous sa direction, nous pouvons rendre l'iso-lationnisme aussi archaïque que la question de l'esclavage, et nous pouvons faire d'un véritable internationalisme américain une chose
10 aussi naturelle que l'avion ou la radio de nos jours.

En 1919, nous avons eu une occasion en or, une opportunité sans précédent dans toute l'histoire, celle d'assumer un leadership mondial, une occasion qui nous était offerte sur un plateau d'argent. Nous n'avons pas saisi cette opportunité. Wilson l'a mal gérée.
15 Nous l'avons rejetée. L'opportunité a persisté. Nous l'avons ratée dans les années 1920, et dans la confusion des années 1930, nous l'avons tuée.

Conduire le monde n'a sans doute jamais été chose facile. Pour raviver l'espoir de cette opportunité perdue, la tâche sera infiniment
20 plus dure qu'elle ne l'aurait été auparavant. Néanmoins, avec l'aide de nous tous, Roosevelt doit réussir là où Wilson a échoué. [...] C'est à l'Amérique, et à elle seule, de déterminer si un système de libre entreprise, un système économique compatible avec la liberté et le progrès, doit ou ne doit pas prévaloir en ce siècle. [...]

25 Nous devons devenir le Bon Samaritain[1] pour le monde entier. C'est le devoir manifeste de ce pays d'entreprendre de nourrir tous les peuples du monde qui, en raison du naufrage mondial de la civilisation, sont affamés et démunis. [...] Pour chaque dollar que nous dépensons en armements, nous devrions verser au moins dix cents
30 en faveur d'un gigantesque effort pour nourrir le monde, et le monde saurait que nous nous sommes attelés à cette mission. [...]

C'est dans cet esprit que tous nous sommes appelés, chacun dans la mesure de ses capacités et de son horizon le plus large, à donner le jour au premier grand siècle américain.

Source : « The American Century », éditorial de Henry Luce (grand patron de presse), publié dans *Life Magazine*, 17 février 1941, p. 61-65.

1. Dans la Bible, le « Bon Samaritain » est un personnage venant charitablement en aide à un homme attaqué par des brigands.

DOCUMENT 2 — **Affiche du PCF contre le plan Marshall, 1951**

Coll. « Archives du PCF », dans Lucie Fougeron, « Propagande et création picturale. L'exemple du PCF dans la guerre froide », *Sociétés & Représentations*, 2001/2 (n° 12), p. 269-284.

Les chemins de la puissance **SUJET** **12**

LES CLÉS DU SUJET

■ Lisez la consigne

• Le sujet porte sur la « **puissance américaine** » qu'il faut évaluer pendant la période qui va de la fin de la Première Guerre mondiale (1918) au début de la guerre froide (1950). Cette phase chronologique intègre la crise économique de 1929 et la Seconde Guerre mondiale (1939-1945).

• Si la problématique n'est pas énoncée, elle découle de l'opposition qui est faite dans l'énoncé entre les termes « caractéristiques » et « limites » : **dans quelle mesure la puissance américaine s'impose-t-elle** depuis le président Wilson jusqu'aux années 1950 ?

• La consigne invite à évoquer **le contexte** des documents et à **confronter** ceux-ci. Ce travail est à faire au fil du devoir, mais une présentation des documents est une bonne occasion de les contextualiser.

■ Analysez les documents

• Les deux documents sont **témoins**. Ils donnent un **point de vue**, ce qui oblige à rester critique sur ce qu'ils énoncent et à leur opposer des connaissances tirées du cours.

• Le document 1 est un **éditorial** qui propose l'analyse d'un puissant **patron de presse américain**. Il date de 1941, année de la **rupture** du pays **avec l'isolationnisme** et de son entrée dans le second conflit mondial.

• Le document 2 est une affiche de **propagande** réalisée par le **Parti communiste français**. Elle montre un **regard hostile** aux États-Unis, **à l'opposé** du document 1. Elle date de 1951, moment où l'Europe reçoit **l'aide** du plan Marshall et où commence la **guerre froide**.

■ Définissez les axes de l'étude

• La consigne suggère de suivre **un plan thématique** : les étapes, les caractères, les limites de la puissance américaine. L'analyse des documents fait apparaître trois périodes (1918-1929 ; 1930-1940 ; 1941-1951) qui autorisent à opter pour un plan chronologique, mais celui-ci est plus difficile à bien équilibrer.

• Si l'on suit le plan chronologique, il faut traiter les différentes thématiques dans les sous-parties au risque de se répéter et de ne pas mettre en évidence la confrontation des documents. Le plan thématique, en revanche, permet de mettre l'accent sur cet **aspect critique**. C'est la raison pour laquelle il vaut mieux privilégier cette approche.

HISTOIRE

Les chemins de la puissance **CORRIGÉ** 12

CORRIGÉ 12

Les titres en couleurs servent à guider la lecture et ne doivent en aucun cas figurer sur la copie.

Introduction

[Contexte] En novembre 1918, la Première Guerre mondiale s'achève. L'intervention américaine a donné la victoire aux Alliés et permis d'instaurer la paix selon les 14 points du président Wilson.

[Problématique] Dans quelle mesure cette victoire permet-elle d'imposer la puissance américaine au monde entre 1918 et 1950 ?

[Présentation des documents et annonce du plan] Deux documents témoins nous proposent le point de vue de leurs auteurs. Le document 1 est une réflexion menée par un grand patron de presse américain qui invite ses compatriotes à assumer le rôle de leader des États-Unis au moment où ceux-ci s'engagent dans la Seconde Guerre mondiale. Le document 2 présente la vision que les communistes français ont de ce pays dix ans plus tard, quand éclate la guerre froide. Ces documents aident à comprendre l'évolution de la puissance américaine, ses caractéristiques et ses limites.

I. Les errements de la puissance américaine

• Dans le document 1, Henry Luce regrette que la puissance américaine ait été « mal gérée » (l. 14) par le président Wilson, « rejetée » et « ratée » (l. 15). En effet, dès 1920 les Américains optent pour un repli isolationniste conforme à leur tradition politique. « *America first* » scandent les républicains revenus au pouvoir. La prospérité des années 1920 semble leur donner raison. Mais la crise de 1929 remet tout en cause. La puissance américaine s'effondre.

• « Franklin Roosevelt a été pendant sept ans un isolationniste intégral », rappelle Luce (doc. 1, l. 1-2). De 1933 à 1940, le président américain a en effet lutté contre la crise en rompant de nombreux échanges commerciaux (lois de neutralité). Faute de « coopération internationale » (l. 5-6), le pays n'a pas pu développer son leadership et peine à se redresser. Mais Roosevelt n'est pas seul en cause. Les partenaires européens n'étaient pas non plus disposés à maintenir les liens.

> **INFO**
> Les lois américaines de neutralité votées en 1935-1937 interdisent d'exporter des armes vers des États belligérants ou de leur accorder des prêts et crédits.

Les chemins de la puissance **CORRIGÉ** **12**

• Soucieux de défendre leurs intérêts, les États-Unis s'engagent dans la Seconde Guerre mondiale au lendemain de l'attaque japonaise sur Pearl Harbor en décembre 1941. La victoire de 1945 rétablit leur puissance et ils décident, cette fois, de s'engager sur la scène internationale. Ils deviennent le leader du monde libre.

[Transition] Depuis la fin de la Première Guerre mondiale les États-Unis ont peiné à asseoir leur puissance. Mais comment celle-ci se caractérise-t-elle ?

II. Un leadership qui se veut généreux

• Selon Luce, la puissance américaine doit se poser comme garante de la « liberté et du progrès » (doc. 1, l. 23-24), autrement dit des valeurs de la démocratie et du développement économique. Celui-ci doit être basé sur « un système de libre entreprise » (l. 22-23).

> **INFO**
> Les 14 points de Wilson (1918) et les accords de Bretton Woods (1944) préconisent l'établissement du modèle libéral américain dans le monde.

• Cette puissance a également vocation à faire de l'Amérique « le Bon Samaritain » du monde (l. 25), un pays qui vient au secours des autres. C'est au nom de ce projet qu'ils entrent dans la lutte contre les totalitarismes nazi en 1941 et soviétique après 1945.

• Pour autant, la puissance américaine n'est pas désintéressée. Les aides qu'elle accorde ont vocation à entretenir la machine industrielle américaine. Au lendemain d'une guerre qui a fait du pays « l'arsenal des démocraties », le plan Marshall ouvre les marchés européens à ses investisseurs. Les communistes français perçoivent cette aide comme la marque d'un colonialisme moderne (doc. 2).

[Transition] La puissance américaine est celle d'un pays capitaliste soucieux d'imposer sa vision du monde. Quelles en sont les limites ?

III Une puissance encore fragile et contestée

• Les limites de la puissance américaine se sont révélées en 1929. Peu contrôlée, la liberté des entrepreneurs entraîne le pays dans la crise. Sa réussite dépend aussi de la bonne volonté des partenaires étrangers et bute contre les réactions hostiles des nations concurrentes.

• Dénonçant « l'impérialisme américain », les pays hostiles aux États-Unis – les économies concurrentes et les régimes fascistes dans les années 1930, puis le bloc communiste après 1945 – mettent en place des politiques protectionnistes qui contiennent l'expansion économique américaine.

> **INFO**
> Le protectionnisme permet aux États d'établir des barrières douanières qui limitent les échanges internationaux.

HISTOIRE

Les chemins de la puissance **CORRIGÉ** **12**

• En 1947, l'Union des républiques socialistes soviétiques (URSS) établit un rideau de fer au-delà duquel la puissance américaine ne peut pas s'établir. Les États-Unis ne sont alors que le leader du seul bloc de l'Ouest.

Conclusion

Entre 1918 et 1951, la puissance américaine a eu du mal à s'imposer, y compris aux yeux des Américains. Si elle peut se montrer généreuse, cette puissance n'est pas désintéressée et elle apparaît comme une nouvelle forme de domination contre laquelle des puissances concurrentes se dressent.

SUJET

13

Liban • Mai 2017

ÉTUDE CRITIQUE DE DOCUMENT

HISTOIRE

Les États-Unis et le monde selon Jimmy Carter

▶ À partir du document, montrez et expliquez les évolutions de la politique internationale américaine au tournant des années 1980.

DOCUMENT **Discours sur l'état de l'Union[1] prononcé par le président Jimmy Carter le 23 janvier 1980 devant les membres du Congrès américain**

[…] Les années 1980 sont nées dans la tourmente, les conflits et les changements. Nous sommes dans une période de défis pour nos intérêts et nos valeurs, une période de test pour nos croyances et nos capacités.

En ce moment même, en Iran, cinquante Américains sont toujours retenus prisonniers, ils sont les victimes innocentes du terrorisme et de l'anarchie. En ce moment également une énorme quantité de soldats soviétiques tente d'asservir le peuple afghan pourtant intensément indépendant et profondément religieux.

Ces deux actions – l'une relevant du terrorisme international, l'autre d'une agression militaire – sont des défis pour les États-Unis mais également pour toutes les nations du Monde. Ensemble, nous devons affronter ces menaces contre la paix.

Je suis déterminé à faire en sorte que les États-Unis restent la plus puissante des nations mais notre puissance ne sera jamais utilisée pour initier une quelconque menace contre quelque nation que ce soit, ou contre les droits de quelques individus que ce soit. Nous cherchons à vivre et à rester en sécurité, nous cherchons à être une nation en paix dans un monde stable. Cependant, pour être en sécurité, nous devons accepter le Monde tel qu'il est.

[…]

L'Union soviétique a franchi un nouveau pas dans l'agressivité et la radicalité. Elle utilise sa force militaire contre un peuple pratiquement sans défense. Les conséquences de l'invasion soviétique en Afghanistan

Les chemins de la puissance **SUJET** 13

pourraient bien être la plus sérieuse menace contre la paix depuis la fin de la Seconde Guerre mondiale. [...]

La région qui est actuellement menacée par l'armée soviétique en Afghanistan est très importante sur le plan stratégique : elle recèle plus des deux tiers du pétrole mondial exportable. Les efforts soviétiques pour dominer la région ont amené ses troupes à moins de 300 miles[2] des côtes de l'océan Indien et à proximité du détroit d'Ormuz, la voie d'eau par laquelle transite l'essentiel du pétrole mondial. L'URSS essaie de consolider sa position stratégique et cela menace gravement la liberté de circulation du pétrole au Moyen-Orient.

La situation demande de garder la tête froide, des nerfs d'acier et un passage à l'acte déterminé, non seulement cette année mais également pour les années à venir. Cela demande des efforts collectifs pour faire face à cette nouvelle menace dans le golfe Persique et en Asie du Sud-Ouest. Cela demande la participation de tous ceux qui dépendent du pétrole du Moyen-Orient et qui sont concernés par la paix mondiale et la stabilité politique. Enfin, cela demande la consultation et l'étroite coopération avec les États de la région qui pourraient être menacés. [...] Affirmons notre position de façon très claire : toute tentative par une force extérieure de contrôler la région du golfe Persique sera considérée comme une agression envers les intérêts vitaux des États-Unis d'Amérique et une telle agression sera repoussée par tous les moyens nécessaires, y compris par la force.

Source : *Jimmycarterlibrary.gov* (archives officielles
du mandat présidentiel de Jimmy Carter)

1. Discours adressé chaque année par le président américain à la Nation pour dresser le bilan de l'année passée et présenter le programme de l'année en cours. Ce discours est prononcé devant le Congrès.
2. 300 miles : mesure maritime correspondant à 482 kilomètres.

Les chemins de la puissance **SUJET** **13**

LES CLÉS DU SUJET

■ Lisez la consigne

• Le sujet porte sur les **États-Unis** en tant que puissance et renvoie à la question 1 du thème 3 du programme. Le document privilégie toutefois les allusions aux difficultés qui affectent le Moyen-Orient (question 2 du même thème), terrain d'affrontements des deux grandes puissances mondiales au moment où reprennent entre elles les tensions de la guerre froide. C'est le début de la période dite de la « **guerre fraîche** ».

• La consigne invite à identifier (« **montrer** ») et à donner les raisons (« **expliquer** ») de changements (« **évolutions** »). La référence à la « **politique internationale américaine** » consiste à aborder ces changements du seul point de vue des États-Unis.

■ Analysez le document

• Il s'agit d'un discours sur « l'état de l'Union », un moment fort de la vie politique américaine, celui où le chef de l'exécutif explique aux membres du Congrès (les représentants et les sénateurs) sa politique générale pour l'année à venir. C'est un **discours officiel**.

• En 1980, le **président démocrate** Jimmy Carter entame la quatrième et dernière année d'un premier mandat à la Maison Blanche. C'est une année cruciale pour lui car en novembre aura lieu l'élection présidentielle. Elle s'annonce d'autant plus difficile que, malgré la paix historique entre Israël et l'Égypte, 1979 a été marquée par la chute du Shah d'Iran (un allié clé des États-Unis au Moyen-Orient), l'intervention soviétique en Afghanistan et la progression de l'URSS en Afrique australe ou en Amérique centrale.

■ Définissez les axes de l'étude

• Dans une première partie, exposez **les objectifs que se fixe Carter** en montrant qu'ils sont nouveaux. Prenez soin de justifier vos réponses par des renvois précis au document.

• Dans une seconde partie, mettez en évidence **les éléments d'explication** proposés dans le texte, qui justifient les annonces du président. Ici, il est nécessaire de recourir aussi à vos connaissances personnelles pour mieux éclairer les raisons des changements de la politique internationale américaine.

HISTOIRE

Les chemins de la puissance **CORRIGÉ** **13**

CORRIGÉ 13

Les titres en couleurs servent à guider la lecture et ne doivent en aucun cas figurer sur la copie.

Introduction

[Contexte] La fin des années 1970 est difficile pour les États-Unis. Si la signature à la Maison Blanche d'un traité de paix entre l'Égypte et l'État d'Israël (mars 1979) est un grand succès diplomatique, le président Jimmy Carter voit se multiplier les revers sur la scène internationale. Comment envisage-t-il de répondre aux problèmes qui s'accumulent ?

[Problématique] En quoi le début des années 1980 marque-t-il un tournant dans la politique internationale américaine ?

[Présentation du document et annonce du plan] Le discours sur l'état de l'Union que prononce le président démocrate le 23 janvier 1980 est l'occasion pour lui d'exposer les grandes lignes de sa politique pour l'année à venir. C'est un discours officiel prononcé devant le Congrès. Il permet d'identifier les objectifs de politique étrangère que se fixe le chef de l'exécutif américain. Après les avoir recensés, nous tenterons de les expliquer.

I. Une détermination nouvelle du président Carter

• « Nous devons affronter ces menaces contre la paix » (l. 13). Ces quelques mots résument l'objectif numéro un du président américain : défendre la paix dans le monde qu'il estime menacée par deux ennemis désignés : l'Iran et l'Union des républiques socialistes soviétiques (URSS). Il s'agit pour lui de relever un défi. C'est un « test » concernant la capacité américaine de réaction, précise-t-il (l. 3).

> **Conseil**
> Recopier le texte relève de la paraphrase, mais il est possible d'en citer un extrait sous forme d'accroche pour montrer son importance dans le discours. L'usage du procédé ne dispense pas d'expliciter le propos.

• Au nom de « la paix mondiale » (l. 40-41), Carter entend aussi défendre « la liberté de circulation du pétrole » (l. 34). Cette défense doit être « déterminée », souligne-t-il. Une action armée (« la force », l. 47) peut être envisagée. Carter définit ici un interventionnisme militaire en cas de mise en cause des intérêts américains et d'atteinte à un principe clé du libéralisme économique dont les États-Unis se veulent les champions.

• Il fait appel à la solidarité (« l'étroite coopération », l. 42) de ses alliés auxquels il demande une « participation » (l. 39) et des « efforts collectifs » (l. 37).

Il affiche là une volonté de revitaliser les alliances comme l'Organisation du traité de l'Atlantique nord (OTAN) ou l'Organisation du traité de l'Asie du Sud-Est (OTASE).

[Transition] Ce 23 janvier 1980, Carter annonce donc sa volonté de réagir à toute forme d'agression, une volonté qui s'est exprimée trois jours plus tôt par la menace de boycotter les Jeux olympiques de Moscou prévus pour l'été suivant. Telle est la réponse qu'il donne à l'entrée de l'Armée rouge en Afghanistan. Comment expliquer une telle détermination ?

> **Info**
> L'OTAN est affaiblie depuis que la France en est sortie (1966) et que la République fédérale d'Allemagne (RFA) mène une politique de rapprochement avec la République démocratique allemande (RDA) : l'*Ostpolitik*.

II. Rassurer les Américains et leurs alliés après de nombreux revers

• La révolution iranienne a affaibli la présence américaine au Moyen-Orient et provoque un choc pétrolier (mai 1979) qui affecte l'économie mondiale. Les Américains perdent alors une position géostratégique de première importance sur les réserves mondiales de pétrole (« les deux tiers du pétrole mondial exportable », l. 29). En outre, la prise en otage des personnels de l'ambassade américaine à Téhéran à partir de novembre 1979 (l. 5-6) humilie les États-Unis. Ce camouflet menace la crédibilité du pays en tant que puissance.

> **Info**
> En avril 1980, Carter lancera l'opération *Eagle Claw* pour libérer les otages. C'est un échec.

• Après le déploiement des missiles russes SS20 en Europe de l'Est (1977), les révolutions se réclamant du socialisme s'affirment et progressent sur tous les continents : mouvement sandiniste au Nicaragua, régime de Mengistu Haïlé Mariam en Éthiopie, Khmers rouges au Cambodge. Face au regain de l'impérialisme soviétique, la crédibilité des États-Unis comme protecteurs du monde libre est en jeu.

• Dans un contexte économique difficile (crise économique et concurrence avec l'Europe ou le Japon), Carter veut que ses alliés-partenaires prennent leurs responsabilités et qu'ils assument leur part des charges associées à leur propre défense.

Conclusion

Affaiblis, les États-Unis doivent réagir s'ils veulent préserver leur position mondiale. Jimmy Carter annonce sa volonté de défendre celle-ci par tous les moyens. Son propos est à l'opposé de la politique plus pacifique qu'il mène depuis 1976. Cela ne suffira pas à assurer sa réélection face à un adversaire républicain plus agressif et au discours économique plus radical, Ronald Reagan, élu président en novembre 1980.

SUJET

14

Polynésie française • Juin 2017
ÉTUDE CRITIQUE DE DOCUMENT

Le rôle des États-Unis dans le monde de l'après-guerre froide

▶ Que nous apprend ce document sur le rôle que veulent jouer les États-Unis dans le monde de l'après-guerre froide ?

DOCUMENT

La guerre est finie […]. Je viens ici ce soir pour parler du monde, du monde de l'après-guerre.

Rien ne pouvait être plus clair que l'épisode qui vient de se terminer. Saddam Hussein était l'agresseur ; le Koweït était la victime.
5 Pour aider ce petit pays, des nations d'Amérique du Nord et d'Europe, d'Asie et d'Amérique du Sud, d'Afrique et du monde arabe se sont unies contre l'agresseur. Cette coalition hors du commun doit maintenant travailler vers un autre but commun : forger un avenir qui ne soit plus jamais l'otage du côté le plus sombre de la nature
10 humaine […].

Notre engagement en faveur de la paix au Moyen-Orient ne s'arrête pas à la libération du Koweït. Ce soir, laissez-moi définir quatre objectifs :

– Premièrement, nous devons travailler ensemble à mettre sur
15 pied des accords de sécurité mutuelle dans la région. Nos amis et alliés du Proche-Orient auront la responsabilité première de la sécurité régionale. Mais qu'ils sachent que, tout comme elle les a soutenus pour repousser l'agression de l'Irak, l'Amérique est prête à travailler avec eux pour assurer la paix. […] Soyons clair, nos inté-
20 rêts vitaux dépendent de la stabilité et de la sécurité du Golfe.

– Deuxièmement, nous devons agir pour contrôler la prolifé-ration des armes de destruction massive et les missiles utilisés pour les envoyer. Il serait tragique que les nations du Moyen-Orient et du Golfe […] s'engagent dans une nouvelle course aux armements.
25 L'Irak requiert une vigilance particulière. Il ne doit pas avoir accès aux instruments de guerre.

Les chemins de la puissance **SUJET** **14**

– Troisièmement, nous devons travailler à créer de nouvelles occasions pour la paix et la stabilité au Moyen-Orient […]. Israël et plusieurs pays arabes ont pour la première fois affronté ensemble le
30 même agresseur. Désormais, il devrait être clair pour tous que faire la paix au Moyen-Orient demande des compromis, mais que cette paix est aussi porteuse d'avantages pour tous. […]

– Quatrièmement, nous devons favoriser le développement économique pour le bien de la paix et du progrès. […]
35 À tous les défis offerts par cette région du monde, il n'y a pas de solution unique, pas de réponse de la seule Amérique. Mais nous pouvons changer les choses. L'Amérique y travaillera sans relâche […]. Maintenant, nous voyons apparaître un ordre nouveau, un monde où un nouvel ordre mondial peut être construit […]. Un
40 monde où les Nations unies, libérées de l'impasse de la guerre froide, sont en mesure de réaliser la vision historique de leurs fondateurs. Un monde dans lequel la liberté et les Droits de l'homme sont respectés par toutes les nations.

Discours de George Bush, président des États-Unis
de 1989 à 1993, devant le Congrès, 6 mars 1991.

HISTOIRE

LES CLÉS DU SUJET

■ Lisez la consigne

• Cette consigne est inhabituelle dans le sens où elle ne propose ni plan ni problématique. Il faut s'aider du document et du mot « **rôle** » pour trouver l'un et formuler l'autre.

• Le texte, en revanche, s'articule autour de **quatre points** (« quatre objectifs », l. 13) qui permettent de dégager les axes d'étude. Mieux vaut toutefois les regrouper par thèmes pour se limiter à un plan en deux parties.

• La problématique est aussi à extraire du texte. George Bush y évoque la mise en place d'un « **nouvel ordre mondial** » (l. 39). On peut ainsi s'interroger sur la nouveauté en question.

■ Analysez le document

• C'est un **discours officiel** de George Bush, **président des États-Unis**, et à ce titre chef de l'exécutif et responsable de la politique étrangère américaine. Il s'exprime devant le Congrès, la chambre des représentants qui

Les chemins de la puissance **CORRIGÉ** **14**

a le pouvoir de valider ou non la politique du président. Attention à ne pas confondre George Bush avec son fils George William, président entre 2001 et 2009.

• Ce discours est prononcé en **mars 1991**, huit jours après la capitulation de l'Irak ; mais également deux ans après la chute du mur de Berlin (1989) et dix mois avant la dissolution de l'Union des républiques socialistes soviétiques (URSS). Les États-Unis s'affirment alors comme vainqueurs de la guerre froide et comme **seule puissance hégémonique** mondiale.

• Le **Proche-Orient** est une région de fortes tensions. L'Irak de Saddam Hussein a annexé le Koweït pendant l'été 1990 puis tenté de transformer le conflit en guerre de soutien aux Palestiniens contre Israël. Une coalition internationale a lancé contre lui l'opération *Tempête du désert* qui a permis la libération du Koweït.

■ **Définissez les axes de l'étude**

• Sur les quatre objectifs énoncés par George Bush, les trois premiers sont centrés sur la recherche de la **paix**. Ils permettent de développer un premier axe sur le **rôle politique** des États-Unis dans cette perspective.

• Le quatrième objectif permet d'aborder la question du **rôle économique** des États-Unis dans le monde. Relié au souci évoqué de construire un monde respectueux des droits de l'homme, ce rôle peut donner lieu à une deuxième partie.

CORRIGÉ **14**

Les titres en couleurs servent à guider la lecture et ne doivent en aucun cas figurer sur la copie.

Introduction

[Contexte] Le 28 février 1991, l'opération *Tempête du désert*, lancée le 17 janvier précédent contre l'Irak pour libérer le Koweït, prend fin par la victoire de la coalition internationale. Alors que l'Union des républiques socialistes soviétiques (URSS), en voie d'éclatement, n'a plus les moyens de contrer la puissance américaine, le président des États-Unis s'interroge sur le rôle que son pays pourrait jouer dans un monde guéri de la guerre froide.

[Problématique] Dans quelle mesure ce rôle établirait-il un « nouvel ordre mondial » pacifié ?

Les chemins de la puissance **CORRIGÉ** 14

[Présentation du document et annonce du plan] Huit jours après la victoire, le 6 mars 1991, le président Bush expose devant le Congrès des États-Unis le but auquel il entend travailler pour « forger un avenir » à la communauté internationale. Nous verrons quel rôle politique et militaire il veut attribuer à son pays d'une part, puis dans quel cadre il compte inscrire le « développement économique » et social d'un monde en paix d'autre part.

I. Les États-Unis, promoteurs et garants d'un monde pacifié ?

• Assurer la paix au monde est le fil conducteur des extraits du discours du président américain. La référence apparaît cinq fois (l. 11, 19, 28, 31 et 32) ; elle est même fixée comme objectif du développement économique (l. 34).

• Pour garantir la paix, George Bush propose de mettre en place un système de contrôle des armements (l. 21-22). Il entend également empêcher toute « nouvelle course aux armements » (l. 24). Le président américain se place ainsi dans l'esprit du traité multilatéral de non-prolifération de 1968 et des accords de Washington de 1987. Mais il ajoute que la paix doit préserver les intérêts vitaux des États-Unis (l. 19-20), précision qui pourrait limiter la portée des décisions américaines. Le rôle de Washington reste ainsi celui d'un État qui défend d'abord sa puissance.

> **INFO**
> En 1968, les États-Unis, le Royaume-Uni et l'URSS signent le Traité de non-prolifération nucléaire. En 1987, les deux Grands concluent à Washington un accord sur le contrôle des armes nucléaires.

• George Bush entend aussi favoriser les négociations de paix en acceptant des compromis (l. 31) au Proche-Orient. Sans doute entend-il poser son pays en arbitre entre Israéliens et Palestiniens. Mais les « avantages pour tous » (l. 32) espérés risquent de placer les États-Unis dans une position de juge et partie susceptible de réduire les chances d'aboutir.

[Transition] Au lendemain d'un succès de politique internationale, George Bush affirme le rôle prépondérant des États-Unis comme garants de la paix, mais aussi de leurs intérêts. Qu'en est-il dans le domaine économique et social ?

> **INFO**
> En 1993, le successeur de George Bush, Bill Clinton, réussit à soumettre les accords d'Oslo aux Palestiniens et aux Israéliens. Ce succès est un accomplissement du projet évoqué par son prédécesseur.

HISTOIRE

Les chemins de la puissance **CORRIGÉ** 14

II. Les États-Unis, promoteurs et garants d'un monde prospère ?

• George Bush veut « favoriser le développement économique » (l. 33-34) mondial, posé comme garantie de la paix et du progrès. Il veut aider à construire un monde où seraient respectés les libertés et les droits de l'homme (l. 42), autrement dit l'égal accès aux ressources, aux libertés fondamentales et à la justice tels que définis dans la Déclaration universelle des droits de l'homme de 1948.

> **INFO**
> En 1948, l'Organisation des Nations unies (ONU) adopte le texte de la Déclaration universelle des droits de l'homme.

• Le président américain en revient en effet à la « vision historique » des fondateurs des Nations unies (l. 41), celle de l'universalisme de l'après-Seconde Guerre mondiale. Il considère que le monde a ainsi dépassé la période de l'affrontement qui s'en est suivie entre les Deux Grands et qu'il nomme « l'impasse de la guerre froide » (l. 40).

• Mais, en 1991, alors que s'effondre le modèle soviétique, c'est bien plutôt la seule vision américaine de la paix mondiale et le seul mode de développement capitaliste et libéral cher aux États-Unis qui semblent triompher.

Conclusion

Le rôle que le président américain veut faire jouer à son pays est celui d'un leader généreux, ouvert et pacifique. À l'époque, ce discours diffuse une vague d'optimisme sans précédent dans le monde. Mais les conditions posées, qui mettent en avant les intérêts vitaux des États-Unis, créent un doute quant à l'établissement d'un nouvel ordre mondial juste et pacifié. George Bush n'imagine-t-il pas plutôt le rôle de son pays en « gendarme du monde » ?

SUJET

15

Liban • Mai 2018
COMPOSITION

HISTOIRE

La Chine et le monde depuis 1949

LES CLÉS DU SUJET

■ **Analysez le sujet**

Les termes du sujet

Terme	Définition
Chine	La date de 1949 impose d'étudier la Chine continentale, celle communiste de Pékin. La Chine nationaliste de Taïwan doit être simplement évoquée.
monde	Terme très général qu'il convient d'appréhender par grands États (URSS, Chine, France, Royaume-Uni, Japon, etc.) et/ou ensembles régionaux (bloc de l'Ouest, bloc de l'Est et tiers-monde).
1949	Date de l'établissement de la République populaire de Chine et de son régime communiste, sous la présidence de Mao Zedong.

La problématique

Dans le cadre des « chemins de la puissance » (thème 3 du programme), vous devez identifier **les étapes conduisant le pays à s'ouvrir au monde et à émerger après un long sommeil** : en quoi définissent-elles un chemin de puissance ?

■ **Utilisez les mots clés**

Bandung   ZEE   Tiananmen   Guomindang
Tibet   communisme
       bande des quatre   « marcher sur ses deux jambes »

culte de la personnalité   géant économique
Zhou Enlai   **Mao Zedong**   Deng Xiaoping
    autoritaire   Taïwan   Grand Bond en avant
       socialisme de marché   diplomatie du ping-pong

Les chemins de la puissance **CORRIGÉ 15**

■ **Évitez les pièges**

• Faites attention à **ne pas limiter votre devoir à l'étude des relations politiques** entre la Chine et les grandes puissances (Union des républiques socialistes soviétiques, États-Unis). Pour la période postérieure à Mao, prenez le temps d'évoquer les rapports économiques de la Chine avec ses voisins (Japon, Dragons asiatiques). N'oubliez par les liens avec le tiers-monde (1949-1979), puis avec les Sud (1979 à nos jours).

• Ne réduisez pas non plus le sujet à la description d'une marche linéaire de la grande pauvreté jusqu'à la puissance chinoise. Le chemin est chaotique, avec des **avancées** et des **reculs** pendant chacune des phases de développement. Montrez toutefois que **deux périodes** s'opposent : celle de l'échec de la voie communiste, de 1949 à 1979 ; puis celle, plus réussie, de l'ouverture à l'Occident.

• Ne confondez pas les **deux Chine**, celle communiste de Pékin et celle nationaliste de Taïwan.

CORRIGÉ 15

Les titres en couleurs servent à guider la lecture et ne doivent en aucun cas figurer sur la copie.

Introduction

[Accroche] La proclamation de la République populaire de Chine par Mao Zedong en 1949 ouvre une nouvelle ère pour la Chine. Après des décennies de domination, la Chine s'ouvre au monde et devient une puissance qui compte.

[Problématique et annonce du plan] Toutefois, l'émergence de la puissance chinoise est un processus long. La Chine reste jusque dans les années 1970-1980 un pays en développement. Quelles étapes marquent l'émergence du géant chinois depuis 1949 ? Nous pourrons insister sur le fait que la Chine fut d'abord une puissance au sein du monde communiste. Ensuite, nous verrons comment, dans les années 1950-1960, la Chine devient un puissant relais des revendications anticoloniales. Enfin, à partir des années 1980, la Chine achève son intégration au monde et devient une puissance mondiale.

Les chemins de la puissance **CORRIGÉ** **15**

I. La Chine, une puissance communiste liée à l'URSS

1. La Chine communiste

• Après 1949, la Chine devient un État communiste dans lequel le Parti communiste chinois (PCC) est un élément clé. Mao Zedong (1893-1976) est l'homme fort du pays jusqu'à sa mort.

• De 1949 à 1959, la Chine reproduit le modèle soviétique. Mao met en place la dictature du prolétariat (régime de parti unique) et s'appuie sur le culte de la personnalité pour mieux mobiliser la population. La collectivisation des biens de production et la planification sont appliquées méthodiquement pour une industrialisation à marche forcée.

• Mais la médiocrité des résultats conduit le régime à changer de cap. Mao veut que la Chine « marche sur ses deux jambes », donnant dès lors autant d'importance au secteur agricole qu'à l'industriel. C'est la période dite du Grand Bond en avant (1959-1960).

2. La Chine au sein du bloc communiste

• Après 1953 et la mort de Joseph Staline, la Chine fait entendre sa différence vis-à-vis de l'URSS. Mao dénonce la politique révisionniste de Nikita Khrouchtchev, la volonté de tourner la page des années Staline (« déstalinisation ») et l'impérialisme soviétique.

• Les relations sino-soviétiques se tendent et la Chine offre une autre voie au sein du monde communiste. Le président des États-Unis, Richard Nixon, est reçu par Mao en 1972.

II. La Chine, leader du tiers-monde ?

1. Un porte-parole puissant de la décolonisation

• Dans les années 1950, le rayonnement de la Chine est réel auprès des peuples colonisés. Elle soutient la lutte pour la décolonisation et constitue un acteur important de la conférence de Bandung (avril 1955) qui marque la naissance du tiers-monde.

• La Chine apporte également une aide financière et technique, voire militaire, à de nombreux pays d'Asie, d'Afrique ou d'Amérique du Sud.

2. Les faiblesses du régime chinois

• Jusque dans les années 1970, la Chine est une puissance communiste et anticoloniale dont l'aura demeure assez limitée. Le pays reste englué dans les problématiques du mal-développement accentué par les politiques menées par Mao.

HISTOIRE

Les chemins de la puissance **CORRIGÉ** **15**

• Le discours de liberté, porté en dehors de Chine, est loin d'être appliqué dans le pays. Mao fait régner la terreur et des millions de Chinois sont victimes de ses choix politiques. De même, dans les années 1950, la Chine colonise le Tibet.

III. La Chine, puissance intégrée à la mondialisation

Depuis la mort de Mao (1976), la Chine s'est ouverte au monde et est désormais la deuxième puissance mondiale.

1. L'émergence d'un géant économique

• Le « socialisme de marché » s'est caractérisé par l'ouverture du pays aux investissements étrangers et l'intégration chinoise à l'économie mondiale.

• La Chine – notamment la façade littorale est – est au cœur des productions et des échanges mondiaux. Son rôle au sein de l'Organisation mondiale du commerce (OMC) et ses réserves de capitaux en font un partenaire incontournable, notamment dans le contexte de crise mondiale après 2008.

2. L'émergence d'un géant de la politique internationale ?

• Poids démographique, besoins énergétiques, puissance financière : nombreux sont les facteurs qui font de la Chine un pays qui pèse sur les relations internationales.

• Dotée d'un siège au Conseil de sécurité des Nations unies, la Chine sait faire entendre sa différence sur les dossiers internationaux : c'est le cas, par exemple, dans le cadre de la guerre civile en Syrie.

3. Une puissance en devenir

• La Chine doit cependant toujours faire face à des problèmes de pays en développement (fortes inégalités, manque d'infrastructures…) et elle reste un État autoritaire (censure, répression…).

• De même, la Chine demeure loin des États-Unis dans les domaines militaire et technologique, malgré ses investissements.

Conclusion

[Réponse à la problématique] Depuis 1949, la Chine a su se faire entendre sur l'échiquier international. D'abord comme puissance communiste puis anticoloniale, elle a eu un certain écho. Toutefois, c'est bien l'ouverture du pays à l'économie mondiale, à la fin des années 1970, qui a permis à la Chine de s'éveiller et de devenir une puissance au rayonnement mondial.

[Ouverture] Si elle est une grande puissance, la Chine n'est pas encore l'« hyperpuissance » capable de rivaliser sur tous les points avec les États-Unis.

SUJET 16

Amérique du Nord • Mai 2018
ÉTUDE CRITIQUE DE DOCUMENTS

La Chine et le monde sous Mao Zedong

▶ En vous appuyant sur les deux documents, montrez que la République populaire de Chine cherche à s'affirmer progressivement sur la scène internationale, de 1949 à la mort de Mao.

DOCUMENT 1   **Affiche chinoise (1953)**

Traduction du texte en bas de l'affiche : « Avec l'immense soutien de l'URSS et notre très grande force, nous réaliserons l'industrialisation de notre nation, pas à pas ! »
    Affiche du Parti communiste chinois, décembre 1953, Shanghai.

Les chemins de la puissance SUJET **16**

DOCUMENT 2 | **Deng Xiaoping et les trois mondes**

Le monde d'aujourd'hui est en fait constitué de trois parties, ou trois mondes, qui sont à la fois reliés entre eux et en contradiction les uns avec les autres. Les États-Unis et l'URSS constituent le premier monde. Les pays en développement d'Asie, d'Afrique, d'Amé-
5 rique latine et d'autres régions constituent le troisième monde. Les pays développés entre les deux représentent le deuxième monde. Les deux superpuissances, les États-Unis et l'URSS, cherchent en vain l'hégémonie mondiale.

Chacun, à sa manière, tente d'amener les pays en développement
10 d'Asie, d'Afrique et d'Amérique latine sous son contrôle et, dans le même temps, tente d'intimider les pays développés qui n'ont pas une puissance égale à la leur [...].

La Chine est un pays socialiste et en même temps un pays en voie de développement. La Chine appartient au troisième monde.
15 Constamment, en suivant les enseignements du président Mao, le gouvernement et le peuple chinois soutiennent fermement tous les peuples et les nations opprimés dans leur lutte pour gagner ou défendre l'indépendance nationale, ou développer l'économie natio-nale et combattre le colonialisme, l'impérialisme et l'hégémonisme.
20 [...] La Chine n'est pas une superpuissance et jamais elle ne cher-chera à en être une.

Extrait du discours prononcé par Deng Xiaoping[1], devant l'Assemblée générale de l'ONU, 10 avril 1974.

_____

1. En 1974 Deng Xiaoping (1904-1997) est membre du comité central du Parti commu-niste chinois et chef de la délégation chinoise à l'ONU. Il devient, après la mort de Mao en 1976, le principal dirigeant de la République populaire de Chine.

Les chemins de la puissance **SUJET** 16

HISTOIRE

LES CLÉS DU SUJET

■ Lisez la consigne

• Prêtez d'abord attention au sujet. Celui-ci porte sur les **relations** (le « et » de l'énoncé) entretenues par Pékin avec « le monde ». La période d'étude commence en 1949, date de la **proclamation de la République populaire de Chine (RPC)** ; elle va jusqu'à la mort de Mao Zedong en **1976**. Elle couvre donc toute la période d'application orthodoxe de **l'idéologie communiste en Chine**.

• Le sujet exclut l'histoire plus récente et la mise en place de « l'économie socialiste de marché ». Par l'emploi du mot « progressivement », la consigne invite aussi à présenter les **changements** survenus entre les deux dates de référence. Le mot « affirmer » suggère une conclusion mettant en valeur le **renforcement** de la place de la Chine dans le monde.

■ Analysez les documents

• Le document 1 est une **affiche de propagande**. Elle date de 1953, l'année de la disparition de Joseph Staline, mais surtout le moment où la Chine s'efforce de copier le modèle soviétique. Elle témoigne des **relations d'amitié** entre la Chine et l'Union des républiques socialistes soviétiques (URSS).

• Le document 2 est un **discours officiel** de Deng Xiaoping, **représentant de l'État chinois** devant l'Assemblée générale de l'Organisation des Nations unies (ONU), que la Chine populaire vient d'intégrer trois ans plus tôt, en 1971. Il s'adresse donc au monde et a vocation à définir la politique extérieure du pays. L'auteur expose cette dernière au moment où commence une phase de **crise économique mondiale** consécutive au choc pétrolier de 1973. C'est aussi la **fin de la détente**, période pendant laquelle les relations internationales se sont recomposées.

■ Définissez les axes de l'analyse

• Le sujet, la nature des documents et le mot « progressivement » placé au cœur de la consigne invitent à choisir un plan **chronologique** en deux séquences : 1949-1959, la Chine bon élève de l'URSS ; 1959-1974, la Chine suit sa propre voie. Chacune des périodes doit présenter les relations entre la Chine et le reste du monde mais aussi expliquer celles-ci.

• **Attention** : le Deng Xiaoping qui parle en 1974 n'est pas celui qui décide de changer de stratégie politique après la mort de Mao. Il ne faut pas lui prêter les idées qu'il mettra en œuvre dans les années 1980, mais qu'il ne défend pas encore en 1974.

Les chemins de la puissance **CORRIGÉ** **16**

CORRIGÉ 16

Les titres en couleurs servent à guider la lecture et ne doivent en aucun cas figurer sur la copie.

Introduction

[Contexte] En 1949, la Chine devient communiste. Ce choix conduit les nouveaux dirigeants, avec à leur tête Mao Zedong, à rompre avec les alliés américains du précédent gouvernement nationaliste et à se tourner vers l'Union des républiques socialistes soviétiques

> **INFO**
> Avant 1949, la Chine était gouvernée par le Guomindang de Tchang Kaï-chek.

(URSS) dont Pékin entend s'inspirer. Ces relations nouvelles surviennent au début de la guerre froide.

[Problématique] Quelles relations la République populaire de Chine (RPC) entretient-elle avec le reste du monde au cours de cette période soumise à l'autorité de Mao jusqu'à son décès en 1976 ? Sont-elles restées identiques pendant toutes ces années ? Sinon comment ont-elles évolué et pourquoi ?

[Présentation des documents et annonce du plan] En nous appuyant sur une affiche de propagande diffusée en 1953, au tout début du nouveau régime, et les extraits d'un discours prononcé vingt ans plus tard devant la communauté internationale par l'un des hauts dirigeants du Parti communiste chinois, Deng Xiaoping, nous analyserons et expliquerons l'évolution des relations de la Chine avec les autres pays du monde. Dans quelle mesure Pékin s'affirme-t-il au fil des années ?

I. 1949-1959, l'amitié sino-soviétique, un front commun contre l'impérialisme américain

• « Avec l'immense soutien de l'URSS » la Chine s'industrialisera, assure la propagande chinoise au début des années 1950. L'affiche du document 1 et sa légende en attestent. Sur fond d'usines et de grues, deux hommes souriants – probablement des ingénieurs ou des diplomates russe et chinois – se serrent la main. Une colombe blanche inscrit la collaboration technique entre les deux pays dans une relation de paix. Dès l'avènement du régime communiste en Chine, sous l'autorité du président Mao, Pékin entreprend sa reconstruction en s'inspirant de l'expérience soviétique. Le 14 février 1950, un pacte d'amitié, d'alliance et de soutien mutuel a d'ailleurs été signé entre les deux États.

Les chemins de la puissance **CORRIGÉ** **16**

• Pékin s'aligne sur Moscou et copie son modèle. L'économie est collecti-visée, les entreprises nationalisées, un plan quinquennal établi et priorité est donnée au développement de l'industrie lourde – comme en témoigne l'arrière-plan de l'affiche. De ce fait même, les relations de la RPC avec les États-Unis, qui soutiennent la Chine nationaliste repliée sur l'île de Formose rebaptisée Taïwan, se tendent. Pékin s'installe dans la logique bipolaire de la guerre froide.

• Avec les alliés des États-Unis comme l'Europe de l'Ouest, les relations de la Chine deviennent également difficiles. En revanche, les pays du bloc de l'Est en Europe sont considérés comme des amis : ce sont des « pays frères ».

[Transition] Ce front commun entre Pékin et Moscou n'est toutefois pas dénué d'ambiguïtés : alors que l'URSS se méfie d'un allié susceptible de devenir un concurrent, la Chine de son côté rêve de s'émanciper de la tutelle soviétique.

II. 1959-1976, les relations internationales d'une Chine à la recherche de sa propre voie

• À partir de 1956, les relations entre la Chine et l'URSS se dégradent jusqu'à la rupture de 1959. Le modèle soviétique se révèle mal adapté à la réalité chinoise tandis que Moscou limite sa coopération en refusant de livrer le secret de la bombe atomique à Pékin. Comme le fait Deng Xiaoping (doc. 2, l. 3-4),

> **INFO**
> 1956 est l'année où Nikita Khrouchtchev dénonce, dans un rapport public, les « erreurs de Staline » et le culte de la personnalité.

les dirigeants chinois mettent progressivement sur le même plan l'impéria-lisme soviétique et celui des États-Unis. Ainsi la Chine s'isole-t-elle sur la scène internationale.

• L'apparition d'un troisième bloc, à la faveur de la décolonisation évoquée par Deng Xiaoping (doc. 2, l. 18-19), offre à Pékin l'opportunité de trouver de nouveaux alliés. La présence de son ministre des Affaires étrangères, Zhou Enlai, à la conférence de Bandung en 1955 – qui donnera naissance au « tiers-monde » – témoigne de cette ligne politique et de l'ambition chinoise de devenir le leader d'un troisième monde naissant, celui auquel « la Chine appartient » selon Deng Xiaoping (doc. 2, l. 14). Toutefois, les relations avec certains pays de ce troisième monde peuvent être très tendues. Le conflit avec l'Inde pour le contrôle du Cachemire conduit à la guerre entre les deux voisins en 1962.

HISTOIRE

Les chemins de la puissance CORRIGÉ 16

• Dans les années 1962-1975, le contexte de la détente donne une opportunité à la Chine de nouer des relations nouvelles avec d'autres acteurs de la scène internationale. C'est le cas de la France, pays du « deuxième monde » défini par Deng Xiaoping (doc. 2, l. 6) : dès 1964, le général de Gaulle reconnaît le régime de Pékin. De leur côté, usés par la guerre du Vietnam (1963-1973), les États-Unis sont prêts à nouer des relations plus amicales avec les pays communistes, dont la Chine. La diplomatie du ping-pong aide à aplanir les différends. Le 25 octobre 1971, la RPC intègre l'Organisation des Nations unies (ONU) et récupère le siège de membre permanent du Conseil de sécurité jusque-là occupé par Taïwan. La Chine affirme ainsi sa puissance renaissante.

> **INFO**
> Des compétitions entre pongistes chinois et américains sont organisées en vue d'améliorer les relations diplomatiques entre Pékin et Washington.

• Si les relations avec les États-Unis se détendent, celles avec l'URSS restent difficiles. En 1969, des incidents de frontière sur l'Oussouri créent ainsi une situation explosive.

Conclusion

En 1976, Mao disparaît. La Chine entre alors dans une période trouble qui ne facilite pas ses relations avec les principaux acteurs internationaux. Sur la durée, celles-ci se sont toutefois améliorées et le pays s'affirme mieux sur la scène mondiale en 1976 qu'en 1949. Après s'être posé en disciple exclusif de l'URSS, les intérêts de Pékin l'ont conduit en effet à jouer des rivalités internationales pour trouver sa place dans le concert des nations et montrer son ambition de redevenir une puissance mondiale. Deng Xiaoping, qui s'impose comme le nouveau maître de la Chine à partir de 1980, poursuivra-t-il cette reconquête ?

SUJET

17

Polynésie française • Septembre 2018
ÉTUDE CRITIQUE DE DOCUMENTS

HISTOIRE

La Chine et le monde depuis la fin des années 1970

▶ Que nous apprennent ces documents sur la puissance de la Chine dans le monde et ses limites depuis la fin des années 1970 ?

DOCUMENT 1 | **Discours du président de la République populaire de Chine, Hu Jintao, 27 janvier 2004[1]**

Il y a 25 ans, sous la conduite de Monsieur Deng Xiaoping, la Chine a lancé une nouvelle politique de réforme et d'ouverture sur l'extérieur pour explorer une nouvelle voie du développement socialiste, en axant toutes ses activités sur sa modernisation. Après 25 ans
5 d'efforts inlassables, de 1979 à 2003, les forces productives de la société chinoise et la puissance globale de la Chine n'ont cessé de se développer pour atteindre de nouveaux paliers : le système d'économie de marché socialiste a été institué pour l'essentiel ; une économie ouverte sur l'extérieur a été mise en place ; tous les secteurs d'acti-
10 vité ont connu un développement général et la population chinoise, dans son ensemble, a accès à une vie d'aisance moyenne. En 25 ans, le PIB est passé de 147,3 milliards USD[2] à plus de 1 400 milliards USD ; [...] les investissements étrangers qui étaient nuls, ont atteint 679,6 milliards ; [...] et la Chine occupe aujourd'hui la première
15 place pour la production de charbon brut, d'acier, de ciment, de téléviseurs couleur et de téléphones portables. [...]

La réforme du système économique s'accompagne de celle sur le plan politique. La démocratie socialiste constitue un objectif que nous poursuivons constamment. Nous avons dit clairement que
20 sans la démocratie, il n'y aurait pas de socialisme, ni de modernisation socialiste. Nous avons donc déployé de grands efforts pour promouvoir la réforme des structures politiques. [...] Le peuple chinois a vu ses droits civils et politiques ainsi que ses libertés fondamentales sauvegardés et protégés en vertu de la loi. [...]

25　La réforme et l'ouverture sur l'extérieur ont enregistré des succès indéniables. Mais avec ses 1,3 milliard d'habitants et une base économique faible, la Chine demeure un pays aux forces productives sous-développées, confrontée aux inégalités de développement entre régions. Classée 6e pour son PIB, la Chine n'est pas dans les 30 cent premiers pays pour son PIB par habitant qui dépasse à peine 1 000 USD. Elle a encore un long chemin à parcourir avant de réaliser sa modernisation et d'assurer à tous les Chinois une vie aisée.

---

1. Ce discours a été prononcé à Paris devant l'Assemblée nationale.
2. USD : dollar des États-Unis.

DOCUMENT 2 — **Manifestants sur la place Tiananmen, Pékin, mai 1989**

Photographie prise par le journaliste P. Turnley pour l'agence américaine Corbis, et reprise par de nombreux journaux occidentaux.

Le manifestant porte l'inscription suivante en anglais : « J'aime la vie, j'ai besoin de nourriture, mais je préfère mourir que de vivre sans démocratie. »
La manifestation de la place Tiananmen a été violemment réprimée au début du mois de juin 1989 par le pouvoir communiste chinois qui a fait intervenir l'armée.

Les chemins de la puissance **SUJET** **17**

HISTOIRE

LES CLÉS DU SUJET

■ Lisez la consigne

• La consigne appelle à **extraire** dans les documents des informations sur la **puissance** de la Chine. Le sujet oblige à traiter la question sous tous les angles possibles : économique, politique, social, voire idéologique. La formule « depuis la fin des années 1970 » renvoie à la disparition de Mao Zedong (1976) et à l'affirmation de **Deng Xiao Ping** (1979) en tant que nouvel homme fort du régime.

• La problématique n'est pas donnée. Il faut la déduire de la confrontation entre la « puissance » d'une part, et ses « limites » d'autre part : **dans quelle mesure la puissance de la Chine est-elle une réussite** ?

• Attention : même si la consigne ne le demande pas, n'oubliez pas de **présenter les documents** dans l'introduction.

■ Analysez les documents

• Tout oppose les deux documents (nature, date, auteurs). Il vaut mieux alors les présenter séparément.

• Le document 1 est un **texte officiel**. C'est un discours du **chef de l'exécutif** chinois, Hu Jintao : celui-ci est donc ici **juge et partie**. Prononcé devant l'Assemblée nationale à Paris, le texte a une **portée internationale**. Il date de 2004, soit **25 ans** après l'installation de Deng Xiao Ping à la tête du pays. La Chine est alors devenue une **puissance émergente**.

• Le document 2 est un **document témoin**. C'est une photographie prise par un **journaliste américain** : il s'agit donc d'un **regard extérieur** qui n'est pas forcément neutre. La photo date de mai 1989, terme d'une décennie où la Chine a mis en œuvre ses **quatre modernisations**. La jeunesse en revendique alors une cinquième : l'avènement de la démocratie. Un mois plus tard, le 4 juin, ce mouvement contestataire est violemment réprimé par l'armée chinoise.

■ Définissez les axes de l'étude

• La consigne suggère de suivre un **plan antithétique** (la puissance, ses limites) qui convient bien à la problématique retenue.

• Dans le détail des parties, on abordera les thèmes **économique, politique et social**, tels que suggérés par les documents. Cependant, entre l'économie bien développée dans le document 1 et les questions politique et sociale qui le sont moins, il y a un risque de déséquilibre. Pour éviter ce défaut, on pourra s'attacher à expliquer **les moyens de la réussite chinoise** en évoquant **ses manifestations**, **ses causes** et **ses limites**.

CORRIGÉ 17

Les titres en couleurs servent à guider la lecture et ne doivent en aucun cas figurer sur la copie.

Introduction

[Contexte] En janvier 2004, la Chine émerge. Le président de la République populaire Hu Jintao présente, devant l'Assemblée nationale française à Paris, un bilan de la politique menée par son pays depuis 25 ans.

[Problématique] Dans quelle mesure la puissance de la Chine peut-elle être considérée comme une réussite ?

[Présentation des documents et annonce du plan] Contrepoint du discours plutôt satisfait de Hu Jintao, une photographie de la place Tiananmen à Pékin prise par un journaliste américain rappelle qu'en 1989 des milliers d'étudiants manifestaient pour revendiquer la démocratisation du régime, la « cinquième modernisation ». Aux résultats flatteurs avancés par le chef de l'exécutif chinois vient donc se surimposer une autre image, celle des limites de la spectaculaire réussite chinoise.

I. L'émergence d'une grande puissance économique

• Par la voix de Hu Jintao, la Chine peut se féliciter de ses succès économiques. En l'espace « de 25 ans » (doc. 1, l. 11), elle a multiplié par dix son produit intérieur brut (PIB), tandis que les États-Unis doublaient le leur durant la même période. Signe de bonne santé économique, la Chine attire désormais les capitaux étrangers. Et le pays est devenu le premier producteur de biens dans des secteurs aussi variés que l'énergie (charbon), le bâtiment (ciment) ou encore les nouvelles technologies (téléphones portables).

> **CONSEIL**
> Ne recopiez pas les chiffres du document 1. Donnez-leur du sens par des comparaisons ou des calculs simples permettant leur mise en perspective.

• La mise en œuvre d'un « système d'économie de marché socialiste » (doc. 1, l. 7-8) est à la base de cette réussite. Outre la « modernisation » de son appareil productif, la Chine s'est ouverte « sur l'extérieur » (doc. 1, l. 25). Dans le cadre de zones franches, elle a accepté les règles des échanges internationaux en adhérant en 2001 à l'Organisation mondiale du commerce (OMC).

> **INFO**
> Le programme des « quatre modernisations » avait vocation à assurer l'indépendance de la Chine dans les domaines de l'agriculture, de l'industrie, des sciences et technologies et de la défense.

Les chemins de la puissance **CORRIGÉ** 17

• La société chinoise a changé : le niveau de vie a augmenté, les contacts avec l'extérieur se sont multipliés. La jeunesse réclame la démocratie et, en présence des journalistes étrangers, ose la revendiquer publiquement et en anglais (doc. 2).

[Transition] La Chine est engagée sur « le long chemin » (doc. 1, l. 31) de la puissance. Mais, de l'aveu même de son leader, elle n'a pas encore terminé sa mutation.

II. Le maintien des inégalités et de la dictature

• Hu Jintao l'avoue : la Chine reste une nation « sous-développée » (doc. 1, l. 28) dans de nombreux secteurs. Le pouvoir d'achat par habitant la classe dans la seconde moitié des pays du monde. Les inégalités sociales restent importantes, voire augmentent. L'enrichissement ne profite pas à tous.

> **INFO**
> En 2004, le PIB chinois par habitant était exactement de 1 283 dollars américains (USD).

• Les inégalités régionales sont fortes également (doc. 1, l. 28-29). Entre la côte orientale avec ses ports ouverts sur le monde (Shanghai, Pékin, Hong Kong) et les régions de l'intérieur encore très pauvres, le fossé économique et social s'est creusé.

• La République populaire de Chine reste un régime dominé par le seul parti communiste et dans lequel l'opposition ne peut s'exprimer librement. Les sou-

> **CONSEIL**
> Hu Jintao ne reconnaît pas toutes les lacunes de son pays. N'hésitez pas à puiser dans vos connaissances pour illustrer les limites de la puissance chinoise.

rires du document 2 ont ainsi été effacés en une nuit, le 4 juin 1989, par la répression militaire ; des milliers de morts furent à déplorer. Les minorités ethniques ou religieuses, comme les Ouïgours ou les Tibétains, sont toujours discriminées aujourd'hui.

Conclusion

Comme le dit Hu Jintao, les chemins de la puissance sont longs et difficiles. Depuis 1979, la Chine s'est éveillée au monde, elle y a pris une place prépondérante sur le plan économique. Mais son développement reste celui d'une puissance autoritaire qui, du point de vue occidental, a d'importants progrès sociaux à faire.

SUJET

18

Amérique du Nord • Mai 2016
ÉTUDE CRITIQUE DE DOCUMENTS

Le Proche et le Moyen-Orient dans l'entre-deux-guerres

▶ En confrontant les documents, décrivez la situation géopolitique complexe du Proche et du Moyen-Orient dans l'entre-deux-guerres, les solutions envisagées par le pays mandataire et les conséquences qui en découlent.

DOCUMENT 1   **Extrait du « Livre blanc[1] » de la Palestine sous tutelle britannique (1939)**

À la suite d'une conférence anglo-judéo-arabe qui se tient à Londres en février 1939, un Livre blanc est publié en mai 1939 dans le but d'apaiser les tensions entre Arabes et Juifs, et de détourner les pays arabes des puissances de l'Axe dans un contexte de marche à la guerre. Le Royaume-Uni, puissance mandataire de la Palestine, revient sur les promesses faites au mouvement sioniste pendant la Grande Guerre.

I – Constitution

[…] Le gouvernement de Sa Majesté est convaincu qu'intégrée au cadre du mandat comme elle l'a été, la déclaration Balfour ne pouvait en aucune façon signifier que la Palestine serait transformée en un État juif, contre la volonté de la population arabe du pays.

[…] Le gouvernement de Sa Majesté déclare aujourd'hui sans équivoque qu'il n'est nullement dans ses intentions de transformer la Palestine en État juif. […] Depuis la déclaration de 1922[1], plus de 300 000 Juifs ont immigré en Palestine, et la population du foyer national (juif) s'est élevée à quelque 450 000 âmes, soit environ un tiers de la population entière du pays.

[…] Il serait contraire à tout l'esprit du système des mandats que la population de Palestine demeure indéfiniment sous tutelle mandataire […]. Le gouvernement de Sa Majesté ne peut présentement prévoir la forme constitutionnelle exacte que prendra le gouvernement en

Palestine, mais son objectif est le *self-governement*, et son désir est de voir s'établir finalement un État de Palestine indépendant. Ce devra être un État dans lequel les Arabes et les Juifs partageront l'autorité dans le gouvernement de telle manière que les intérêts essentiels de chacun soient sauvegardés.

II – Immigration

[…] La crainte qu'ont les Arabes que ce flot se poursuive indéfiniment jusqu'à ce que la population soit à même de les dominer a provoqué des conséquences extrêmement graves pour les Juifs et les Arabes et pour la paix et la prospérité de la Palestine. Les troubles regrettables des trois années écoulées ne sont que la plus récente et la plus persistante manifestation de cette grave appréhension arabe. Les méthodes utilisées par les terroristes arabes contre des frères arabes et contre des Juifs méritent la plus sévère condamnation. Mais on ne peut nier que la peur d'une immigration juive indéfinie est largement répandue dans les rangs de la population arabe et que cette peur a rendu possibles ces troubles[2].

[…] En conséquence, l'immigration sera maintenue au cours des cinq prochaines années pour autant que la capacité économique d'absorption du pays le permettra, à un taux qui portera la population juive à environ le tiers de la population totale. […] Au terme de la période de cinq ans, aucune immigration juive ne sera plus autorisée, à moins que les Arabes de Palestine ne soient disposés à y consentir.

Olivier Carré, *Le mouvement national palestinien*, Paris, 1977.

---

1. Connu sous le nom de « Livre blanc de Churchill », alors secrétaire aux colonies ; il modère les points énoncés dans la déclaration Balfour, restreignant par exemple le territoire dédié au foyer national juif et relevant les conditions financières d'immigration des Juifs.
2. Le texte évoque les manifestations palestiniennes violentes antijuives de 1936-1938.

Un foyer de conflits   **SUJET 18**

DOCUMENT 2 **Proche et Moyen-Orient entre les deux guerres mondiales**

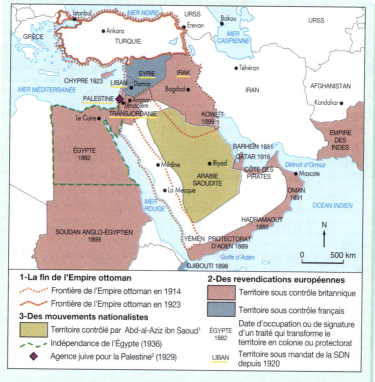

1- La fin de l'Empire ottoman
- Frontière de l'Empire ottoman en 1914
- Frontière de l'Empire ottoman en 1923

3- Des mouvements nationalistes
- Territoire contrôlé par Abd-al-Aziz ibn Saoud[1]
- Indépendance de l'Égypte (1936)
- ◆ Agence juive pour la Palestine[2] (1929)

2- Des revendications européennes
- Territoire sous contrôle britannique
- Territoire sous contrôle français
- ÉGYPTE 1882 : Date d'occupation ou de signature d'un traité qui transforme le territoire en colonie ou protectorat
- LIBAN : Territoire sous mandat de la SDN depuis 1920

D'après Georges Duby (sous la direction de), *Grands Atlas historique*, 2006.

1. Abd-al-Aziz ibn Saoud (vers 1880-1953) fondateur de l'État saoudien moderne et premier roi d'Arabie saoudite de 1932 à 1953.
2. Organisation sioniste créée en 1929. Elle favorise l'immigration juive en Palestine.

Un foyer de conflits **SUJET 18**

LES CLÉS DU SUJET

■ Analysez le sujet

L'énoncé

Il reprend les termes de la partie du programme « Le Proche et le Moyen-Orient, un foyer de conflits depuis 1918 ». Le sujet doit être exposé depuis la fin de la Première Guerre mondiale. La formule invite à **analyser la région dans la durée**. La consigne et les documents précisent la **limite** à ne pas dépasser : la Seconde Guerre mondiale.

La consigne

• Le terme « décrivez » impose un travail descriptif portant sur trois points. Ceux-ci définissent le plan du devoir : **1. la « situation », 2. les « solutions », 3. les « conséquences »**. Attribuez une couleur à chacun de ces termes et surlignez dans les documents les éléments correspondants.

• La consigne invite à « **confronter** » **les documents**. Il ne convient donc pas de les étudier l'un après l'autre. Cette confrontation est aussi une occasion de les différencier, opération qui peut être faite dans l'introduction, sous la forme d'une présentation.

Les documents

• Le document 1 est **un extrait d'un texte officiel** publié en mai 1939, soit quatre mois avant le début de la Seconde Guerre mondiale. Il permet de cerner la politique du Royaume-Uni au Proche-Orient. Il permet aussi de découvrir les solutions déjà prises ou envisagées.

• Le texte justifie les solutions prises. Il met celles-ci en perspective dans la durée. On y trouvera aussi des éclairages sur la situation et les conséquences qui en découlent.

• Le document 2 est **une carte**. Elle permet d'identifier les situations à des dates différentes et fournit des réponses à la première partie de la consigne.

■ Utilisez les mots clés

Livre blanc SDN Juifs Kurdes **Palestine**
Empire ottoman
droit des peuples à disposer d'eux-mêmes
nationalisme
État juif Balfour Fayçal Arabes
Saoud mandats sionisme
Sykes-Picot terrorisme minorités immigration

HISTOIRE

119

Un foyer de conflits **CORRIGÉ** 18

■ Évitez les pièges

• **Ne faites pas une étude successive des documents**. Le document 2 permet de décrire la situation, mais les dates fournies en légende permettent d'y lire des conséquences et des solutions. Le document 1 permet d'extraire les trois types d'informations demandées.

• Le sujet et les documents invitent à centrer l'étude sur la **période de l'entre-deux-guerres**. La description des conséquences autorise toutefois à prolonger le questionnement (au moins sous forme d'ouverture) jusqu'à 1945, voire 1947 (le partage de la Palestine proposé par les Nations unies).

• Bien que le document 1 ne porte que sur le conflit en Palestine, **ne limitez pas votre réflexion** à cette seule question. Profitez de la première partie pour évoquer les autres problèmes régionaux : décolonisation et création d'États indépendants, fixation de zones d'influence, nationalismes, intérêts pétroliers, etc.

CORRIGÉ 18

Les titres en couleurs servent à guider la lecture et ne doivent en aucun cas figurer sur la copie.

Introduction

[Contexte] En 1918, la défaite des puissances centrales provoque le démantèlement de l'Empire ottoman. Le Proche-Orient est redessiné par les vainqueurs qui s'emploient à préserver leurs intérêts. L'entre-deux-guerres est ainsi marqué par d'importants changements au Proche et Moyen-Orient.

> **Info**
> Les puissances centrales étaient l'Allemagne et ses alliés : l'Empire austro-hongrois et l'Empire ottoman.

[Problématique] Quelle situation se dessine dans la région entre 1919 et 1939 ? En les confrontant, les documents proposés peuvent aider à comprendre en quoi le Proche et le Moyen-Orient est un foyer de tensions.

[Présentation des documents] Officiel, le document 1 est un extrait du Livre blanc paru à la veille de la Seconde Guerre mondiale. Il permet d'évoquer la solution politique avancée par le Royaume-Uni sur la seule question du statut à venir de la Palestine.

> **Conseil**
> Poser la problématique n'est pas obligé. Mais l'étude de document(s) consiste toujours à évaluer si le(s) document(s) à étudier permet(tent) de comprendre le sujet. N'hésitez donc pas à poser la question.

120

Un foyer de conflits **CORRIGÉ** 18

Le document 2 est une carte de la région. Elle permet de visualiser les principales modifications territoriales ou politiques survenues dans cette partie du monde.

I. Une situation de recomposition politique explosive

• Le traité de Sèvres (1920) provoque l'éclatement de l'Empire ottoman. Il consacre la naissance de la Turquie moderne sur un territoire réduit. Le reste de l'empire éclate. Français et Britanniques se partagent la région en zones d'influences. La ligne Sykes-Picot de 1916 avait préalablement défini un territoire placé sous administration de la France au nord, et un autre sous administration britannique au sud (point 2 de la légende du doc. 2).

• Au nom du droit des peuples à disposer d'eux-mêmes qui justifient les modifications territoriales s'ajoutent les promesses faites aux Arabes pendant la guerre en échange de leur soutien contre l'Allemagne et les Ottomans. Les Européens cherchent à confier le pouvoir local à leurs alliés de l'époque.

> **Info**
> En octobre 1915, les Britanniques promettent l'établissement d'un État arabe au cheik de La Mecque.

• Suite à la déclaration Balfour de 1917 promettant l'établissement d'un « foyer national juif » en Palestine, de nombreux Juifs s'installent dans la région, provoquant des réactions d'hostilité de la part des populations arabes. Elles craignent de se faire submerger par le flot de ces immigrants (II du doc. 1). Beaucoup de ces derniers sont des sionistes qui revendiquent l'établissement d'un État juif.

II. Des solutions souvent conflictuelles

• Pour préserver leurs intérêts géostratégiques et le contrôle des ressources pétrolières, les Européens transforment les anciennes colonies et territoires libérés de l'emprise ottomane en protectorats. Ils répondent aux revendications de leaders arabes comme les Saoud en Arabie saoudite (point 3 de la légende du doc. 2) ou le roi Fayçal dans le futur Irak. Le Liban est mis sous tutelle de la Société des Nations (SDN) en 1920 : l'indépendance lui est ainsi promise ; de même qu'à l'Égypte qui l'obtient en 1936 (légende du doc. 2).

> **Conseil**
> Pour éviter l'accusation de paraphrase, expliquez toujours ce que signifie une information tirée du document, comme ici la mise sous tutelle du Liban. Évoquer une promesse d'indépendance est une façon de traduire le texte.

• Les traités promettent des territoires à des minorités ethniques (Kurdes, Arméniens, Grecs) ou religieuses (chrétiens, chiites, sunnites). Or la sécurité de chacun et les intérêts géostratégiques se contrarient.

HISTOIRE

Un foyer de conflits **CORRIGÉ** **18**

• En Palestine, les Britanniques cherchent à apaiser les « craintes » des Arabes (II du doc. 1). Ils s'efforcent de limiter l'immigration juive : dès 1922, une déclaration impose des conditions restrictives (§ 2 du doc. 1). En mai 1939, le Livre blanc limite cette immigration de manière à ce que la population juive ne puisse pas devenir majoritaire et imposer l'État qu'elle souhaite.

III. Des révoltes et manifestations, sources de violences chroniques

• Les solutions sont souvent hypocrites, trop lentes à prendre effet ou injustes. Les nationalismes arabes se développent et accentuent les pressions sur les grandes puissances. Des mouvements fondamentalistes comme les Frères musulmans en Égypte (1928) voient le jour.

• Des guerres ruinent les projets de création de l'Arménie et du Kurdistan au profit de nouveaux États en gestation (Arabie saoudite, Irak).

> **Info**
> L'Arabie saoudite est fondée en 1932 (note 1 du doc. 2) ; le royaume d'Irak est créé la même année.

• Juifs et Arabes s'affrontent de façon souvent violente. Des organisations secrètes se développent pour défendre les revendications et faire acte de « résistance ». Ces violences sont qualifiées de « terroristes » (§ 4 du doc. 1) par les Britanniques qui les condamnent et tentent de les réprimer.

• Les rivalités des puissances européennes n'arrangent rien. L'Allemagne nazie et antisémite se montre susceptible d'utiliser les conflits régionaux à des fins personnelles. L'Union des républiques socialistes soviétiques (URSS) et les États-Unis proposent aussi leur soutien aux populations.

Conclusion

Durant l'entre-deux-guerres, le Proche et le Moyen-Orient forment une région à hauts risques. Les solutions pacifiques peinent à s'imposer et les intérêts concurrents trouvent avantage à instrumentaliser les rancœurs accumulées. La région constitue un inextricable foyer de conflits et une source d'inquiétudes à la veille de la Seconde Guerre mondiale.

[Ouverture] Le projet de partage de la Palestine en 1947 n'est-il d'ailleurs pas le reflet de cette situation complexe ?

SUJET 19

Antilles, Guyane • Septembre 2016
ÉTUDE CRITIQUE DE DOCUMENTS

Le Proche-Orient dans les années 1970

▶ En confrontant les deux documents et en vous aidant de vos connaissances, présentez la situation géopolitique du Proche-Orient dans les années 1970, et montrez que ces années marquent un tournant dans les relations entre Israël et les pays arabes.

DOCUMENT 1 — La guerre d'octobre 1973

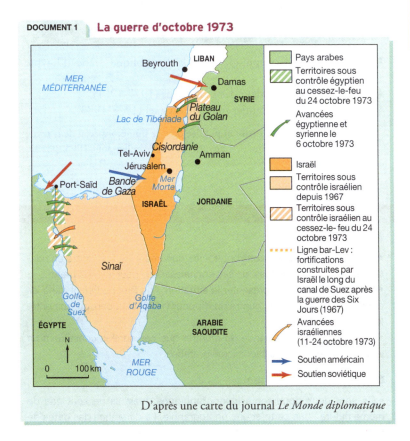

D'après une carte du journal *Le Monde diplomatique*

Un foyer de conflits **SUJET 19**

DOCUMENT 2 — **26 mars 1979, signature à la Maison Blanche du premier traité de paix israélo-arabe**

❶ Anouar el-Sadate, président de la République arabe d'Égypte (1970-1981).
❷ Jimmy Carter, président des États-Unis (1977-1981).
❸ Menahem Begin, Premier ministre d'Israël (1977-1983).

Photographie (cl. Keystone) publiée dans le numéro spécial de la revue *L'Histoire*, « Les mystères de l'Égypte », n° 190, juillet-août 1995, p. 121.

LES CLÉS DU SUJET

■ **Lisez la consigne**

• La consigne invite à « **confronter** » les documents, à les mettre en relation. Il faut « **s'aider** » aussi de ses connaissances pour les interpréter.
• Vous devez ensuite « présenter **la situation** » du Proche-Orient dans les années 1970, évoquer la guerre du Kippour (1973) et la paix qui suit entre Israël et l'Égypte (1979).
• Enfin la consigne demande de montrer que ces années constituent un « **tournant** » dans les relations israélo-arabes.

■ **Analysez les documents**

• Ce sont deux **documents iconographiques**, mais ils ne sont pas de même nature : une carte et une photographie. La différence des dates de référence (1967-1973 et 1979) permet de les analyser séparément. Mais

Un foyer de conflits **CORRIGÉ** **19**

la « confrontation » imposée par la consigne invite à **chercher ce qu'ils incarnent d'opposé** (la guerre pour l'un, la paix pour l'autre).

• **Didactique**, la carte et sa légende (doc. 1) donnent toutes les clés pour analyser la situation à la veille de la guerre de 1973 et comprendre son déroulement.

• La photographie (doc. 2) est un document **témoin** qui illustre la paix de 1979. Outre l'événement de référence, elle permet de rappeler ce que chacun des personnages incarne.

■ **Définissez les axes de l'étude**

• Le sujet consiste à **faire le point** sur les relations internationales au Proche-Orient dans les années 1970. Évoquant un « tournant », la consigne fournit la problématique.

• Il convient de commencer par **définir les camps** et les rapports de force. Puis il faut **décrire les changements** survenus au cours de la période à la faveur de la guerre. En conclusion, il faudra confirmer ce tournant mais aussi le **caractériser**.

• Dans ce sujet, la carte et la photographie permettent de retrouver les informations du cours. Elles servent aussi à justifier les développements de votre copie. Mais il faut **éviter la paraphrase**, c'est-à-dire ne pas se contenter de décrire ces documents.

HISTOIRE

CORRIGÉ **19**

Les titres en couleurs servent à guider la lecture et ne doivent en aucun cas figurer sur la copie.

Introduction

[Contexte] Depuis sa fondation en 1948, l'État d'Israël est en conflit avec ses voisins arabes. Trois guerres (1948, 1956 et 1967) les ont déjà opposés. L'occupation de territoires conquis par les Israéliens lors de la guerre des Six Jours en 1967 entretient les tensions.

[Problématique] Les années 1970 marquent-elles un tournant dans les relations entre Israël et les pays arabes ?

Un foyer de conflits CORRIGÉ 19

[Présentation des documents et annonce du plan]
Pour répondre à cette question, nous disposons de
deux documents iconographiques. Le premier est
une carte didactique publiée par un journal français,
Le Monde diplomatique, montrant les changements
survenus au Proche-Orient à l'occasion de la guerre
du Kippour de 1973. Le second est une photographie de trois dirigeants politiques (Anouar el-Sadate,
Jimmy Carter et Menaham Begin), document témoin
réalisé à l'occasion de la signature d'un traité de paix entre Israël et l'Égypte,
le 26 mars 1979, plus de cinq ans après la guerre du Kippour.

> **Conseil**
> Dans une étude de
> document(s), l'annonce
> du plan n'est pas obli-
> gatoire. C'est un plus
> qui valorise la copie
> mais en cas de manque
> de temps, vous pouvez
> vous en passer.

I. Une quatrième guerre qui ne résout rien

• Depuis la guerre des Six Jours de 1967, la situation
géopolitique est figée au Proche-Orient. Pour leur
sécurité, les Israéliens occupent les territoires pris à
leurs voisins arabes lors du conflit : le Sinaï, Gaza, la
Cisjordanie et le Golan (figurés en orange clair sur le
doc. 1). Ils conditionnent la restitution de ces territoires à des accords garantissant la reconnaissance
de leur État.

> **Conseil**
> Justifiez vos réponses
> en renvoyant aux
> documents. Indiquez au
> correcteur où se trouve
> l'information que vous
> avancez.

• Chaque camp est surarmé et reçoit de l'aide des grandes puissances. Israël
a ainsi le soutien des États-Unis ; les pays arabes sont équipés et conseillés
par l'URSS (flèches bleues et rouges sur le doc. 1). La présence de pétrole au
Moyen-Orient attire les convoitises et entretient les tensions.

• En octobre 1973, les armées égyptienne et syrienne
tentent de surprendre les Israéliens en les attaquant
lors de la fête de Yom Kippour. Les soldats arabes
avancent dans le Sinaï et sur le plateau du Golan
(flèches vertes et zones hachurées vertes le long
du canal de Suez, sur le doc. 1). Un temps en difficulté, les Israéliens contre-attaquent victorieusement
sur les deux fronts. Ses forces en partie détruites, le
président égyptien Sadate (à gauche, sur le doc. 2)
accepte un cessez-le-feu.

> **Info**
> La fête de Yom Kippour,
> ou Jour du Grand Par-
> don, est l'une des plus
> importantes de la reli-
> gion juive. Beaucoup de
> soldats israéliens étant
> en permission, Sadate
> choisit d'attaquer ce
> jour-là.

[Transition] La guerre du Kippour ne change rien à la situation géopolitique de
la région. Non reconnu par ses voisins, Israël occupe les territoires conquis
par les armes. Cependant, les échecs militaires répétés incitent les dirigeants
égyptiens à chercher d'autres solutions.

Un foyer de conflits **CORRIGÉ** 19

II. Les accords de Camp David, une paix inédite

• Déçu par son alliance avec l'URSS, Sadate se rapproche des États-Unis qui l'incitent à négocier avec les Israéliens. L'arrivée au pouvoir du président Carter (au centre, sur le doc. 2) en 1977 relance le processus de paix.

• Les négociations sont longues et difficiles. Il faut créer la confiance entre les interlocuteurs sans sacrifier les intérêts des Palestiniens invités à participer aux discussions. Il faut compter aussi avec les Russes qui défendent leurs intérêts géostratégiques dans la région et soutiennent les Syriens du président Hafez Al-Assad.

• Le 26 mars 1979, les trois principaux acteurs (doc. 2) signent les accords de camp David. Par ce traité de paix, l'Égypte reconnaît l'État d'Israël et établit des relations diplomatiques avec lui. En échange, Israël restitue le Sinaï à l'Égypte.

> **Attention !**
> Camp David est aux États-Unis et non au Proche-Orient comme son nom pourrait le laisser croire.

Conclusion

Le traité de paix de mars 1979 est un événement inédit dans la région depuis 1948 : comme le souligne le titre de la photographie (doc. 2), pour la « première fois » un État arabe voisin d'Israël – et même le plus puissant d'entre eux – reconnaît à ce pays son droit à l'existence. Les contemporains ne le savent pas encore, mais c'est la fin des guerres israélo-arabes. Il s'agit donc bien d'un tournant dans l'histoire du Proche-Orient. Désormais le conflit opposera davantage les Israéliens aux Palestiniens.

HISTOIRE

SUJET

20

Afrique • Juin 2019

COMPOSITION

Gouverner la France depuis 1946 : État, gouvernement, administration

LES CLÉS DU SUJET

■ **Analysez le sujet**

Les termes du sujet

Terme	Définition
gouvernement	Le terme renvoie aux personnes qui exercent le pouvoir exécutif. Relié au sujet « gouverner », il invite à analyser comment ces personnes ont exercé leurs fonctions.
État	Ensemble des pouvoirs publics régissant la République : les institutions.
administration	Ensemble des services de l'État. Le terme renvoie aux services et responsables de la fonction publique.

La problématique

Depuis 1946, la France a eu deux régimes politiques, la IVᵉ et la Vᵉ République ; et cette dernière a connu plusieurs réformes constitutionnelles. En s'appuyant sur des faits historiques, il faut décrire ces changements pour montrer en quoi « **gouverner** » **la France est une opération complexe qui dépend du contexte** dans lequel le pays est plongé.

■ **Utilisez les mots justes**

• Attention aux termes techniques dans le domaine politique. Vous devez bien distinguer :

– la **Constitution** (texte qui définit la répartition des pouvoirs) des **institutions** (les différents organes du pouvoir) ;

– le terme de **bureaucratie** (gouvernement par les fonctionnaires), qui a un sens péjoratif, de l'expression **fonction publique**.

• Ne confondez pas l'**alternance** (succession de gouvernements de majorité différente) avec la **cohabitation** (partage des pouvoirs entre un président et un Premier ministre de tendances politiques différentes).

L'échelle de l'État-nation **CORRIGÉ** 20

• Rappelez-vous qu'en démocratie il y a **séparation des pouvoirs** exécutif, législatif et judiciaire. Il existe toutefois des procédures susceptibles de les recouper : la dissolution de l'Assemblée par le président ou le référendum, par exemple.

■ Évitez les pièges

• Ne mettez pas en cause des personnes précises. Le sujet oblige à centrer la réflexion sur les **outils de la gouvernance** (les règles et fonctions) et non sur les acteurs (politiques ou fonctionnaires).

• Le plan thématique (État, gouvernement, administration) est à éviter. Il n'aide pas à mettre en valeur les changements par le contexte.

■ Valorisez votre copie

Multipliez les exemples renvoyant à des événements précis. Plus vous illustrez le débat théorique par des **cas pratiques**, mieux vous serez évalué.

HISTOIRE

CORRIGÉ 20

Les titres en couleurs servent à guider la lecture et ne doivent en aucun cas figurer sur la copie.

Introduction

[Accroche] En 1946, les Français approuvent la Constitution de la IVe République. Depuis, la façon de gouverner la France a changé et une Ve République a même été instituée en 1958. Comment se distribuent rôles et pouvoirs entre les gouvernements et l'administration ?

[Problématique] En quoi gouverner la France constitue une opération complexe qui dépend du contexte historique ?

[Annonce du plan] Depuis 1946, trois grandes périodes se distinguent : 1946-1958, le temps de l'État fort ; 1958-1981, la présidentialisation du régime ; 1981 à nos jours, le recul de l'État.

> **Conseil**
> Dans une annonce de plan chronologique, accompagnez toujours les dates de référence d'une formule caractérisant la période. Celle-ci sera le fil conducteur de la partie.

129

L'échelle de l'État-nation **CORRIGÉ** 20

I. 1946-1958, le temps de l'État fort

1. Une Constitution parlementariste dans un contexte de reconstruction

• Mise en place difficilement, la IVe République donne au Parlement le contrôle du gouvernement.

• Issu de la majorité parlementaire, le président du Conseil met en œuvre la politique négociée par les députés. Le président de la République incarne, quant à lui, la Nation.

2. Une administration moderne et interventionniste

• Dès 1945, l'École nationale d'administration (ENA) assure la formation d'une haute fonction publique. L'année suivante, le statut général des fonctionnaires dote l'État d'une administration puissante.

• Gouvernement et administration interviennent dans l'économie. Les secteurs clés (énergie, transports, banques et assurances) passent sous le contrôle de l'État. Parallèlement, une planification incitative fixe objectifs et priorités.

Info
Par la planification, l'État incite les entreprises privées à investir dans les secteurs qu'il définit comme prioritaires.

• L'aide américaine (plan Marshall) et la construction européenne offrent les conditions de la réussite : ce sont les Trente Glorieuses.

3. Un État-providence puissant

• Par le biais de la Sécurité sociale (1945), l'État protège les salariés contre les risques sociaux tels que la maladie ou la vieillesse. En 1947, la création des habitations à loyer modéré (HLM) met en place une véritable politique nationale du logement.

• L'État soutient la démocratisation de l'enseignement. La scolarité obligatoire est prolongée jusqu'à 16 ans. Un sous-secrétaire d'État est chargé de la jeunesse et des sports.

[Transition] Sous la IVe République, l'État reconstruit le pays et l'ancre dans la prospérité. Les affaires coloniales font cependant tomber le régime. Appelé au pouvoir, le général de Gaulle fonde la Ve République. Les nouvelles institutions changent-elles la manière de gouverner la France ?

L'échelle de l'État-nation **CORRIGÉ 20**

II. 1958-1981, la présidentialisation du régime

1. Une République présidentialiste portée par les Trente Glorieuses

• Les pouvoirs du président sont renforcés. Chef des armées, il contrôle la politique extérieure. Il nomme le Premier ministre qui a la charge des affaires intérieures du pays.

• Le chef de l'État contrôle le Parlement par le pouvoir référendaire, le scrutin majoritaire et le droit de dissolution de l'Assemblée.

• Le Conseil constitutionnel veille au respect de la Constitution. La Cour des comptes et le Conseil d'État contrôlent gouvernement et administration.

• Sous la houlette du général de Gaulle, l'État se fait acteur de l'économie. Il lance des programmes industriels dans le nucléaire, l'aéronautique ou l'aérospatiale ; il favorise la modernisation de l'agriculture et intervient dans l'aménagement du territoire.

• Avec la création du ministère des Affaires culturelles (1959), l'État se dote de nouvelles missions. Maisons de la culture et bibliothèques complètent son action éducative.

2. Des remises en cause dans un contexte de crise

• La fin des Trente Glorieuses remet en cause l'action économique et sociale de l'État jugée trop coûteuse et rigide.

• L'esprit de 1968 et les mouvements d'émancipation (régionalisme, féminisme, individualisme) contestent les institutions trop centralisées.

• Les politiques d'austérité budgétaire des années 1970 réduisent les marges de manœuvre de l'État qui cherche à se désengager. Mais il bute sur de fortes résistances sociales.

[Transition] La Ve République donne plus de moyens à l'exécutif pour gouverner la France. Mais la crise économique d'une part, la mondialisation d'autre part obligent à réformer le modèle. L'alternance qui se produit en 1981 en est-elle l'occasion ?

III. 1981 à nos jours, le recul de l'État

1. L'alternance et le maintien des missions de l'État

• Avec les nationalisations d'entreprises, la retraite à 60 ans et la réduction du temps de travail, l'arrivée de la gauche au pouvoir (1981) alourdit les charges financières de l'État.

Info
Une nationalisation consiste en l'acquisition par l'État d'une entreprise qui devient donc publique.

L'échelle de l'État-nation **CORRIGÉ** **20**

• Les lois de décentralisation (1982) tentent de réorganiser les services de l'État mais le transfert des pouvoirs aux collectivités territoriales maintient les charges fiscales.

2. Le repli de l'État dans le cadre de la mondialisation

• Les difficultés économiques et les cohabitations de 1986 et 1993 conduisent à changer de politique. Sous la pression de la concurrence internationale et des directives européennes, l'État se désengage.

• Après les privatisations d'entreprises, il réduit la fonction publique et les aides sociales.

• L'État maintient cependant son rôle social en aidant les plus pauvres avec le revenu minimum d'insertion (RMI) et la couverture maladie universelle (CMU).

Info
Une privatisation est la vente par l'État d'une entreprise publique au secteur privé.

3. Les réformes institutionnelles

• Face aux critiques des électeurs, au développement de l'abstention et à la menace des partis populistes, des réformes sont mises en œuvre.

• Le renforcement des pouvoirs du Parlement, la mise en place du quinquennat (2000) et du référendum d'initiative populaire (2008) tentent de réconcilier les citoyens avec le régime.

Info
Dans un souci d'efficacité, la décentralisation se poursuit : pôles de compétitivité (2003-2004), nouvelles régions (2014-2015).

• La parité hommes/femmes (1999), la création d'un défenseur des droits (2008) ou l'adoption de la charte de l'environnement (2005) s'efforcent d'adapter la Constitution aux nouvelles préoccupations des Français.

Conclusion

De 1946 à nos jours, la façon de gouverner la France s'est adaptée aux problématiques posées par un environnement à la fois plus mondialisé et plus individualiste. Les Institutions et l'administration ont montré leur souplesse. Mais de nombreuses rigidités entretiennent critiques et revendications au sein de la société.

SUJET

21

Asie • Juin 2013

ÉTUDE **CRITIQUE DE DOCUMENT**

Le rôle de l'administration dans le gouvernement de la France

▶ À partir de l'étude critique du document, montrez en quoi ce document rend compte du rôle de l'administration dans le gouvernement de la France de la IVe et de la Ve République.

HISTOIRE

DOCUMENT **La carrière d'un haut fonctionnaire, Paul Delouvrier (1914-1995) évoquée par le journal *L'Humanité*, 18 janvier 1995**

« La mort de Paul Delouvrier

Avec la mort, hier, de Paul Delouvrier, c'est l'un des derniers grands serviteurs de l'État du temps du général de Gaulle qui vient de disparaître. Inspecteur des finances, il participera aux combats de la Résistance dans la région de Nemours, fit partie, à la Libération, d'un cabinet ministériel, avant de diriger, en 1948, la section financière du commissariat général du Plan.

Dix ans plus tard, il sortit de l'ombre, à la faveur du retour au pouvoir du général de Gaulle qui le nomma délégué général du gouvernement en Algérie. L'anecdote veut que, tenté de refuser ce poste, il objecta : "Mon général, je ne suis pas de taille." Ce à quoi il lui fut répondu : "Vous grandirez, Delouvrier !".

Pendant près de deux ans, il fut donc l'un des hommes clés de la politique algérienne de de Gaulle, avant de devenir, en 1961, celui de la restructuration de la région parisienne. Nommé délégué général de ce qui s'appelait alors un "district", il attacha son nom au projet des "villes nouvelles" et, d'une façon plus générale, à l'élaboration, en 1965, du premier schéma directeur d'aménagement de l'Île-de-France.

Préfet de la région parisienne de 1966 à 1969, Paul Delouvrier avait gardé un œil critique sur l'expérience qu'il avait initiée et sur ses développements ultérieurs. "On rêve d'un idéal et la vie en offre rarement le spectacle", confiait-il, il y a moins d'un mois, au journal

L'échelle de l'État-nation **SUJET** 21

Libération, avant de tenter cette définition : "Une ville, c'est un référendum permanent." Ou encore : "Une banlieue, c'est une zone d'habitation qui ne propose pas les équipements d'une ville. En ce sens, un banlieusard est citoyen mutilé." Paul Delouvrier présida ensuite aux destinées d'EDF – de 1969 à 1979 – puis, jusqu'en 1984, à celles de l'établissement public du parc de La Villette. Il était âgé de quatre-vingts ans. »

L'Humanité, 18 janvier 1995, www.humanite.fr/node/211315

LES CLÉS DU SUJET

■ Lire la consigne

La consigne ne commande qu'une seule action : « montrer [...] le rôle de l'administration ». Il faut donc **identifier dans le document les fonctions** occupées par Paul Delouvrier afin de les présenter et les expliquer. Mais pour réaliser une « étude critique », vous devez, pour chaque fonction, **évaluer le travail de l'administration.** Cette analyse sera menée à partir de vos connaissances et de remarques tirées du texte. L'association de l'énoncé « Gouverner la France » et du « en quoi » inscrit dans la consigne permet de définir la problématique du sujet : en quoi **gouverner la France depuis 1946 s'est-il avéré efficace** ? L'administration a-t-elle répondu à l'attente des Français ?

■ Analyse du document

La consigne ne demande pas explicitement de présenter le document, mais pour introduire votre réponse, il est mieux de le faire. Le texte est un **hommage** diffusé au lendemain du décès d'un haut fonctionnaire de l'État. Il est publié dans un **journal d'opinion** : *L'Humanité* est l'organe de presse du Parti communiste français, mouvement qui a peu participé à la gouvernance de la France. L'auteur salue la mémoire d'un administrateur dont la carrière couvre cinquante ans (de 1945 à 1995) et les deux républiques concernées par cette période. Le document offre ainsi un **aperçu représentatif de la gouvernance** sur le long terme.

L'échelle de l'État-nation **CORRIGÉ** 21

■ Organisation de la réponse

Le « en quoi » de la consigne invite à suivre une approche **thématique**, guidée par les fonctions occupées par Delouvrier. Trois fonctions peuvent être dégagées du texte : **participer à l'exercice de l'exécutif, aménager le territoire** et **diriger une entreprise nationale**. Chacune offre un axe d'étude. La critique liée à celle-ci se fera point par point, chaque rôle étant évalué dans sa réussite et ses limites.

CORRIGÉ 21

Les titres en couleurs servent à guider la lecture et ne doivent en aucun cas figurer sur la copie.

Introduction

De 1945 à 1995, la France a connu deux républiques et des gouvernements de sensibilités politiques allant de la droite gaulliste à la gauche socialiste ; elle a traversé de nombreuses crises, parmi lesquelles celles de 1958 et de 1968 ont ébranlé le pouvoir. Quel bilan peut-on faire de la gouvernance nationale pendant cette période ? L'évocation de la carrière d'un de ses hauts fonctionnaires permet de le dresser. Alors que la génération issue de la Seconde Guerre mondiale s'efface, le journal du Parti communiste français,

> **Conseil**
> L'entrée en matière et l'introduction qui suit permettent de poser le sujet et d'amener la présentation du document. Celui-ci apparaît ainsi comme une réponse au sujet (voir le point méthode « Présenter un document »).

L'Humanité, retrace la carrière de Paul Delouvrier qui vient de décéder. À travers les fonctions qu'il a pu exercer, nous pouvons analyser le rôle de l'administration publique dans le gouvernement de la France.

I. Participer à l'exercice de l'exécutif

• Comme membre d'un cabinet ministériel, commissaire au plan (1er paragraphe), délégué général en Algérie (2e paragraphe) ou préfet (4e paragraphe), Paul Delouvrier a exercé des fonctions rattachées au pouvoir exécutif et liées directement au chef du gouvernement (président du Conseil sous la IVe République ou Premier ministre sous la Ve). Il a ainsi participé à la

> **Info**
> Le commissariat général au plan (1946-2006) était chargé de définir les grandes orientations économiques de la France pour des périodes de cinq ans.

HISTOIRE

L'échelle de l'État-nation **CORRIGÉ** 21

gouvernance du pays et incarne la continuité de l'État malgré le changement de constitution.

• Dans le cadre de la planification, Delouvrier a œuvré à la reconstruction et à la modernisation réussies de l'économie nationale. Au service du général de Gaulle entre 1958 et 1961, il a aussi partagé avec celui-ci la difficile gestion du problème algérien dont l'issue est plus discutée : sortie de la crise par la négociation de l'indépendance du territoire que le PCF soutenait, mais échec pour les Français d'Algérie qui attendaient de l'homme du 18 juin 1940 qu'il s'y oppose. Gouverner la France s'avère difficile pour les fonctionnaires dont l'évaluation du bilan dépend des intérêts contradictoires des citoyens.

II. Aménager le territoire

• Comme représentant de l'État (son « délégué », 3e paragraphe), Paul Delouvrier a participé à une autre grande fonction publique : l'aménagement du territoire. En l'occurrence, il revient aux administrateurs de mettre à la disposition de leurs concitoyens les infrastructures dont ils ont besoin : constructions de logements et politique de la ville, ouvrages d'art (ponts, tunnels, dispositifs portuaires) et développement des réseaux de transport (routiers, ferroviaires, fluviaux, aéroports), création d'établissements de formation (écoles) ou de santé (hôpitaux).

Conseil
Toutes les informations que vous attribuez à un document doivent être justifiées. Vous devez prouver leur présence en citant le texte entre guillemets. Par courtoisie pour votre correcteur, localisez aussi l'extrait dans le document.

• Dans ce domaine, les responsables français ont accompli un énorme travail, réussissant à loger, soigner et éduquer une population qui, naturellement ou par immigration, a connu une croissance sans précédent (+ 50 %). Mais, de l'aveu même de Paul Delouvrier, ce bilan doit être nuancé. L'aménage-

Info
Entre 1945 et 1995, la population française passe de 40 à 60 millions d'habitants.

ment urbain auquel il a travaillé n'a pas répondu aux attentes et les banlieues n'offrent pas à ceux qui y vivent les services qu'ils sont en droit d'attendre d'un État moderne. « Un banlieusard est un citoyen mutilé » confie Delouvrier au journal *Libération* peu avant sa disparition (4e paragraphe). Les cités construites dans les années 1970 sont parfois devenues des territoires d'exclusion économique et sociale.

L'échelle de l'État-nation **CORRIGÉ** **21**

III. Diriger une entreprise nationale

• Sur la fin de sa carrière, Delouvrier a présidé des entreprises publiques :
Électricité de France (EDF) et le parc de La Villette à Paris. C'est là une fonction qui s'apparente à celle d'un PDG du secteur privé. Si les finalités ne sont
pas le profit et si le financement n'est pas soumis aux règles du marché, s'il
s'agit toujours de rendre un service public (accès à l'énergie électrique ou
à une forme de culture), le travail revient malgré tout à offrir à la population
des prestations en concurrence avec d'autres fournisseurs d'énergie ou de
produits culturels.

• Dans ces domaines aussi, les agents de l'État n'ont pas à rougir de leur
bilan : tous les Français ont eu un égal accès à l'énergie et à la culture indé-
pendamment de leur lieu de résidence ou de leurs moyens économiques.
Toutefois, si les communistes approuvent la gestion publique d'entreprises,
celle-ci est fortement contestée et remise en cause dans le cadre de la mondialisation libérale. Là aussi, l'évaluation de la gouvernance est difficile à faire
tant le bilan dépend des critères pris en compte.

Conclusion

Exigeant de ses agents compétence et polyvalence, gouverner la France
depuis 1946 est un travail qui n'est pas facile à mener. Si, au regard des défis
surmontés, le bilan est globalement positif, les limites du système français
entretiennent les critiques. En termes strictement économiques, elles justifient
d'importantes remises en cause ; mais le souci d'un développement durable
n'oblige-t-il pas à prendre en compte des critères plus étendus ?

SUJET

22

France métropolitaine • Juin 2013
ÉTUDE CRITIQUE DE DOCUMENTS

Deux conceptions du rôle et de l'action de l'État en France

▶ Montrez que ces deux documents témoignent de conceptions différentes du rôle et de l'action de l'État en France. En quoi le contexte de chacun de ces documents permet-il de comprendre ces conceptions ?

DOCUMENT 1 **Extraits des mémoires de Charles de Gaulle**

Dans ses mémoires, Charles de Gaulle rappelle quelques grands traits du gouvernement de la France après la Seconde Guerre mondiale.

« On peut dire qu'un trait essentiel de la résistance française est la volonté de rénovation sociale. Mais il faut la traduire en actes. Or, en raison de mes pouvoirs et du crédit[1] que m'ouvre l'opinion, j'ai les moyens de le faire. […]

Étant donné que l'activité du pays dépend du charbon, du courant électrique, du gaz, du pétrole et dépendra un jour de la fission de l'atome, que pour porter l'économie française au niveau qu'exige le progrès ces sources doivent être développées, qu'il y faut des dépenses et des travaux que seule la collectivité est en mesure d'accomplir, la nationalisation s'impose.

Dans le même ordre d'idée, l'État se voit attribuer la direction du crédit. En effet, dès lors qu'il lui incombe de financer lui-même les investissements les plus lourds, il doit en recevoir directement les moyens. Ce sera fait par la nationalisation de la Banque de France et des grands établissements de crédit. […]

Enfin, pour amener l'économie nouvelle à s'investir, c'est-à-dire à prélever sur le présent afin de bâtir l'avenir, le "Haut-commissariat au Plan d'équipement et de modernisation" sera créé pendant cette même année. Mais il n'y a pas de progrès véritable si ceux qui le font de leurs mains ne doivent pas y trouver leur compte. Le gouvernement de la Libération entend qu'il en soit ainsi, non seulement par des augmentations de salaires, mais surtout par des institutions qui

L'échelle de l'État-nation **SUJET 22**

HISTOIRE

modifient profondément la condition ouvrière. L'année 1945 voit refondre entièrement et étendre à des domaines multiples le régime des assurances sociales. Tout salarié en sera obligatoirement couvert. Ainsi disparaît l'angoisse, aussi ancienne que l'espèce humaine, que la maladie, l'accident, la vieillesse, le chômage faisaient peser sur les laborieux. [...] D'autre part, un système complet d'allocations familiales est alors mis en vigueur. »

Charles de Gaulle, *Mémoires de guerre, Le Salut*, 1944-1946, Plon, 1959.

_____

1. « ...crédit que m'ouvre l'opinion » : crédit a ici le sens de « confiance de l'opinion » et non le sens financier que le mot prend dans le reste du texte.

DOCUMENT 2   **Déclaration de politique générale du Premier ministre Jacques Chirac devant l'Assemblée nationale, 9 avril 1986**

Le RPR, parti gaulliste, a remporté les élections législatives de 1986. Jacques Chirac, issu du RPR, est alors nommé Premier ministre par le président François Mitterrand.

« Depuis des décennies – certains diront même des siècles –, la tentation française par excellence a été celle du dirigisme d'État. Qu'il s'agisse de l'économie ou de l'éducation, de la culture ou de la recherche, des technologies nouvelles ou de la défense de l'environnement, c'est toujours vers l'État que s'est tourné le citoyen pour demander idées et subsides[1]. Peu à peu, s'est ainsi construite une société administrée, et même collectivisée[2], où le pouvoir s'est concentré dans les mains d'experts formés à la gestion des grandes organisations. Ce système de gouvernement, qui est en même temps un modèle social, n'est pas dénué de qualités : il flatte notre goût national pour l'égalité ; il assure pérennité et stabilité au corps social ; il se concilie parfaitement avec le besoin de sécurité qui s'incarne dans l'État-Providence.

Mais il présente deux défauts rédhibitoires[3] : il se détruit lui-même, par obésité[4] ; et surtout, il menace d'amoindrir les libertés individuelles.

Les Français ont compris les dangers du dirigisme étatique et n'en veulent plus. Par un de ces paradoxes dont l'histoire a le secret, c'est précisément au moment où la socialisation semblait triompher que le besoin d'autonomie personnelle, nourri par l'élévation du niveau de culture et d'éducation, s'exprime avec le plus de force. Voilà d'où naissent sans aucun doute les tensions qui travaillent notre société

L'échelle de l'État-nation **SUJET** 22

depuis des années : collectivisation[2] accrue de la vie quotidienne mais, inversement, recherche d'un nouvel équilibre entre les exigences de la justice pour tous et l'aspiration à plus de liberté pour chacun. »

Cité dans Serge Berstein, *Le Gaullisme*, Documentation photographique n° 8 050, 2006.

1. Subside : aide financière.
2. Collectivisée, collectivisation : références au modèle soviétique, utilisées comme argument dans le débat politique.
3. Rédhibitoire : inacceptable.
4. Idée que le dirigisme accroîtrait le poids de l'État et le rendrait moins efficace.

LES CLÉS DU SUJET

■ Lire la consigne

Le sujet « Gouverner la France » porte sur la manière dont les autorités françaises entendent diriger le pays. La consigne invite surtout à **confronter** deux conceptions différentes du rôle de l'État à deux moments distincts de l'histoire nationale : 1945 et 1986. La deuxième partie de la consigne est importante : elle donne la problématique. Les conceptions des deux auteurs ne sont pas à exposer pour elles-mêmes mais à mettre en relation avec le contexte de référence. Il s'agit donc de montrer que le général de Gaulle et Jacques Chirac ne gouvernent pas seulement en fonction de la vision qu'ils ont de l'État, mais qu'ils sont aussi **soumis à l'influence des circonstances** historiques ou des rapports de force qui les environnent. **Attention au piège** : il faut analyser le **rôle de l'État** et non de ses représentants (président de la République, Premier ministre ou gouvernement).

■ Analyser les documents

Les deux textes sont écrits par deux hommes issus d'un **même mouvement politique**, Jacques Chirac se réclamant du **gaullisme** incarné par le premier. Mais les contextes sont très différents. Le général de Gaulle s'exprime dans le cadre de *Mémoires* et y expose sa conception telle qu'il dit l'avoir eu à la Libération, moment où la France était affaiblie et où l'État était le seul garant de la reconstruction. Chirac s'exprime trente ans plus tard : la France a retrouvé son statut de puissance mais, dans un contexte de difficultés économiques, il doit faire face à une situation inédite de **cohabitation**.

L'échelle de l'État-nation **CORRIGÉ 22**

■ Définir les axes de l'étude

Le contenu du deuxième document, qui parle plus du rôle de l'État que de ses modes d'actions, invite à suivre la consigne pour présenter les deux documents en introduction, puis exposer les différences entre les deux conceptions (1re partie), avant d'expliquer celles-ci par référence au contexte (2e partie). Il faut surtout montrer que, malgré leur parenté politique, les deux hommes expriment **des points de vue qui s'opposent**.

CORRIGÉ 22

HISTOIRE

POINT MÉTHODE

Les différents types de documents en histoire

Les documents proposés pour une étude critique ne sont pas tous de même portée. On peut en distinguer de **trois types.**

❶ Les documents **officiels** qui font **événement.** Ce sont des traités, des lois ou des décisions qui ont pour effet de changer l'ordre des choses. Exemple : la déclaration de Jacques Chirac qui vaut pour programme d'action.

❷ Les documents **opinions** ou **témoins.** Images ou textes, ils exposent ou illustrent un **point de vue** et n'engagent que leur auteur. Exemple : dans ses *Mémoires,* le général de Gaulle donne un avis *a posteriori* qui n'a plus d'effet sur le déroulement de l'histoire.

❸ Les documents **didactiques.** Ce sont des cartes, des tableaux statistiques, des graphiques. Ces documents proposent des données traitées *a posteriori* pour mettre en évidence une information. Ils n'ont aucune incidence sur le cours de l'histoire qu'ils évoquent.
Ces différences obligent à critiquer ces documents de manières distinctes.

Les titres en couleurs servent à guider la lecture et ne doivent en aucun cas figurer sur la copie.

Introduction

Entre 1946 et 1986, la France a connu une phase de transition (Gouvernement provisoire de la République française ou GPRF) et deux Républiques

L'échelle de l'État-nation **CORRIGÉ** 22

(IVᵉ et Vᵉ). À sa tête se sont succédé des hommes qui n'avaient pas la même conception du rôle de l'État, y compris dans la même famille politique. Les deux documents permettent d'en témoigner. Extrait des *Mémoires de guerre* du général de Gaulle, le premier expose la conception que celui-ci avait du rôle de l'État au sortir de la guerre, dans une France meurtrie par l'occupation et nécessitant une reconstruction de ses institutions et de son économie. Trente plus tard, après une phase de croissance forte (les Trente Glorieuses), le pays connaît de nouvelles difficultés économiques et se trouve plongé dans une situation de cohabitation inédite. Nommé Premier ministre par François Mitterrand, le gaulliste Jacques Chirac présente à l'Assemblée nationale sa vision de la gouvernance de l'État. En quoi le contexte le conduit-il à énoncer une doctrine contraire à celle défendue par celui dont il se réclame ?

I. Des conceptions opposées

• Face à un président socialiste, Jacques Chirac affirme sa différence : il s'oppose à toute conception dirigiste de l'État qu'il considère comme nocive. Il utilise un vocabulaire choisi (« société collectivisée », « socialisation ») qui lui permet de se distinguer de l'ancienne majorité socialiste. Il rejette la technocratie des « experts » et les nationalisations au nom des libertés individuelles. Il justifie ainsi la politique de privatisations pour laquelle il a fait campagne.

• Paradoxalement, Jacques Chirac se positionne donc à l'antithèse de celui dont il se réclame. Le général de Gaulle, en effet, évoque une conception dirigiste de l'État. Il présente celui-ci comme étant le « seul » organe directeur possible (« seule la collectivité » écrit-il). L'État, pour lui, doit donner l'impulsion financière et agir comme commanditaire de travaux, entrepreneur (« la nationalisation s'impose »), planificateur (*via* un « Haut-commissariat ») et soutien social au nom du progrès grâce à un « système complet d'allocations ».

Dans ces documents, les deux hommes semblent à l'opposé. Comment expliquer ce paradoxe, sachant qu'ils appartiennent à la même famille politique ?

II. L'influence du contexte

• La position du général de Gaulle s'explique par la situation de la France en 1945. Tout est alors à reconstruire et seul l'État peut se porter garant des actions et investissements. Face aux déportés et aux familles démunies, il est aussi dans l'urgence. Au sein du GPRF, il doit encore composer avec ses alliés du moment, des ministres communistes et socialistes, et ce dans l'esprit interventionniste du programme du Conseil national de la Résistance. Comme militaire enfin, de Gaulle est un homme d'ordre et d'autorité que le dirigisme n'effraie pas.

L'échelle de l'État-nation **CORRIGÉ** **22**

• Jacques Chirac est dans une position opposée. La France connaît des difficultés économiques mais sa population est bien protégée par l'État-providence. Chirac est surtout l'adversaire de la gauche socialiste qui incarne les nationalisations (celles de 1982) et l'interventionnisme d'État. Face à l'électorat d'une droite libérale encouragée par les bons résultats observés dans la Grande-Bretagne de Margaret Thatcher et aux États-Unis du président Ronald Reagan, il a tout intérêt à plaider pour le désengagement de l'État.

Conclusion

Ainsi le changement de contexte explique-t-il le retournement observé au sein du mouvement gaulliste. Sauf à remettre en cause le gaullisme de Jacques Chirac, ce renversement idéologique témoigne du pragmatisme de ses dirigeants.

HISTOIRE

SUJET

23

Polynésie française • Juin 2016
COMPOSITION

Le projet d'une Europe politique, des traités de Rome à l'UE à 28 États

LES CLÉS DU SUJET

■ **Analysez le sujet**

Les termes du sujet

Terme	Définition
Europe politique	La notion renvoie au projet d'unir les pays européens. Elle ne recouvre pas tout le continent mais ne se limite pas non plus aux seuls États membres de cette union.
Traités de Rome	Signés en 1957 par six États (Belgique, Pays-Bas, Luxembourg, France, RFA et Italie), ils donnent naissance à la Communauté économique européenne (CEE) et à l'Euratom.

La problématique

L'objectif est d'analyser en quoi le projet initial d'une Europe politique s'est ou non mis en place. Il faut donc montrer – suivant une approche chronologique – comment les liens politiques entre les États membres se sont renforcés au fil du temps et, puisque l'Europe reste inachevée et contestée, de quelle manière le projet peut être remis en cause.

■ **Utilisez les mots justes**

• En ce qui concerne le projet d'Europe politique, vous devez différencier :
– l'unionisme (union respectant la souveraineté des États) et le fédéralisme (union soumettant les États à des instances supranationales) ;
– le souverainisme, qui récuse l'union au nom de l'indépendance nationale, et l'euroscepticisme, qui exprime des doutes sur l'union.
• Attention à bien distinguer également :
– la Communauté économique européenne (CEE) qui associe les États membres autour d'institutions économiques (1957-1992), et l'Union européenne qui étend l'association à des institutions politiques, sociales ou régaliennes (police, monnaie, etc.) ;

L'échelle continentale **CORRIGÉ** **23**

HISTOIRE

– le marché commun de 1968, un espace libre de droits de douane mais maintenant les frontières, et l'Acte unique de 1986 qui fait disparaître les postes-frontières.

■ Évitez les pièges

• Il ne s'agit pas de limiter la copie à un historique de la construction européenne de 1957 (traités de Rome) à nos jours (2013, l'UE à 28). Le sujet tel qu'il est défini dans le programme et la présence du mot « projet » dans l'énoncé invitent à partir des objectifs et des ambitions initiales, tels que les pères fondateurs les ont discutés à la conférence de La Haye dès 1948.

• Pour chaque avancée du projet, veillez à présenter les oppositions rencontrées ou les contre-projets : Association européenne de libre-échange (AELE) ou plan Fouchet par exemple.

• Distinguez le projet politique, dont le but est de resserrer les liens entre les États membres, et les moyens de l'atteindre, la coopération économique notamment.

• Ne posez pas en fin de copie le projet comme accompli : la construction européenne est un processus inachevé. Montrez-le en citant les chantiers encore ouverts (Europe sociale, fiscale, etc.) et en évoquant les revendications de sortie de l'UE exprimées par certains acteurs.

CORRIGÉ **23**

POINT MÉTHODE

Dégager la problématique d'un sujet de composition

L'épreuve d'histoire-géographie vous invite à développer un sujet pour en tirer une conclusion. Poser une problématique n'est pas obligatoire, mais elle donne du sens à l'exposé des connaissances.

Pour bien faire ce travail, on peut suivre trois étapes :

1 **Extraire le sujet de l'énoncé** : celui-ci est généralement le mot qui occupe la fonction grammaticale sujet de l'énoncé. Ici, c'est « projet ».

2 **Définir le mot qui caractérise le mieux ce sujet** et qui servira pour la conclusion. Ici, le projet peut être qualifié d'« inachevé ».

3 **Dégager la problématique** : l'opération consiste à se demander si (en quoi ou dans quelle mesure) le sujet (projet) est bien ce qu'on veut en dire (inachevé).

Les titres en couleur servent à guider la lecture et ne doivent en aucun cas figurer sur la copie.

Introduction

• Victor Hugo en prophétisait l'avènement (1849), Aristide Briand pensait en jeter les bases avec la Société des Nations. Dans une Europe en ruines après la Seconde Guerre mondiale et face à la peur du communisme soviétique, le projet d'une Europe politique s'impose en 1948 comme une solution d'avenir. Sous l'impulsion des États-Unis soucieux de contenir l'expansionnisme de l'URSS, les Européens se réunissent à La Haye pour discuter de leur avenir commun. Les projets qui y sont exposés prennent ensuite corps à travers la CEE puis l'Union européenne.

• En quoi un projet s'est-il affirmé aux dépens d'un autre à travers des institutions assez solides pour servir de modèle ? Après avoir présenté les objectifs et les organisations qu'adoptent les Européens (1948-1974), nous verrons l'évolution des institutions d'origine (1975-1995), avant de faire le point sur l'état du projet (1996-2013).

I. 1948-1974 : un projet politique par la voie économique

1. Des objectifs ambitieux dans le cadre de la guerre froide

• L'Europe sort ruinée et divisée de la Seconde Guerre mondiale. Occupée, l'Allemagne est exsangue. Victorieux, le Royaume-Uni est épuisé. L'Armée Rouge impose son ordre dans la moitié Est du continent qu'elle a libérée. En 1946, Winston Churchill, inquiet, dénonce le rideau de fer qui sépare l'Europe en deux blocs antagonistes.

• Entre l'Est et l'Ouest, deux modèles de société s'opposent. En 1947, la « conférence de la dernière chance » (Londres) pour tenter de les faire coexister échoue. Les deux systèmes sont incompatibles et se menacent l'un l'autre.

• Pour contenir l'extension du communisme et aider à la reconstruction de l'Europe, les États-Unis proposent le plan Marshall (1947). Les Européens sont invités à se partager les fonds donnés par les Américains. À cette fin, l'OECE est créée (Bruxelles, 1948), puis l'Union européenne de paiement (1951).

2. Des visions différentes de l'Europe politique

• Soucieux de donner un cadre politique au travail économique de reconstruction et de promouvoir une réconciliation entre les peuples européens, Churchill réunit leurs représentants à La Haye (1948). Le congrès est l'occasion d'un débat sur l'Europe politique à construire.

L'échelle continentale **CORRIGÉ** **23**

HISTOIRE

• Chef de file des unionistes, Churchill présente le projet d'une Europe sans frontière sur le modèle du Benelux institué le 1er janvier 1948. Proposé par les chrétiens-démocrates (Paul-Henri Spaak, Jean Monnet, Robert Schuman), un projet fédéraliste lui oppose la mise en place d'un espace démocratique (sur la base des droits de l'homme) de libre circulation des richesses.

• Le 5 mai 1949, le traité de Londres institue le Conseil de l'Europe (Strasbourg) qui a vocation à « promouvoir les idéaux et les principes qui sont leur patrimoine commun et de favoriser leur progrès économique et social ». Entre les deux projets, le choix n'est pas encore fixé.

3. La communauté économique des Six

• Pour aider à la reconstruction, Jean Monnet propose alors un plan d'action : mettre en commun le charbon et l'acier pour mieux coordonner les efforts des nations volontaires. En 1950, six États (Allemagne, Benelux, France, Italie) s'accordent en ce sens. Sous contrôle de leurs représentants (un conseil des ministres, une assemblée issue des parlements nationaux et une cour de justice), une instance supranationale (la Haute Autorité) est créée.

• En 1957, l'expérience est étendue à l'énergie atomique civile (Euratom) et à l'ensemble de l'économie (traités de Rome). Les Six se fixent trois objectifs : reconstruire leurs pays, reconquérir ensemble la première place mondiale et contenir la menace soviétique. L'économie est ainsi posée comme moyen d'établir une Europe politique libérale. Quelques années plus tard, le Marché commun (1968) tisse des liens qui créent une interdépendance entre les États membres.

• Les partisans d'une « Europe des patries » (général de Gaulle) résistent au modèle fédéraliste qui semble se mettre en place. Au nom de l'indépendance nationale des États, ils s'opposent à la création d'une Communauté européenne de défense (CED, 1954) et tentent d'imposer leurs vues (plan Fouchet, 1961). Ils échouent mais obtiennent malgré tout la création d'un Conseil européen (1974) qui renforce le pouvoir des chefs d'État face à la commission de Bruxelles.

[Transition] Un embryon d'Europe politique étendu à neuf États (1973) et tissant des liens économiques dans l'espoir d'atteindre ses objectifs politiques (réconciliation et résistance à l'URSS) s'est ainsi constitué. Mis à l'épreuve par l'évolution du bloc de l'Est, il se réforme.

L'échelle continentale **CORRIGÉ** 23

II. 1975-1995 : le renforcement des liens politiques et le passage à l'Union

1. L'élargissement communautaire et institutionnel

• La crise pétrolière et la concurrence de nouveaux pays industriels obligent l'Europe à resserrer ses liens. En 1979, l'Europe se dote d'un système monétaire (SME) et d'une monnaie commune de référence (ECU). Cet outil lie les monnaies entre elles mais il limite aussi un pouvoir régalien des États : celui de contrôler leur monnaie.

• La création d'un Parlement (Strasbourg) élu au suffrage universel (1979) vise à rendre plus visible la réalité politique de la Communauté. Elle renforce aussi le pouvoir de contrôle des représentants des peuples européens. L'élargissement de la Communauté (de 9 à 15 membres) témoigne de l'attractivité et de la solidité du modèle.

2. Nouveau contexte et nouveaux défis politiques

• La fin des Trente Glorieuses soulève de nouveaux problèmes. La coopération économique s'en trouve relancée et la levée des barrières douanières confortée. Les accords de Schengen (1985) et l'Acte unique (1986) accomplissent le vœu que Churchill avait énoncé de voir disparaître les frontières entre les peuples de l'Europe.

• Mais l'augmentation du nombre d'États membres complique le fonctionnement de la Communauté. Par ailleurs, les bouleversements à l'Est (chute du rideau de fer, 1989) ouvrent de nouveaux horizons. Des réformes s'imposent.

3. La mise en place d'une Europe politique

• D'une communauté économique à fins politiques, les partisans de l'Europe veulent passer à une Union politique qui renforcerait l'audience de la communauté sur la scène internationale. Par le traité de Maastricht (1992), la CEE se transforme en Union européenne.

• Une citoyenneté européenne est instituée pour tous les ressortissants des États membres. Le Parlement européen voit ses pouvoirs renforcés. L'UE décide de la création d'une monnaie commune (l'euro, 2002) et d'une Banque centrale européenne (dont le siège est à Francfort) qui renforcera les liens politiques entre les États.

• L'Europe politique s'affirme, mais sous l'impulsion des souverainistes qui craignent toujours que leur pays perdent leur indépendance, le principe de l'unanimité se maintient pour toute prise de décision importante. Entre fédéralistes et partisans d'une Europe des États, le débat n'est pas encore tranché.

[Transition] L'Europe politique a profité de ses performances économiques pour franchir une étape décisive. Mais elle devient plus difficile à gérer.

L'échelle continentale **CORRIGÉ 23**

III. 1995-2019 : une Europe politique renforcée mais moins populaire

1. Vers une Europe fédérale renforcée ?

• L'Europe réformée poursuit son élargissement. De 15 membres, elle passe brutalement à 25 (2004), puis 27 (2007) et 28 (2013). Cette extension scelle la victoire de l'Europe libérale sur le bloc communiste et témoigne de la réussite du modèle. Mais elle accentue les problèmes. Les déséquilibres économiques et les disparités sociales faussent la concurrence alors que le principe d'unanimité paralyse le système. Il offre même la possibilité à des États de procéder à des marchandages peu démocratiques.

• Pour pallier ces défauts, l'Union tente de se doter d'une constitution (TCE, 2005) ; mais le traité est rejeté par les électeurs français et néerlandais. Un nouveau traité (Lisbonne) est soumis à l'approbation des parlements nationaux en 2007. Le Parlement voit ses pouvoirs législatifs encore renforcés. Surtout, le principe de la majorité qualifiée remplace celui de l'unanimité. Pour unifier la politique extérieure de l'UE sont créés une présidence européenne et un secrétariat aux Affaires étrangères. Une Europe politique fédérale s'affirme.

2. Euroscepticisme et nouveaux défis politiques

• La crise financière (2008) et celle de la dette qui secoue la zone euro (2011) créent des tensions et des rancœurs entre les États membres. L'Europe oblige à une solidarité continentale mal vécue par les peuples appelés à l'aide d'une part (les Allemands, par exemple) et par ceux soumis à de sévères politiques d'austérité d'autre part (Grecs ou Portugais).

• L'impopularité de l'UE dans un contexte de renouveau des nationalismes multiplie les discours de remise en cause de l'Union. Le 23 juin 2016, par voie de référendum, les électeurs britanniques ont choisi d'en sortir. En Hongrie, la politique du Premier ministre Viktor Orban pose la question du respect, par ce pays, des valeurs fondatrices de la communauté.

Conclusion

La longue construction de l'Europe politique a montré la capacité des peuples concernés à surmonter leurs anciennes rivalités et les nombreux obstacles techniques posés par l'unification. Mais cette prudente lenteur et les hésitations entre visées fédéralistes et défenses des intérêts nationaux a conduit à mettre en place des institutions complexes. Inachevée et de plus en plus impopulaire, l'Union est condamnée à poursuivre ses expériences et réformes sous peine d'imploser.

HISTOIRE

SUJET

24

France métropolitaine • Septembre 2016

ÉTUDE CRITIQUE DE DOCUMENT

Le projet d'Europe politique après le congrès de La Haye

▶ Situez le document dans son contexte et présentez la conception de l'Europe politique défendue par Jean Monnet. Le document permet-il d'identifier et d'analyser d'autres projets d'Europe politique ?

DOCUMENT   « Les États-Unis d'Europe »

Nous nous trouvons à un moment opportun pour parler de la création de l'Europe. Dans peu de mois, la Communauté européenne du charbon et de l'acier sera une réalité. [...] Après un an de travail, le traité établissant la Communauté européenne de défense sera bientôt signé par les gouvernements qui participent déjà au plan Schuman. L'application du plan Schuman va entraîner la suppression, en ce qui concerne le charbon et l'acier, des droits de douane, des contingents entre les pays participants ainsi que de toutes les pratiques discriminatoires et restrictives.

[...] Les institutions créées par le plan Schuman et le plan Pleven[1] ouvriront une brèche dans la citadelle de la souveraineté nationale qui barre la route à l'unité de l'Europe [...]. Depuis mille ans, la souveraineté nationale s'est manifestée en Europe par le développement du nationalisme et par de vaines et sanglantes tentatives d'hégémonie d'un pays sur les autres. Dans le système des accords internationaux, les intérêts nationaux restent souverains, les gouvernements retiennent tous les pouvoirs, les décisions ne peuvent être prises qu'à l'unanimité. Finalement, les Européens restent divisés entre eux. [...] L'établissement d'institutions et de règles communes assurant la fusion des souverainetés nationales unira les Européens sous une autorité commune et éliminera les causes fondamentales des conflits. [...]

La Grande-Bretagne, en raison surtout de sa position particulière comme centre du Commonwealth, n'a pas jugé pouvoir apporter sa pleine participation lorsque le plan Schuman, puis l'armée européenne

L'échelle continentale **SUJET** **24**

ont été proposés. Nous comprenons ses raisons. Nous serons toujours heureux de l'accueillir parmi nous. […]

Nous sommes résolus à faire l'unité de l'Europe et à la faire rapidement. Avec le plan Schuman et avec l'armée européenne, nous avons posé les fondations sur lesquelles nous pourrons construire les États-Unis d'Europe, libres, vigoureux, pacifiques et prospères.

Jean Monnet, discours prononcé
devant le National Press Club,
Washington, le 30 avril 1952

---

1. Projet de Communauté européenne de défense. René Pleven était président du Conseil en 1950.

HISTOIRE

LES CLÉS DU SUJET

■ Lisez la consigne

• La consigne commence par demander de « **situer le document dans son contexte** ». Dans une étude de document, il est en effet recommandé de présenter celui-ci.

• La consigne est centrée sur « **la conception de l'Europe politique** » de Jean Monnet. Il s'agit donc d'analyser une vision de l'Europe telle qu'elle est présentée au début des **années 1950**.

• La consigne évoque également « **d'autres projets** » qui apparaîtraient dans le document. Ceux-ci viennent ici en contrepoint de celui de Monnet.

■ Analysez le document

• Le texte est un discours. Il expose le **point de vue** de son auteur. C'est un document **opinion**. Énoncé devant le National Press Club, il expose toutefois une position **officielle**.

• **Jean Monnet** est un homme politique français, commissaire au Plan de 1945 à 1952. Depuis 1950, il travaille à la construction de la communauté européenne. Il en est **un des pères fondateurs**.

• Le discours date du 30 avril 1952, pratiquement deux ans après le lancement d'un projet de fédération européenne (**9 mai 1950**) et un an après le **traité de Paris** (1951) instituant l'Europe des Six (Haute Autorité, Cour de justice, Conseil des ministres et Assemblée commune).

151

L'échelle continentale **CORRIGÉ 24**

■ **Définissez les axes de l'étude**

• Le sujet met l'accent sur l'idée de « **projet d'Europe politique** » au début des années 1950. Le but est donc ici de définir ou **caractériser ce projet**.

• Il faut l'analyser dans ses **différents aspects** : économique, militaire, politique. Ceux-ci doivent être mis en évidence et expliqués en s'appuyant sur le texte, mais également sur vos connaissances concernant la période de l'après-guerre.

• Identifier les « **autres projets** » dans une partie autonome risquerait de déséquilibrer le devoir. Il vaut mieux les évoquer thème par thème **au fil de l'étude**.

CORRIGÉ 24

Les titres en couleurs servent à guider la lecture et ne doivent en aucun cas figurer sur la copie.

Introduction

[Contexte] Pour se reconstruire après la Seconde Guerre mondiale, l'Europe de l'Ouest bénéficie de l'aide américaine (plan Marshall en 1947). Elle a besoin, toutefois, de trouver ses propres solutions. À la suite du congrès de La Haye en 1948, des projets en ce sens sont avancés.

[Problématique] Parmi toutes les visions de l'Europe présentées, quelle conception s'affirme alors le plus nettement ?

[Présentation des documents et annonce du plan] En avril 1952, devant le National Press Club à Washington, Jean Monnet présente « les États-Unis d'Europe ». Officiel, son discours explique le projet de communauté lancé deux ans auparavant, le 9 mai 1950, et dont les premières pierres ont été posées lors du traité de Paris de 1951. En tant que commissaire au Plan, Monnet a déjà travaillé à la reconstruction économique de la France. Avec Robert Schuman et Konrad Adenauer, il œuvre à favoriser la coopération franco-allemande. À la veille du lancement de la Communauté européenne du charbon et de l'acier (CECA) en août 1952, il rappelle les grandes lignes du projet en construction.

L'échelle continentale **CORRIGÉ** 24

I. Un projet d'Europe économique déjà lancé

• Détruits par la guerre, les États européens ont le souci de se reconstruire. Au-delà, ils ambitionnent de retrouver la première place économique qu'ils occupaient dans le monde avant la guerre.

• Dans cette optique, six États (Italie, République fédérale d'Allemagne, France, Belgique, Pays-Bas et Luxembourg) lancent l'idée d'une Communauté européenne du charbon et de l'acier (l. 2-3). Elle vise à favoriser la libre circulation de ces deux produits (« suppression des droits de douane », l. 6-7).

> **Conseil**
> Vos réponses doivent être justifiées par des renvois au texte en se référant à la ligne ou au paragraphe. Un tel renvoi peut se faire aussi par une citation.

• Une Haute Autorité sous le contrôle des parlements des Six doit coordonner les politiques économiques des États membres (institutions du plan Schuman, l. 10).

• Les libéraux anglais et scandinaves expriment cependant leurs préférences pour un simple espace de libre-échange. L'existence du Commonwealth pose aussi un problème de confusion entre les marchés (l. 22-24).

[Transition] Le projet exposé par Monnet semble bien avancé sur le plan économique. Qu'en est-il sur le plan militaire ?

II. Un projet d'Europe de la défense plutôt compromis

• L'Europe de l'Ouest est sous la protection des États-Unis. Depuis sa création en 1949, la plupart des pays sont membres de l'Organisation du traité de l'Atlantique nord (OTAN). Les Européens entendent malgré tout développer leur indépendance militaire.

• Un projet d'Europe de la défense visant à unir les armées des pays membres et à coordonner leur formation est avancé (l. 4).

• Mais d'importantes réticences s'expriment sur ce point. Les opinions publiques en France et dans les pays du Benelux (Belgique, Luxembourg, Pays-Bas) désapprouvent l'idée d'un réarmement de l'Allemagne. Les partis souverainistes (gaullistes en France) refusent un projet qui mettrait en cause l'indépendance nationale. Puissants en France et en Italie, les partis communistes rejettent une institution qui a vocation à s'opposer à l'URSS.

[Transition] Très contesté, le projet militaire européen est fragile et sa mise en œuvre paraît difficile. Une telle évolution suppose des convergences politiques et idéologiques renforcées. Quel projet institutionnel Monnet envisage-t-il pour aller en ce sens ?

HISTOIRE

L'échelle continentale **CORRIGÉ** 24

III. Un projet d'Europe fédérale qui reste en débat

• À trois reprises, Monnet invoque « l'unité » du continent. Une autre fois (l. 18), il exprime sa volonté de
lutter contre la « division » des Européens entre eux.
Il évoque encore l'union dans le projet de « construire
les États-Unis d'Europe » (l. 29-30). La référence suggère la création d'un système fédéral, idée renforcée
par celle de « fusion des souverainetés nationales […]
sous une autorité commune » (l. 19-20).

Info
Le fédéralisme s'oppose
au modèle unioniste,
préconisant une simple
coopération entre États,
notamment proposé
par Winston Churchill
au congrès de La Haye
en 1948.

• Son souci est d'écarter la guerre en Europe (en éli-
minant « les causes fondamentales des conflits », l. 21) et de réconcilier les
ennemis d'hier (les Allemands et leurs voisins de l'Ouest). Pour ce faire, il faut
lever les facteurs de blocage (« les intérêts nationaux » et les décisions « à
l'unanimité », l. 16 et 17) et rendre l'Europe politiquement plus efficace.

• Monnet parle d'ouvrir une « brèche dans la citadelle de la souveraineté
nationale » (l. 11). Il fait référence ici aux oppositions et aux projets concurrents du sien. Jaloux de leur indépendance nationale, souverainistes et nationalistes rejettent l'idée de fédération et expriment leur préférence pour un
système d'alliances plus traditionnel.

Conclusion

En 1952, Monnet présente le projet ambitieux d'une
Europe politique. Encore en gestation, ses « États-
Unis d'Europe » se veulent fédéralistes dans le cadre
d'une économie libérale établie à des fins de prospérité dans la paix. Toutefois, l'union qu'il préconise
n'avance pas à la même vitesse selon les domaines et
son modèle doit encore faire ses preuves. Il compte
sur l'économie pour convaincre, la CECA ayant vocation à s'étendre à l'énergie, à l'agriculture et à toutes
les marchandises. Transformé en Communauté économique européenne (CEE) en 1957, le projet saura-
t-il séduire les sceptiques et balayer les résistances ?

Conseil
En conclusion, il est
possible d'évoquer le
devenir du texte, grâce
à vos connaissances
sur les institutions
futures de l'Europe.
En ouverture, vous
pouvez même poser
des hypothèses sur
l'avenir de la construc-
tion européenne.

SUJET

25

Amérique du Sud • Novembre 2017
ÉTUDE CRITIQUE DE DOCUMENTS

Les étapes et les hésitations de la construction européenne

▶ En confrontant les deux documents, montrez les étapes et les hésitations de la construction européenne.

DOCUMENT 1 — **Extraits de l'allocution de François Mitterrand, président de la République française, à Strasbourg, au Parlement européen (24 mai 1984)**

Lorsque, en mai 1948, trois ans exactement après la fin de la guerre, l'idée européenne a pris forme, c'était au Congrès de La Haye. J'y étais, et j'y croyais. Lorsque, en 1950, Robert Schuman a lancé le projet de la Communauté européenne du charbon et de
5 l'acier, j'y adhérais et j'y croyais. Lorsque, en 1956, le vaste chantier du Marché commun s'est ouvert, avec la participation très active du gouvernement français de l'époque, j'y étais et j'y croyais. Et aujourd'hui, alors qu'il nous faut sortir l'Europe des Dix de ses querelles et la conduire résolument sur les chemins de l'avenir, je puis le
10 dire encore, j'en suis et j'y crois. […]

On peut dire aujourd'hui que la Communauté a atteint ses premiers objectifs hérités de la guerre. Au départ, il fallait réconcilier, rassembler, atteler à une œuvre commune des peuples déchirés par la force et le sang. C'est fait. Maintenant, l'alternative est : ou bien
15 de laisser à d'autres, sur notre continent, hors de notre continent, le soin de décider du sort de tous, et donc du nôtre, ou bien de réunir la somme des talents et des capacités […] qui ont fait de l'Europe une civilisation pour, selon un mot que j'aime de Walt Whitman[1] « qu'elle devienne enfin ce qu'elle est ». […]

20 Quoiqu'il en soit, la Communauté vit et travaille. […] Elle a, en particulier, engagé sans retour le processus d'adhésion de l'Espagne et du Portugal. N'allons-nous pas aggraver les tensions, réduire la cohésion de l'actuelle Communauté, ou bien est-il concevable que les conditions de l'intégration économique puissent d'ici longtemps
25 être remplies ? Il est des attitudes commodes. Dire oui *a priori* à

HISTOIRE

l'élargissement, par souci de plaire aux pays candidats, sans en tirer les conséquences pratiques ; ou dire non, quoi qu'il arrive, en refusant tout examen. Refusons ces facilités. [...]

L'Europe [...] qui possède plus des deux tiers des régimes libres du monde, serait-elle incapable de consolider ses institutions et d'agir d'un même mouvement, là où il le faut, force de paix et d'équilibre entre les plus puissants, force de justice et de progrès entre le Nord et le Sud ? Non, je ne le crois pas.

Source : http://discours.vie-publique.fr, consulté le 7 octobre 2016.

1. Walt Whitman : poète et humaniste américain (1812-1896).

DOCUMENT 2 — L'Union européenne : élargissements et hésitations

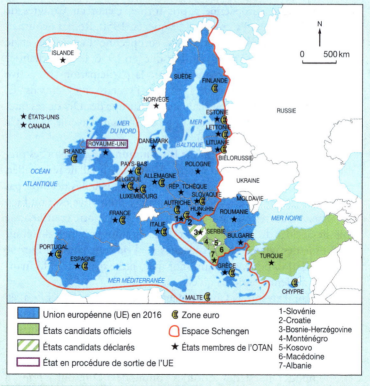

L'échelle continentale **SUJET 25**

HISTOIRE

LES CLÉS DU SUJET

■ Lisez la consigne

• La consigne donne clairement le plan. L'étude consiste à traiter successivement des **étapes** de la construction européenne (institutions et élargissements) de 1948 à nos jours, puis les **hésitations** qui ressortent du discours de François Mitterrand d'une part, et des défauts de cohésion apparaissant sur la carte d'autre part.

• Confirmée par le titre de la carte, l'invitation à **confronter** les documents oblige à utiliser les deux dans chaque partie, à les combiner, à voir comment le second peut illustrer les propos énoncés dans le premier.

■ Analysez les documents

• Le premier document est un **discours officiel** de François Mitterrand, président de la République française, et à ce titre responsable de la politique extérieure d'un **pays fondateur** et moteur de la construction européenne. Il est énoncé à **Strasbourg**, devant les **représentants des États membres**, en 1984, 27 ans après la naissance de la Communauté économique européenne (CEE), deux ans avant l'adhésion de l'Espagne et du Portugal, et dans un temps fort de la guerre froide (fin de la crise des euromissiles, prémices de l'effondrement soviétique). Le discours revient sur l'histoire de la construction européenne.

• Le second document est une carte, **document didactique** qui permet d'analyser l'état de l'Union européenne en **2016**, non seulement son extension, mais aussi son **hétérogénéité** et le cas d'un État (le Royaume-Uni) en situation de quitter l'Union (Brexit). Il complète le discours de François Mitterrand concernant les étapes de la construction européenne, et il illustre certaines difficultés pressenties par le président français en 1984.

■ Définissez les axes de l'étude

• Deux axes sont donnés par la consigne : les **étapes** puis les **hésitations**. C'est au sein de chacun d'eux qu'il faut extraire des documents des idées de sous-parties.

• Pour les étapes, on peut distinguer celles de la création des **institutions**, puis les temps forts de **l'élargissement**. Sur les hésitations, on s'appuiera sur la question de la **cohésion** posée par le président français, selon le point de vue du fonctionnement des institutions d'une part, puis des différences de projet entretenues par les États membres d'autre part.

L'échelle continentale **CORRIGÉ 25**

CORRIGÉ 25

Les titres en couleurs servent à guider la lecture et ne doivent en aucun cas figurer sur la copie.

Introduction

[Contexte] Le 23 juin 2016, les citoyens britanniques votent en faveur de la sortie de l'Union européenne (UE). Le projet commun s'en trouve fragilisé. Comment en est-on arrivé là ? Comment est-on passé d'un projet très attractif en 1948 à une union chahutée et hésitante en 2016 ?

[Problématique] Dans quelle mesure « les chemins de l'avenir » européen (doc. 1, l. 9) sont-ils menacés ?

[Présentation des documents et annonce du plan] Le 24 mai 1984, devant les députés européens réunis à Strasbourg, le président français François Mitterrand, chef d'un des principaux pays fondateurs de la Communauté économique européenne (CEE), fait le bilan de 35 ans de partage communautaire (document 1). Il en rappelle les étapes tout en précisant les obstacles à franchir pour prolonger le chemin parcouru. La carte de l'Union européenne telle qu'elle se présente 32 ans plus tard (document 2) permet d'évaluer la réussite et les limites du projet.

I. Les étapes : la marque d'une forte attractivité

• Le projet européen s'est d'abord construit sur une base économique testée dès 1950 dans le cadre d'une association de six pays visant à favoriser la libre circulation de deux produits : c'est la Communauté européenne du charbon et de l'acier (CECA). Le succès de l'opération aboutit à la création par le traité

> **INFO**
> La communauté se construit par traités auxquels chaque État membre est libre d'adhérer ou non.

de Rome (1957) d'une communauté économique européenne (CEE). Celle-ci vise en particulier à l'établissement d'un « Marché commun » (doc. 1, l. 6). La représentation politique de la CEE est assurée par un Parlement, élu à partir de 1979 au suffrage universel direct. Le document 2 montre le chemin parcouru par la suite : le passage en 1995 à l'Union européenne (suite au traité de Maastricht signé en 1992) et le développement de nouvelles institutions comme la zone euro ou l'espace Schengen.

• La réussite de l'Europe se mesure à son élargissement progressif, preuve de son attractivité. Elle est ainsi passée de six États en 1957 (Allemagne, Belgique, France, Italie, Luxembourg, Pays-Bas) à 28 en 2016 (doc. 2). La CEE a d'abord été rejointe, en 1973, par le Royaume-Uni, l'Irlande et le Danemark. Quand François Mitterrand prononce son discours en 1984, « l'Europe des Dix » (doc. 1, l. 8) – avec en plus la Grèce – s'apprête à accueillir l'Espagne et le Portugal (doc. 1, l. 21-22) deux ans plus tard. Au moment du passage à l'Union en 1995, 15 États membres la composent. Ils sont 25 en 2004 après l'entrée de dix pays méditerranéens et d'Europe de l'Est, puis 28 avec la Bulgarie, la Roumanie et la Croatie (doc. 2).

[Transition] Comme le rappelle François Mitterrand, le projet avait d'abord vocation à « réconcilier, rassembler » (l. 12-13) les peuples qui s'étaient déchirés lors des guerres mondiales. Son élargissement et les candidatures encore en cours de négociation (doc. 2) témoignent de son succès. Mais la diversité des intérêts de ses États membres ne fragilise-t-elle pas l'UE ?

II. Les hésitations : des projets différents qui fragilisent l'Union

• Une Europe à plusieurs vitesses et très hétérogène s'est mise en place après des adhésions multiples en dépit de l'avertissement énoncé par François Mitterrand contre toute précipitation qui aurait seulement « souci de plaire » (l. 26). La carte témoigne des hésitations d'États qui n'appartiennent pas à la zone euro (Suède, Pologne) ou à l'espace Schengen (Roumanie, Irlande).

• De nombreux États ou partis politiques ne partagent pas la vision des pères fondateurs de l'Europe d'une fédération susceptible de supplanter les intérêts nationaux. La construction européenne a ainsi connu bien des « querelles » et des « tensions » (doc. 1, l. 9 et 22). Ces divergences ont menacé la Grèce d'une exclusion (Grexit) dans les années 2010 pour non-respect des critères économiques définis par le traité de Maastricht. Et en 2016, elles ont conduit le Royaume-Uni à déclencher une procédure de sortie de l'Union, le Brexit (doc. 2).

• Enfin, d'autres pays qui souhaitent adhérer peinent à remplir les conditions de respect des droits de l'homme intégrés à la Constitution communautaire. C'est le cas de la Turquie (doc. 2).

> **INFO**
> La Convention européenne des droits de l'homme et des libertés fondamentales a été adoptée en 1950. Elle a été ratifiée par la quasi-totalité des pays européens.

Conclusion

En un demi-siècle, les États européens ont construit une communauté attrayante qui a renforcé leurs liens et contribué à leur développement. Mais sa réussite et son élargissement, parfois précipité, ont produit une diversité qui fait autant sa richesse que sa fragilité. Le Brexit est-il ainsi l'annonce d'un reflux ou un simple incident de parcours sur un chemin semé d'embûches ?

SUJET

26

Liban • Mai 2016

COMPOSITION

La gouvernance économique, à l'échelle mondiale, depuis 1944

LES CLÉS DU SUJET

■ Analysez le sujet

Les termes du sujet

Terme	Définition
gouvernance	Action de gouverner. Le terme invite à définir les outils (institutions, monnaies, réglementations, etc.) permettant aux chefs d'États d'agir.
économique	Le terme renvoie aux outils monétaires (devises, système de change, etc.), financiers (banques, capitaux, etc.) et commerciaux (taxes douanières, communautés économiques, etc.).
1944	La date correspond aux accords de Bretton Woods qui fixent le système monétaire international d'après guerre pour le bloc de l'Ouest ; en contrepoint, il faut penser au CAEM fondé en 1949 pour le bloc de l'Est.

La problématique

Le sujet invite à décrire les institutions qui régissent les échanges économiques mondiaux. Son inscription dans la longue durée oblige à étudier son évolution en fonction des contextes historiques successifs. La problématique revient ainsi à poser la question : **en quoi la gouvernance économique mondiale a-t-elle changé ?** Peut-on dire qu'elle reflète l'évolution des relations internationales ?

■ Utilisez les mots justes

• Le sujet implique de maîtriser un vocabulaire économique spécifique. Distinguez bien :

– **système monétaire** (qui définit les parités entre les monnaies), **tarifs douaniers** (mode de taxation des produits échangés), **réglementation** (lois organisant les échanges) et **régulation** (modalités d'intervention des États dans l'économie) ;

– **interventionnisme** (ingérence d'un État dans l'économie) et **protectionnisme** (système protégeant une économie nationale) ;

L'échelle mondiale **CORRIGÉ 26**

– **multilatéralisme** (organisation des relations entre États prenant en compte les intérêts de chacun) et **unilatéralisme** (organisation en fonction des intérêts d'un seul) ;

– **marché commun** (espace économique libre de droits) et **union douanière** (espace économique sans frontières).

• Les **sigles** renvoient à des institutions précises : la CEE n'est pas l'UE ; le GATT n'est pas l'OMC ; en revanche CAEM et COMECON sont deux sigles désignant la même organisation.

• Attention, le G7 compte bien 7 États mais le G20 n'en comprend que 19 auxquels s'ajoute l'Union européenne.

■ Évitez les pièges

• Si vous êtes en terminale ES, faites attention à ne pas produire un devoir d'économie. Le **plan chronologique** doit vous aider à replacer les notions économiques dans des contextes historiques précis. N'hésitez pas, en revanche, à définir rapidement les notions que vous utilisez.

• La date de 1944 attire l'attention sur les accords de Bretton Woods. Cela ne vous autorise pas à réduire le sujet au seul système de gouvernance occidental. N'oubliez pas d'évoquer le **modèle socialiste** jusqu'en 1991.

• Ne vous enfermez pas dans un devoir théorique. Valorisez votre copie en multipliant les **exemples** mettant les institutions en situation.

HISTOIRE

CORRIGÉ 26

Ce corrigé est proposé sous forme de plan détaillé. Les titres en couleurs servent à guider la lecture et ne doivent en aucun cas figurer sur la copie.

Introduction

[Contexte] En 1944, la victoire des Alliés sur les forces de l'Axe se profile. Les futurs vainqueurs réfléchissent à l'après-guerre, et des institutions sont arrêtées lors de la conférence de Bretton Woods.

[Problématique] Quelle gouvernance économique est-elle alors mise en place et comment celle-ci évolue-t-elle jusqu'à nos jours ?

[Annonce du plan] Plusieurs étapes s'en dégagent : celle de la reconstruction et des Trente Glorieuses (1944-1971), celle de la crise jusqu'à la fin de la guerre froide (1971-1991), puis celle de la mondialisation (1991 à nos jours).

L'échelle mondiale   CORRIGÉ   26

I. 1944-1971, une gouvernance partagée dans le cadre de la guerre froide

1. Le système de Bretton Woods, reflet de la domination américaine

• Deux visions s'opposent en 1944. Celle de l'Américain Harry Dexter White, qui propose un retour au Gold Exchange Standard fondé sur le dollar, s'impose. Présente à Bretton Woods, l'Union des républiques socialistes soviétiques (URSS) refuse quant à elle d'adhérer au système.

> **Info**
> Le Britannique John Maynard Keynes proposait quant à lui une gouvernance mondiale.

• Seule monnaie à garder une parité fixe en or, le dollar devient monnaie de réserve internationale.

• De nouvelles institutions voient le jour : le Fonds monétaire international (FMI) veille à la stabilité des monnaies entre elles ; la Banque internationale pour la reconstruction et le développement (BIRD) aide à l'effort d'après guerre. Enfin, en 1947, le General Agreement on Tariffs and Trade (GATT) vise à réduire les taxes douanières pour favoriser les échanges.

2. Le contre-modèle soviétique, une gouvernance « socialiste »

• L'URSS refuse le plan Marshall conçu comme une arme économique pour contrer l'expansion du communisme. Elle impose ce refus à ses alliés.

• Sur les fondements du socialisme, l'URSS crée en 1949 un système de coopération économique pour les pays du bloc de l'Est : le Conseil d'aide économique mutuelle (CAEM) vise à harmoniser les plans des pays « frères ».

3. Les systèmes concurrents permettent la reconstruction

• La stabilité des taux de change favorise la reconstruction de l'Europe de l'Ouest. L'Occident connaît une période de prospérité : les Trente Glorieuses. De son côté, le CAEM fait front et les pays du camp socialiste reconstruisent les bases de leur développement.

• Par le traité de Rome en 1957, six États d'Europe créent une Communauté économique européenne (CEE). Des programmes de coopération se mettent en place sous le contrôle d'institutions plus ou moins supranationales.

> **Info**
> La Communauté européenne du charbon et de l'acier (CECA) en fut le laboratoire dès 1951.

• Malgré leur volonté affichée à la conférence de Bandung en 1955 de former un tiers bloc, les pays décolonisés s'alignent sur les modèles existants.

[Transition] De 1944 à 1971, deux systèmes rivalisent et se partagent le monde en deux blocs économiques. Mais l'évolution du contexte mondial les rend moins légitimes.

L'échelle mondiale **CORRIGÉ** **26**

II. 1971-1991, une gouvernance bipolaire en crise

1. La fin du système de Bretton Woods

• Sous la double pression d'un déficit chronique de la balance des paiements américaine et de la demande de la France de convertir ses dollars en or, le système monétaire se dérègle. Le président américain Richard Nixon décide de suspendre la convertibilité or du dollar en 1971.

• Le choc pétrolier de 1973 et l'absence de système monétaire stable freinent les échanges et ralentissent la croissance mondiale.

> **Info**
> La conférence de la Jamaïque en 1976 met un terme au système de change à taux fixes.

• Les pays les plus riches mettent en place le G6 (puis le G7) pour tenter de trouver des solutions à la crise. Le FMI est reconverti en fonds d'aide aux pays en difficulté.

2. L'émergence d'un monde de moins en moins bipolaire

• Le monde socialiste éclate en pôles rivaux. La Chine rompt ses liens avec l'URSS ; bien que communiste, la Yougoslavie a plus d'échanges avec l'Ouest qu'avec le CAEM. Le modèle socialiste ne répond pas aux besoins des populations et il finit par s'effondrer en 1991.

• L'Europe s'affirme comme modèle régional. En 1979, elle adopte le système monétaire européen (SME) – qui donne naissance à l'écu – puis, en 1986, se transforme en union douanière.

• De nouveaux acteurs dotés de puissants moyens apparaissent : les pétro-monarchies qui contrôlent les ressources énergétiques, les firmes transnationales (FTN) qui contournent les contraintes des États, les paradis fiscaux qui concentrent les capitaux.

[Transition] Le modèle occidental s'est adapté, le soviétique n'a pas su le faire. De 1971 à 1991, la gouvernance économique se recompose pour faire face aux nouveaux enjeux de la mondialisation. Quelle gouvernance depuis 1991 ?

III. 1991 à nos jours, une gouvernance mondialisée

1. L'unification économique d'un monde recomposé

• Victorieux, le capitalisme s'étend à toute la planète. Sous le nom de « socialisme de marché », la Chine s'y convertit discrètement. La Russie entre au FMI en 1992.

> **Info**
> En 1979, Deng Xiaoping déclare que les techniques du capitalisme ne sont pas l'apanage de l'Occident.

• De nouvelles problématiques (réchauffement planétaire, pollutions, etc.) obligent à repenser les relations internationales sur de nouvelles bases de concertation.

HISTOIRE

L'échelle mondiale **CORRIGÉ** 26

• L'émergence de nouveaux acteurs – en particulier les pays émergents – et la multiplication des communautés régionales – Union européenne (UE), Accord de libre-échange nord-américain (ALENA) ou encore Marché commun du Sud (Mercosur) – changent la donne.

2. De nouvelles instances au service de la mondialisation

• Le GATT se transforme en Organisation mondiale du commerce (OMC) en 1994, laquelle reçoit pour mission de réguler les échanges.

• Multilatérale, l'OMC ne parvient pas à contenir les crises. Pour y palier, le G7 s'étend à la Russie (G8).

• La crise financière de 2008 impose au monde un élargissement de la gouvernance mondiale aux pays émergents et aux puissances pétrolières. Le G20

> **Info**
> En 2001, le refus du FMI d'accorder un prêt à l'Argentine provoque la faillite de ce pays.

– qui intègre aussi la Chine – instaure une gouvernance plus représentative.

3. De nouvelles problématiques et remises en cause

• Le triomphe du néolibéralisme aide à la croissance mondiale mais creuse les inégalités entre États et en leur sein.

• Les grands défis planétaires (lutte contre le réchauffement climatique, pollutions, terrorisme, etc.) nécessitent toujours plus de capitaux et d'entente sur leurs usages.

• L'impatience des plus démunis suscite des critiques et donne naissance à des mouvements altermondialistes qui n'hésitent pas à s'opposer, comme à Seattle en 1999 contre l'OMC.

Conclusion

[Bilan] Depuis 1944, la gouvernance économique mondiale a été le reflet des mutations du monde. Les grands leaders économiques ont adapté les outils à un monde économiquement plus homogène mais politiquement éclaté.

[Ouverture] Les défis n'en restent pas moins colossaux. Les dirigeants du XXIe siècle sauront-ils y faire face ?

SUJET

27

Sujet inédit
ÉTUDE CRITIQUE DE DOCUMENTS

HISTOIRE

Le FMI, outil de gouvernance économique mondiale ?

▶ Après avoir présenté les documents en précisant leur contexte, présentez de façon critique le rôle initialement assigné au FMI, puis expliquez les reproches dont il peut faire l'objet aujourd'hui.

DOCUMENT 1 **Les objectifs du FMI selon Eisenhower**

« La coopération internationale est la clé décisive de la paix. Elle doit advenir. Elle doit progresser d'année en année ou bien le monde sera plus pauvre à cause de cet échec. [...] Avec la Banque mondiale et le FMI, nous avons la possibilité d'étendre le champ de la coopération à notre vie économique, à la vie économique internationale. Comme la compréhension mutuelle, la bonne volonté et, par-dessus tout, la confiance réciproque sont la base de toute transaction économique dans une nation, elles le sont aussi le monde. [...] Comme la confiance grandira, nous irons vers une augmentation générale des niveaux de vie dans le monde. L'économie se renforcera dans la confiance ainsi engendrée. »

Déclaration de Dwight D. Eisenhower, président des États-Unis,
28 septembre 1956.

DOCUMENT 2 **Le rôle du FMI face au printemps arabe**

« "Notre situation n'est pas bonne et le FMI ne vient pas proposer un prêt à un pays. Au contraire, c'est le pays qui vient vers le FMI", a déclaré Elyes Fakhfakh, ministre [tunisien] des Finances, devant l'Assemblée nationale constituante, le 23 mai. Le 19 avril, Christine Lagarde, la directrice de l'institution internationale venue en février 2012, a annoncé l'accord d'un prêt de 1,75 milliard de dollars sur deux ans et remboursable en cinq, qui servirait de réserve d'urgence alors que la Tunisie va engager une batterie de réformes. Ces réformes

L'échelle mondiale **SUJET** 27

"ne sont pas imposées par le FMI. L'institution ne fait qu'accompagner les efforts du gouvernement", plaide Ferjani Doghmane, député Ennahda et président de la commission des Finances de l'Assemblée nationale constituante.

Augmentation des prix du carburant – qui ont déjà augmenté, engendrant une hausse des coûts des transports en commun –, baisse des impôts sur les sociétés, déplafonnement des taux d'intérêt, audit des entreprises publiques de l'énergie, des banques, réforme du code d'investissement, mais aussi de la caisse de compensation générale qui subventionne les prix de base…, toutes les réformes envisagées risquent de faire mal, mais c'est cette dernière mesure qui est la plus controversée. Le but de la réforme est de mieux cibler les aides vers les ménages nécessiteux. Mais en 1984, à la demande du Fonds monétaire international de stabiliser l'économie, Habib Bourguiba avait augmenté les prix du pain et des céréales. Des émeutes avaient éclaté, faisant, officiellement, 70 morts. »

Julie Schneider, « Le FMI, sauveur de la Tunisie ou fossoyeur de la révolution ? », *Le point.fr,* 27 mai 2013.

LES CLÉS DU SUJET

■ Lire la consigne

Le sujet porte sur le **rôle** du FMI comme outil de gouvernance économique mondiale (question 3 du thème 4 du programme). La consigne commande trois opérations : **présenter le contexte** des documents, **définir le rôle** du FMI, puis **expliquer les reproches** dont l'institution peut faire l'objet. Confirmé par le point d'interrogation placé à la fin de l'énoncé, le travail consiste à confronter l'ambition initiale du Fonds monétaire international à sa mise en œuvre sur la longue durée. L'invitation à présenter le FMI de « façon critique » oblige à **discuter** le bien-fondé des propos tenus par Eisenhower. De même, l'explication des reproches énoncés dans le second document est l'occasion de relativiser ceux-ci ou de les **mettre en perspective**. Le second document porte sur la Tunisie. Pour autant, il ne faut pas hésiter à recourir aux connaissances personnelles pour montrer que ce pays n'est qu'un exemple parmi d'autres.

L'échelle mondiale **CORRIGÉ 27**

HISTOIRE

■ Analyser les documents

Le premier document est une déclaration **officielle** de 1956 émanant du président des États-Unis. Il permet de définir la ligne politique de la première puissance économique mondiale de l'époque, douze ans après qu'elle ait institué le FMI dans le cadre des accords de Bretton Woods. Le second document est le **point de vue récent** d'une journaliste française. Ce document est **moins représentatif** que le premier. Ni par sa date ni par son auteur, il ne peut être mis sur le même plan. La confrontation des deux textes permet toutefois de poser les bases d'un **débat contradictoire** sur le rôle du FMI tel qu'il existe.

■ Organiser la réponse

La consigne impose deux parties, une première pour définir le rôle du FMI tel qu'il fut conçu, une seconde pour énoncer les limites de l'institution. Chacune de ces parties se décomposera en sous-ensembles, afin de mettre en perspective historique les propos d'Eisenhower en premier lieu, ensuite pour présenter les critiques recensées et/ou les relativiser. Les deux démarches sont possibles.

CORRIGÉ 27

Les titres en couleurs servent à guider la lecture et ne doivent en aucun cas figurer sur la copie.

Introduction

En 1944, lors de la conférence de Bretton Woods, les États-Unis et leurs alliés ont institué le Fonds monétaire international (FMI) afin d'aider les pays ruinés par la guerre à se reconstruire en soutenant le cours de leur monnaie. Soixante-dix ans plus tard, cette aide n'est plus nécessaire mais l'institution existe toujours. Elle s'est trouvée de nouvelles missions.

Info
Née 4 ans plus tôt, l'expression « tiers-monde » désigne les pays pauvres généralement issus de la décolonisation.

167

L'échelle mondiale CORRIGÉ **27**

Quel rôle a-t-elle eu entre 1956 et nos jours et quelles critiques ce rôle a-t-il soulevées ? En 1956, un an après la conférence de Bandung qui scelle l'apparition du tiers-monde sur la scène internationale et la mise en place d'une coexistence pacifique entre les États-Unis et l'URSS, le président Eisenhower expose la mission qu'il attribue alors au FMI. Cinquante-sept ans plus tard, au lendemain de la révolution qui a chassé du pouvoir le président tunisien Ben Ali, une journaliste française s'interroge sur l'action de l'organisme et les conditions qu'il impose en échange de son aide. La confrontation de ces deux documents permet d'évaluer l'utilité du FMI.

I. Un outil de coopération au service de la paix ?

• Dans sa déclaration, le président Eisenhower est clair : le FMI a vocation à faire progresser la paix par la coopération entre les nations, leur collaboration (il parle de « compréhension mutuelle »), les échanges commerciaux entre elles (les « transactions ») et l'apport de capitaux qui est la fonction spécifique de l'institution.

• Cette coopération doit engendrer la « confiance » précise-t-il, laquelle suppose toutefois qu'elle soit préexistante, les Américains n'étant pas disposés à distribuer des fonds à un pays communiste ou allié de l'URSS. Dans la continuité de la doctrine Truman, le FMI apparaît ainsi comme une arme pour attirer les nouveaux États indépendants dans le camp occidental. L'aide est allouée dans la mesure où le pays bénéficiaire adopte le modèle d'économie libérale incarné par les États-Unis.

> **Info**
> En 1947, l'octroi des fonds du plan Marshall est conditionné à l'éviction des ministres communistes du gouvernement français.

[Transition] Pendant la guerre froide, le FMI s'est ainsi posé comme un outil au service des intérêts du bloc occidental. La fin du conflit Est-Ouest a-t-elle changé les choses ?

II. Un outil au service de la mondialisation plutôt que des États

• En 2011, le printemps arabe libère plusieurs États d'Afrique du Nord (Tunisie, Libye, Égypte) de régimes autoritaires dont les dirigeants étaient suspectés de détourner les capitaux nationaux à leur profit. Parmi ces États, la Tunisie hérite d'un gouvernement qui entreprend des réformes pour redresser le pays. Pour financer celles-ci, son ministre des Finances demande l'aide du FMI. Celui-ci lui accorde un prêt de 1,75 milliard de dollars (doc. 2). L'institution montre ainsi qu'elle a toujours vocation à soutenir le développement des pays en difficultés.

L'échelle mondiale **CORRIGÉ** 27

• Un député tunisien précise que les réformes mises en œuvre ne sont pas imposées par le FMI. Évoquant le précédant de 1984, la journaliste Julie Schneider exprime ses doutes. L'aide du FMI ne va-t-elle pas nuire à la révolution tunisienne ainsi que le suggère le titre de son article : *le FMI sauveur ou fossoyeur de la révolution ?*

> **Conseil**
> Le titre fait partie du document et peut être exploité.

• L'aide, en effet, n'est pas gratuite. Le prêt doit être remboursé. On imagine mal l'organisation, par ailleurs, ne pas demander comptes de l'argent versé à un pays qui vient de légaliser le parti Ennhada, organisation de tendance islamique peu encline à rassurer les occidentaux en guerre depuis 2001 avec les mouvements islamistes radicaux.

> **Info**
> Les attentats du 11 septembre 2001 marquent le début d'une guerre des États-Unis et de leurs alliés contre le terrorisme islamique incarné par Al-Qaïda.

• De fait, échaudé par le détournement ou le mauvais usage des prêts octroyés entre les années 1960 et 1980, le FMI a pris l'habitude d'accompagner ses aides de recommandations en termes de réformes. Celles-ci portent le plus souvent sur la baisse des impôts pour relancer la consommation ou revitaliser les entreprises, la libération des prix des produits

> **Info**
> Inspirées par l'école de Chicago, ces réformes visent à réduire au maximum l'intervention des États dans l'économie.

de base qui engendre souvent leur hausse, la privatisation d'entreprises publiques, la déréglementation des marchés intérieurs…, mesures génératrices de relance économique mais qui profitent plus souvent à des intérêts privés ou extérieurs qu'aux populations. Tel est le cas du Chili après 1973 où le FMI expérimente des réformes néolibérales, du Mexique en 1982 et de la Tunisie de Bourguiba en 1984. Ces conditions sont sources d'importantes critiques dans la mesure où elles sont très idéologiquement marquées ; et si elles sont bien un outil de gouvernance mondiale, elles n'apparaissent pas comme un moyen d'aider les peuples.

Conclusion

Comme initialement prévu, le FMI apporte une aide indispensable aux États les plus pauvres, favorisant la pacification du monde dans la mesure où elle répond aux besoins les plus urgents ; mais cette aide a un prix souvent douloureux pour les ressortissants des pays secourus au point de générer des mouvements de colère populaire susceptibles de créer de nouveaux désordres. Le FMI apparaît ainsi comme un outil difficile à manier.

SUJET

28

Sujet inédit
ÉTUDE CRITIQUE DE DOCUMENTS

Réformer le Conseil de sécurité de l'ONU

▶ Après avoir rappelé brièvement le fonctionnement du Conseil de sécurité de l'ONU, expliquez pourquoi les auteurs des déclarations ci-dessous jugent nécessaire de le réformer ; puis confrontez-les pour évaluer les difficultés de mises en œuvre d'une telle réforme.

DOCUMENT 1   **Le consensus d'Ezulwini,**
                    projet de l'Union africaine, 2005

Rappelant qu'en 1945, lorsque l'ONU a été créée, la plupart des États africains n'étaient pas représentés et qu'en 1963 lorsque la première réforme a eu lieu, l'Afrique était représentée mais n'était pas dans une position particulièrement forte ;

Convaincu qu'actuellement, l'Afrique est en mesure d'influencer les réformes actuelles des Nations unies proposées en maintenant son unité de vues ;

Conscient du fait que la Déclaration de Harare a eu un impact remarquable sur la communauté internationale et dans le débat sur la réforme en cours du Conseil de sécurité des Nations unies, a adopté la position suivante :

1. L'objectif de l'Afrique est d'être pleinement représentée dans tous les organes de prise de décisions des Nations unies, particulièrement au Conseil de sécurité qui est le principal organe de prise de décision des Nations unies pour les questions liées à la paix et à la sécurité internationales ;

2. La pleine représentation de l'Afrique au Conseil de sécurité signifie :

    1) Au moins deux sièges permanents avec tous les privilèges et prérogatives des membres permanents, y compris le droit de veto ;

    2) Cinq sièges non permanents.

L'échelle mondiale **SUJET** **28**

HISTOIRE

3. À cet égard, même si l'Afrique s'oppose en principe au maintien du droit de veto, elle pense que c'est une question de justice pour tous et que tant qu'il existera, il doit être accordé à tous les membres permanents, anciens et nouveaux ;

4. L'Union africaine sera responsable de la sélection des représentants de l'Afrique au Conseil de sécurité ;

5. Les critères de sélection des membres africains du Conseil de sécurité sont des questions internes qui sont du ressort de l'Union africaine et qui prendront en compte la nature et la capacité de représentation des pays choisis.

DOCUMENT 2 | **Sommet franco-britannique sur la réforme du Conseil de sécurité, 6 juillet 2009**

Extraits de la Déclaration sur la Gouvernance mondiale et développement

Le Royaume-Uni et la France entendent coopérer étroitement pour faire face aux problèmes politiques, économiques et de sécurité du XXIᵉ siècle. Poursuivre la réforme de la gouvernance des institutions internationales est une nécessité pour les rendre plus à même de relever les défis de la sécurité internationale et de répondre à la crise économique mondiale et au sous-développement.

Réforme du Conseil de sécurité des Nations unies

Nous souhaitons poursuivre nos efforts afin de rendre le Conseil de sécurité plus représentatif du monde d'aujourd'hui tout en préservant sa capacité à prendre les mesures nécessaires pour faire face aux problèmes de sécurité qui se posent au XXIᵉ siècle.

Nous avons soutenu le lancement par l'Assemblée générale, le 19 février 2009, de négociations intergouvernementales sur la réforme du Conseil de sécurité, étape essentielle pour sortir les discussions sur la réforme du Conseil de sécurité de l'impasse dans laquelle elles se trouvent depuis trop longtemps.

Nous réaffirmons le soutien de nos deux pays à la candidature de l'Allemagne, du Brésil, de l'Inde et du Japon à des sièges supplémentaires de membres permanents, ainsi qu'à une représentation de l'Afrique parmi les membres permanents du Conseil de sécurité.

Nous soutenons l'option pragmatique d'une réforme intérimaire qui pourrait prévoir une nouvelle catégorie de sièges avec un mandat plus long que celui des membres actuellement élus. À l'issue de cette phase intérimaire, il pourrait être décidé de transformer ces nouveaux sièges en sièges permanents.

Nous nous réjouissons de constater que la solution intérimaire bénéficie d'un soutien croissant des États membres des Nations unies, comme l'ont montré les premières réunions de l'Assemblée générale organisées dans le cadre des négociations intergouvernementales.

Nous sommes donc d'avis que la solution intérimaire devrait être examinée lors de la 64ᵉ session de l'Assemblée générale des Nations unies en 2009-2010, au cours de laquelle nous espérons des progrès significatifs. Nous nous tenons prêts à travailler avec tous nos partenaires pour définir les paramètres de cette réforme intérimaire.

LES CLÉS DU SUJET

■ Lire la consigne

L'énoncé du sujet soulève la problématique suivante : comment réformer le Conseil de sécurité ? Pour avancer une réponse, la consigne impose deux tâches successives. Le rappel souhaité au départ servira d'introduction. En premier lieu, il faut donc s'appuyer sur les textes pour **justifier** la réforme ; chacun apporte des arguments en ce sens. Dans un second temps, il faut étudier les projets proposés pour y déceler les intérêts des pays concernés ; pour **déterminer** aussi, **par confrontation, les conflits** qu'ils soulèvent.

■ Analyser les documents

Les documents sont des déclarations officielles ; ils exposent le **point de vue** des États signataires. Récentes, les dates (2005 et 2009) témoignent d'un débat en cours. Le premier émane de l'Union africaine, organisation réunissant **tous les pays d'Afrique** (54) sauf un ; à ce titre, elle est largement représentative du continent tel qu'il est au début du XXIᵉ siècle. Ces pays sont encore les plus mal représentés sur la scène internationale. Le second est l'œuvre de deux puissances européennes (France et Grande-Bretagne) qui sont aussi **deux des cinq membres permanents** du Conseil de sécurité. Leur poids politique mondial leur vaut d'être écoutées, mais elles ne sont pas en mesure d'imposer leur point de vue ; elles ont aussi beaucoup à perdre et leur initiative est un moyen de garder le contrôle sur la réforme envisagée.

L'échelle mondiale **CORRIGÉ 28**

HISTOIRE

■ Organiser la réponse

Dans une introduction, présentez la composition du Conseil de sécurité et soulignez qu'il est le **reflet du monde de 1945**. Exposez ensuite, dans un premier paragraphe, les raisons avancées par les documents pour justifier une réforme et soulignez le consensus qui apparaît. Dans un second paragraphe, opposez le **réformisme prudent** des Européens aux **exigences des Africains** pour souligner la difficulté de la réforme ; ajoutez quelques mots sur les réticences des grandes puissances (États-Unis, Russie, Chine), peu décidées à réduire leurs moyens de dominer le monde.

CORRIGÉ 28

Les titres en couleurs servent à guider la lecture et ne doivent en aucun cas figurer sur la copie.

Introduction

Organisation créée par les vainqueurs de la Seconde Guerre mondiale et alors que la décolonisation avait à peine commencé, le Conseil de sécurité de l'ONU est composé de quinze membres, dont cinq permanents dotés du droit de véto. Les dix autres, choisis par zones géographiques, sont élus pour deux ans par l'Assemblée générale. Cette situation est contestée par de nombreux États et par le secrétariat général lui-même qui demandent une réorganisation de l'institution. À l'instar du groupe des Quatre (Japon, Allemagne, Inde et Brésil) auquel le document 2 fait allusion, l'Union africaine par le consensus d'Ezulwini de 2005 d'une part, le couple franco-britannique d'autre part, ont avancé des propositions difficiles à concilier.

I. Consensus sur la nécessité d'une réforme

La communauté internationale est tombée d'accord sur la nécessité d'une réforme. Par le consensus établi en 2005, l'Union africaine revendique un changement au nom de la paix et de la sécurité internationales (point 1). De même, lors du sommet franco-britannique de juillet 2009, les deux États mettent en jeu la capacité du Conseil à préserver la paix ; ils entendent aussi lutter contre les désordres économiques mondiaux susceptibles de troubler cette paix. Tous les partis s'accordent, par ailleurs, sur la nécessité d'améliorer le caractère représentatif du Conseil. L'Union africaine rappelle que le système date d'époques (1945 ou 1963) où les pays africains n'existaient

L'échelle mondiale CORRIGÉ 28

pratiquement pas. À ce seul titre, leur place ne pouvait pas être envisagée. C'est bien ce qu'admettent implicitement Français et Britanniques. La nécessité de la réforme apparaît donc bien partagée, même si les modalités ne sont pas faciles à fixer, les avis divergeant davantage sur ce point.

II. Les limites du consensus

L'union africaine revendique en effet deux sièges permanents pour l'Afrique et cinq sièges non permanents. Une telle demande suppose le doublement, au moins, du nombre de membres permanents et près de deux fois et demi plus de non permanents, chaque continent pouvant exiger autant de sièges que l'Afrique. Le risque de blocage du Conseil de sécurité, composé de plus de trente pays, serait élevé, d'autant que l'Union africaine veut une extension du droit de véto si celui-ci est maintenu. Le souci de préserver « la capacité [du conseil] à prendre les mesures nécessaires » énoncés par les Européens pose les limites de l'adhésion de ces derniers au projet africain. S'ils admettent le bien-fondé d'une représentation africaine parmi les membres permanents, ils se gardent bien de chiffrer le niveau de celle-ci. Le soutien à la candidature des pays du G4 ne laisserait place qu'à un seul pays africain si le nombre de membres permanents devait être fixé à dix alors que l'Europe en compterait trois.

Se pose aussi le problème du veto. L'Union africaine suggère qu'il soit supprimé ; Français et Britanniques, eux, éludent le sujet. Il n'est pas de leur intérêt d'y renoncer et sans doute remettent-ils à plus tard le débat, connaissant les réticences de la Russie, des États-Unis et de la Chine.

Conclusion

La proposition d'adopter une « solution intermédiaire », à laquelle l'Union africaine semble se rallier quand elle exprime son souhait d'obtenir une représentation dotée du droit de véto tant que celui-ci n'aura pas été aboli, trahit la difficulté de trouver un compromis. De fait, chaque État ou région reste jaloux de ses prérogatives et protège ses chasses gardées. De même que les membres permanents du Conseil de sécurité actuel ne souhaitent pas être gênés dans leurs affaires intérieures par une organisation susceptible de leur demander compte, de même l'Union africaine déclare-t-elle sa volonté de garder la mainmise sur toutes les questions intra-africaines (points 4 et 5 du consensus).

Si réformer le Conseil de sécurité est une nécessité urgente admise par tous les pays, la réalisation d'un tel projet risque de mettre encore du temps avant de voir le jour.

SUJET 29

Nouvelle-Calédonie • Novembre 2016
ÉTUDE CRITIQUE DE DOCUMENTS

Les inégalités géoéconomiques et géoenvironnementales dans le monde

▶ Vous montrerez en quoi ces deux documents et leur confrontation permettent d'analyser les inégalités mondiales sur le plan géoéconomique et géoenvironnemental.

DOCUMENT 1 — PIB et PIB/hab. dans le monde

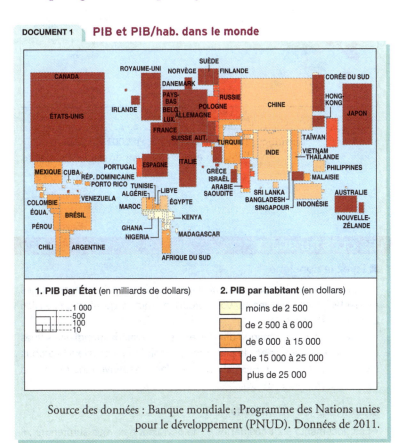

1. PIB par État (en milliards de dollars) : 1 000 / 500 / 100 / 10

2. PIB par habitant (en dollars) :
- moins de 2 500
- de 2 500 à 6 000
- de 6 000 à 15 000
- de 15 000 à 25 000
- plus de 25 000

Source des données : Banque mondiale ; Programme des Nations unies pour le développement (PNUD). Données de 2011.

Des cartes pour comprendre le monde **SUJET 29**

DOCUMENT 2 — **Les émissions de CO$_2$ dans le monde en 2012, en millions de tonnes**

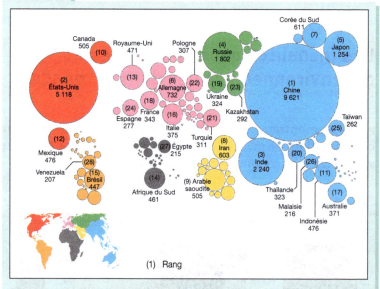

Source des données : *Global Carbon Project*, communauté scientifique internationale formée en 2001 et spécialisée dans l'observation des émissions de gaz à effet de serre.

LES CLÉS DU SUJET

■ **Lisez la consigne**

• Rappel méthodologique : pour bien analyser une consigne, surlignez les **mots-clés** et inscrivez-les sur votre brouillon. Tout ce qui n'est pas en lien avec eux est hors sujet.

• Ici, la consigne commande d'analyser les « **inégalités mondiales** » vues à travers deux catégories : le plan « **géoéconomique** » à travers le produit intérieur brut (PIB) et le PIB/habitant ; le plan « **géoenvironnemental** » à travers les émissions de CO$_2$.

■ **Analysez les documents**

• Les documents sont des **cartes** et ne devraient pas vous surprendre : il est même probable que vous ayez déjà travaillé dessus dans l'année avec

Des cartes pour comprendre le monde **CORRIGÉ** 29

votre professeur. Les **sources** sont fiables : Banque mondiale, Programme des Nations unies pour le développement et *Global Carbon Project*.

• Les deux documents sont **complémentaires**. Le premier présente la richesse des pays (PIB), tempérée par la population (PIB/hab.), ce qui permet une analyse assez fine des **inégalités de richesse**, voire de développement. Le second concerne les émissions de CO_2 par pays – sans les rapporter à la population ! –, ce qui renvoie à la responsabilité de chacun dans le **réchauffement climatique,** mais aussi rend compte de l'intensité énergétique de chaque économie nationale.

■ Définissez les axes de l'étude

• Un sujet rare, portant sur le thème « Des cartes pour comprendre le monde ». Il est donc fondamental ici de **partir des documents proposés,** de les analyser et de les confronter l'un à l'autre. Vous ne devez pas réciter votre cours mais utiliser vos connaissances qui permettront d'expliquer les données représentées.

• Le plan adopté pour cette étude ne doit pas consister à étudier le document 1 puis le document 2. Il est préférable de partir d'une **typologie** : pays développés, pays émergents, pays pauvres.

CORRIGÉ 29

Les titres en couleurs servent à guider la lecture et ne doivent en aucun cas figurer sur la copie.

Introduction

[Accroche] Le XXIᵉ siècle est celui du rattrapage des économies développées par les émergentes. Ce « basculement du monde » fait parfois oublier que demeurent de fortes inégalités et que la croissance économique – indispensable pour assurer le développement – est souvent source de pollution.

[Présentation des documents et problématique] C'est ce dont rendent compte les deux documents. La carte par anamorphose (doc. 1) permet d'estimer la puissance économique par le produit intérieur brut (PIB) des États et la richesse des populations par le PIB/habitant. Deux lectures complémentaires sont donc possibles et permettent d'appréhender les inégalités géoéconomiques mondiales. Le document 2 est un cartogramme représentant les aspects géoenvironnementaux (émissions de CO_2 par pays). Il met en évidence le caractère diversement polluant des économies mondiales.

Des cartes pour comprendre le monde **CORRIGÉ** 29

La confrontation de ces deux cartes pose un problème clé : le rattrapage des inégalités de développement est-il soutenable ?

[Annonce du plan] L'étude comparée des documents permet d'identifier trois groupes de pays dont les caractéristiques sont bien différenciées : les pays développés du Nord, les pays émergents, les pays pauvres.

I. Des pays développés

• Les pays du Nord sont des pays riches. Leur poids économique est considérable : ils représentent encore à eux seuls pratiquement la moitié du PIB mondial (doc. 1). Ces pays sont également les premiers au classement du PIB/hab. Leurs populations sont globalement riches, même si on peut distinguer l'Europe occidentale (plus de 25 000 dollars/hab.) et l'Europe orientale (de 15 000 à 25 000). Toutefois, cette carte ne rend pas compte des inégalités infranationales, par exemple sociales.

• Globalement, les économies du Nord sont fortement émettrices de CO_2 (2e rang pour les États-Unis) en raison du modèle productiviste qui a fait leur réussite. On peut toutefois noter des différences : ainsi la France, qui dispose d'un vaste parc nucléaire en activité, pollue moins que l'Allemagne ou le Japon, qui ont tous deux abandonné le nucléaire après l'accident de Fukushima – posant la question du modèle énergétique. Plus largement, l'image offerte par le document 2 ne confirme pas exactement celle du document 1. Leur analyse comparée permet ainsi de discerner les progrès des économies développées en matière d'efficacité énergétique.

> **Conseil**
> Il est utile de compléter votre analyse par des éléments absents des documents, car leur étude doit être critique. Mais ne faites pas un cours au lieu d'étudier les documents !

[Transition] Ce n'est pas encore le cas des pays émergents, dont le développement est fortement consommateur d'énergie, donc polluant.

II. Des pays émergents

• Les pays émergents tiennent à présent une place importante dans l'économie mondiale. On peut comparer la Chine aux États-Unis, l'Inde au Japon, le Brésil à la France, trois binômes dont les termes sont proches les uns des autres. Toutefois, leurs niveaux de PIB/hab. sont loin d'égaler ceux des pays les plus développés. Le document 1 établit ainsi la pauvreté résiduelle, en Inde par exemple. Mais son caractère figé ne permet pas d'évaluer les dynamiques récentes. Or, le niveau de richesse de ces pays émergents a beaucoup progressé depuis trente ans : le PIB/hab. chinois n'est par exemple plus aujourd'hui dans la même classe que celui de l'Inde tant il a augmenté.

Des cartes pour comprendre le monde CORRIGÉ **29**

• Cette croissance effrénée se paie au prix fort en matière environnementale. La Chine est en 2012 le premier émetteur de CO_2 au monde (deux fois le niveau américain). Cependant la pollution au CO_2 mériterait d'être relativisée par le nombre d'habitants : un rapide calcul montre que les émissions par

> **Conseil**
> Vous pouvez citer l'exemple des pays pétroliers du Golfe, riches et pollueurs.

habitant des États-Unis sont deux fois supérieures à celles de la Chine. Toutefois, l'émergence obéit clairement au modèle de développement productiviste et pose la question du caractère durable de ce modèle.

[Transition] C'est une question fondamentale, d'autant qu'une grande partie de l'humanité n'a pas encore accédé à un niveau de développement satisfaisant, en particulier dans les pays pauvres.

III. Des pays pauvres

• L'anamorphose de leur PIB rend les pays pauvres pratiquement invisibles sur le document 1. Ils ne représentent que 1 % de l'économie mondiale ! Leur PIB/hab. accentue encore cette invisibilité ; c'est le cas en Afrique subsaharienne. On mesure d'autant mieux l'inégalité qui les frappe quand on se rappelle que la population des pays pauvres dépasse le milliard, soit plus de trois fois celle des États-Unis.

• Sur le document 2, la faiblesse des émissions de CO_2 des pays pauvres est remarquable. Leur peu de poids économique l'explique. Mais leur développement à venir ne pourra qu'aggraver le caractère insoutenable de la croissance.

> **Conseil**
> Vous pouvez citer l'exemple de l'Afrique subsaharienne, des pays méso-américains ou andins ou des archipels du Pacifique.

Conclusion

Les documents permettent donc d'établir l'extrême inégalité entre les différents groupes de pays, en particulier entre les pays les moins avancés (PMA) et les autres. La question du caractère durable du développement de l'humanité est posée, notamment dans sa composante sociale. Le modèle de développement actuel semble encore inséparable d'une consommation considérable d'énergie fossile, laquelle ne peut qu'accentuer un réchauffement climatique dont les pauvres seront les plus affectés.

GÉOGRAPHIE

SUJET 30

Pondichéry • Avril 2017
ÉTUDE CRITIQUE DE DOCUMENTS

Les inégalités d'accès à Internet

DOCUMENT 1 — Les internautes dans le monde

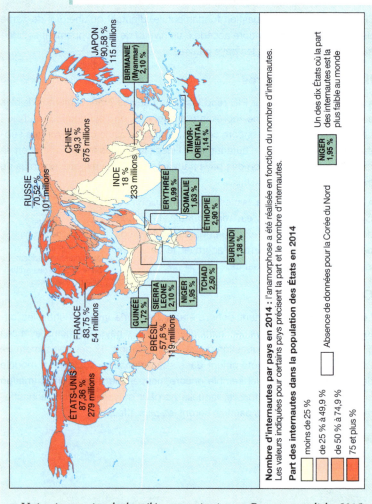

Union internationale des télécommunications et Banque mondiale, 2015.

Des cartes pour comprendre le monde **SUJET 30**

DOCUMENT 2 — Les vingt États qui concentrent le plus de personnes non connectées à Internet en 2013

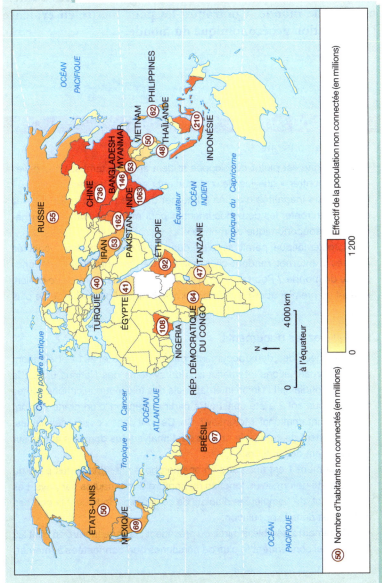

Banque mondiale, 2014. Carte réalisée d'après le rapport *Les Obstacles à l'utilisation d'Internet dans le monde* produit par le cabinet McKinsey & Co, octobre 2014.

Des cartes pour comprendre le monde SUJET 30

▶ Montrez que les deux documents des pages précédentes sont complémentaires pour identifier les inégalités d'accès à Internet dans le monde. Confrontez-les pour mettre en évidence l'organisation géoéconomique du monde.

LES CLÉS DU SUJET

■ Lisez la consigne

• La consigne est plutôt développée et tient en deux temps. Vous devez d'abord montrer « que les deux documents sont complémentaires pour **identifier les inégalités d'accès à Internet dans le monde** ». Vous devez ensuite confronter les deux documents « pour mettre en évidence **l'organisation géoéconomique du monde** ».

• La problématique paraît simple : **dans quelle mesure les inégalités d'accès à Internet rendent-elles compte de l'organisation géoéconomique du monde ?** Pourtant, l'analyse des documents montre que ce lien, évident au premier abord, est moins simple lorsque l'on y regarde de plus près.

■ Analysez les documents

• Les données des deux documents datent de 2013 et 2014 et émanent de deux organisations internationales du système des Nations unies : la Banque mondiale et l'Union internationale des télécommunications. Notez que le document 2 a été construit à partir du rapport d'un grand cabinet de conseil international, McKinsey & Co. Ce sont donc des sources fiables, qui permettent de **centrer le propos sur l'analyse des données** et non sur l'engagement des auteurs.

• Le **document 1** est une carte en anamorphose : la surface des pays du monde a été déformée en fonction du **nombre d'internautes** par pays. Les surfaces ont été complétées d'aplats de couleurs qui indiquent la part des internautes dans la population.

• Le **document 2** semble le miroir du précédent : la carte montre en effet les 20 États qui concentrent le plus de personnes **non connectées** à Internet.

Des cartes pour comprendre le monde **CORRIGÉ 30**

■ **Définissez les axes de l'étude**

• Même si la consigne y invite, il paraît malhabile de diviser l'étude dans les deux temps indiqués : l'analyse des inégalités risque simplement de confirmer la grille de lecture géoéconomique du monde que vous connaissez, entraînant une bonne part de répétitions.

• On pourrait, plutôt, montrer **d'abord** en quoi les inégalités d'accès à Internet recouvrent largement les divisions géoéconomiques classiques du monde actuel, avant de souligner **dans un deuxième temps** les limites mais aussi les apports cachés des documents qui permettent de nuancer et de compléter cette approche.

CORRIGÉ 30

Les titres en couleurs servent à guider la lecture et ne doivent en aucun cas figurer sur la copie.

Introduction

[Accroche] Il y a un demi-siècle, Marshall McLuhan lançait l'expression qui l'a rendu célèbre : le « village global ». La réalité de ce « village global » reste toutefois nuancée et c'est ce que tendent à montrer les deux documents.

[Présentation et problématique] Leurs données, de 2013 et 2014, émanent de deux organisations internationales du système des Nations unies : la Banque mondiale et l'Union internationale des télécommunications. Le document 1 est une carte en anamorphose : la surface des pays du monde a été déformée en fonction du nombre d'internautes par pays, puis colorée selon la part des internautes dans la population des États. Le document 2 montre les 20 États qui concentrent le plus de personnes non connectées à Internet. Dans quelle mesure ces deux cartes sur les inégalités d'accès à Internet rendent-elles compte de l'organisation géoéconomique du monde ?

[Annonce du plan] En première analyse, les inégalités d'accès à Internet recouvrent largement les divisions géoéconomiques classiques du monde actuel. Toutefois, malgré des limites évidentes, ces cartes permettent aussi de nuancer cette première approche.

Des cartes pour comprendre le monde **CORRIGÉ 30**

I. Une organisation géoéconomique du monde classique

• Les pays du Nord se lisent dans la part des internautes dans la population (doc. 1). On distingue aisément les zones où cette proportion dépasse les trois
quarts de la population : Amérique du Nord, Europe

Conseil
Citez des données
issues des documents.

occidentale, Japon, Corée du Sud et Taïwan, Australie et Nouvelle-Zélande.
Un autre Nord apparaît en retrait, avec 50 à 75 % de population connectée :
l'Europe du Sud, balkanique et orientale, ainsi que la Russie (70,52 %).

• Dans le Sud émergent, malgré des pourcentages
moyens à faibles, les deux États géants – Chine
et Inde – déforment l'anamorphose de façon très
sensible. Les 675 millions d'internautes chinois
dépassent largement ceux de l'Union européenne.

Conseil
Vous pouvez aussi
comparer l'Inde avec les
États-Unis.

On retrouve le Sud émergent dans les aplats de couleurs : la part des internautes dans la population varie de 25 à 50 % dans l'essentiel de l'Amérique
latine, de l'Asie du Sud-Est et plus encore dans les pays du Golfe.

• Reste le Sud en retard, dont les pays les moins avancés (PMA). L'anamorphose de l'Afrique subsaharienne – qui rassemble 34 des 48 PMA – paraît
atrophiée et sa valeur bien faible (moins de 25 %, avec par exemple 0,99 %
en Érythrée !). L'image globale est certes un peu perturbée par les émergents
africains. Mais au total ces PMA se lisent clairement sur le document 1, tant
en données absolues que relatives, comme le montre l'autre région en retard,
l'Asie du Sud (2,1 % au Myanmar).

• Ainsi, les inégalités d'accès à Internet nous
donnent une vision classique de l'organisation
géoéconomique du monde. Cependant, une
analyse comparée plus poussée des deux documents vient nuancer ce tableau attendu.

Conseil
Terminez votre partie par
une phrase de conclusion
partielle, suivie d'une phrase
de transition.

II. Mais une vision à nuancer et compléter

• Parmi les pays les mieux connectés du document 1, certains comptent
également un grand nombre de personnes non connectées (doc. 2) : ainsi,
Chine et Inde en rassemblent 1,8 milliard. Ce sont donc à la fois les pays
qui comptent le plus d'internautes, et le plus de non-internautes. Plus éton-

nant encore, aux États-Unis, il y a 50 millions de personnes non connectées. Elles doivent être mises en
relation avec les inégalités sociales : 50 millions, c'est
à peu de chose près le nombre de pauvres outre-
Atlantique. Dans le document 2 figurent des pays

Attention
Vous devez éclairer le
document en apportant
des connaissances
tirées du cours.

184

Des cartes pour comprendre le monde **CORRIGÉ** **30**

appartenant aux trois catégories de notre première analyse (pays du Nord, émergents et du Sud). Et ce document 2 totalise 3,246 milliards de personnes non connectées : on est loin du « village global » !

• Relevons ensuite les limites des deux documents, qui ne permettent pas une étude toujours fine du phénomène. Ces cartes par pays excluent les analyses à l'échelle infranationale : pas question, dès lors, de mesurer les différences d'accès à Internet entre les régions urbaines et les régions rurales, entre les zones littorales et les zones intérieures.

• Enfin, il y a ce que les documents ne disent pas. Un internaute américain ou européen peut-il être comptabilisé comme un internaute indien ou chinois si l'on considère l'Internet comme un marché ? Si l'on pense l'Internet comme un espace d'expression, que dire des internautes chinois, dont les accès au Web

> **Attention**
> On n'envisage ici que la liberté du *consommateur*, car le sujet porte sur l'organisation *géoéconomique*.

sont surveillés par le pouvoir ? Sans même parler des situations en Iran, en Turquie, en Corée du Nord… Difficile, dans ces conditions, d'imaginer Internet comme un vaste marché où chaque internaute serait un consommateur libre de ses choix dans un espace géographique où la distance serait abolie.

Conclusion

Ces deux documents sont donc relativement complémentaires : ils permettent une analyse classique et une autre qui l'est moins des inégalités nationales dans l'accès à Internet. Si l'on retrouve globalement les catégories fondamentales de l'organisation géoéconomique du monde, avec des différences nettes entre Nord développé, Sud émergent et Sud moins avancé, il semble toutefois que ce prisme d'analyse est un peu trop grossier, du moins à l'échelle des documents présentés. De multiples questions se posent, qui font que la mesure chiffrée de l'accès à Internet est loin de rendre compte de la diversité des situations géoéconomiques.

GÉOGRAPHIE

SUJET

31

France métropolitaine • Septembre 2018
COMPOSITION

La mondialisation : processus, acteurs, débats

LES CLÉS DU SUJET

■ Analysez le sujet

Les termes du sujet

Terme	Définition
mondialisation	Mise en relation des différentes parties du monde par des flux. La mondialisation est inséparable du capitalisme qui l'a mise en place.
processus	Enchaînement ordonné de faits aboutissant à un phénomène spécifique, ici la mondialisation actuelle.
acteurs	Toutes les personnes ou organisations qui jouent un rôle géographique dans la mondialisation.
débats	Parce qu'elle recompose les équilibres existants, la mondialisation provoque des débats, des questionnements sur lesquels il n'y a pas consensus.

La problématique

Vous devez montrer **comment s'organisent les chaînes d'acteurs, les marchés et les systèmes territoriaux au sein desquels se produisent et se consomment les biens et les services à l'échelle mondiale.** Le sujet suggère un plan possible : processus, acteurs, débats. Il est commode et prudent de le suivre. Cette solution permet non seulement de gagner du temps mais surtout de traiter convenablement, dans le corps du devoir, les processus et les acteurs de la mondialisation, puis d'en évaluer les différents aspects – positifs et négatifs – dans la conclusion.

La mondialisation en fonctionnement **CORRIGÉ** 31

■ Utilisez les mots clés

compétitivité   centres/périphéries/marges

mondialisation   **débats**   enrichissement global

destruction d'emplois   firmes transnationales   DIT

recomposition spatiale   **processus**

capitalisme libéral   dégradation de l'environnement

gouvernance économique mondiale   attractivité   **acteurs**

■ Évitez les pièges

• La question des débats liés à la mondialisation est particulièrement sensible. Restez donc dans des considérations très générales, voire consensuelles, **sans prendre parti**.

• Il paraît également difficile de traiter des processus de la mondialisation sans en évoquer les **flux**. Mais contentez-vous d'en faire mention, car leur analyse se traite dans une autre partie du programme et donne parfois lieu à un sujet spécifique.

GÉOGRAPHIE

CORRIGÉ **31**

Les titres en couleurs servent à guider la lecture et ne doivent en aucun cas figurer sur la copie.

Introduction

[Accroche] Selon les enquêtes d'opinion, les Français, dans leur majorité, n'aiment pas la mondialisation et l'accusent des plus grands maux, sinon de tous. Et pourtant, quelle alternative ?

[Problématique] Avec la mondialisation, les économies, les sociétés sont désormais interdépendantes à l'échelle de la planète. Comment dès lors s'organisent les chaînes d'acteurs, les marchés et les systèmes territoriaux au sein desquels se produisent et se consomment les biens et les services à l'échelle mondiale ? La mondialisation, par ailleurs, fait débat : les conséquences en sont-elles négatives ?

187

La mondialisation en fonctionnement **CORRIGÉ** **31**

[Annonce du plan] Comment la nouvelle division internationale du travail construit-elle le monde ? Quels en sont donc les principaux acteurs, et à quelles échelles agissent-ils ? Enfin, quels sont les débats liés à la mondialisation ?

I. Les processus de la mondialisation

1. La construction d'un système-monde

• La mondialisation suppose la mise en relation des espaces mondiaux. C'est un phénomène déjà ancien, qui remonte aux Grandes Découvertes. À chaque étape, le capitalisme – marchand à l'origine, industriel ensuite, financier à présent – a déployé ses réseaux, selon des logiques libérales qui s'étendent, depuis la chute de l'URSS, à l'ensemble de la planète.

Info
Les logiques libérales sont les logiques de marché qui favorisent la recherche du profit maximum en jouant des avantages comparatifs de chaque territoire.

• Dans le système-monde, les pays développés – la Triade (États-Unis, Japon, Union européenne) en particulier – détiennent la plus grande partie de la puissance économique, technologique et financière. Les périphéries intégrées sont constituées de pays qui fournissent matières premières mais aussi main-d'œuvre bon marché. À l'écart de ces relations centre-périphéries se trouvent des espaces en marge, dont l'intégration est fragmentaire.

2. Le basculement du monde

• Dans la division internationale du travail (DIT) mise en place à partir des années 1980, les pays de la Triade conservaient les activités à plus forte valeur ajoutée et les pays périphériques assemblaient à bas prix.

• Mais ces trente dernières années ont vu les pays émergents bousculer l'ordre économique mondial : les BRICS (Brésil, Russie, Inde, Chine et Afrique du Sud) représentent aujourd'hui 30 % de la production industrielle mondiale. Les pays du Sud créent à présent plus de richesse que ceux du Nord.

3. La diffusion des processus de la mondialisation à l'ensemble de la planète

• Les activités industrielles sont aujourd'hui largement redistribuées de par le monde. Les économies les plus développées sont à présent concurrencées par les émergents, alors que de nouveaux pays en développement (NPED) font jouer l'avantage comparatif de leurs bas salaires.

• L'Afrique s'insère ainsi progressivement dans la mondialisation. Contrairement à certaines idées reçues, la croissance économique y a été vigoureuse depuis vingt ans, même pendant la crise de 2008-2009.

[Transition] La mondialisation n'est pas le fait de processus *ex nihilo* ; ceux-ci font intervenir quantité d'acteurs, de nature et à des échelles variées.

La mondialisation en fonctionnement CORRIGÉ 31

II. Les acteurs de la mondialisation

1. Les firmes transnationales, acteurs clés de la mondialisation

• Les principaux acteurs de la mondialisation aujourd'hui sont les firmes transnationales (FTN). 80 000 d'entre elles créent plus du quart du produit mondial
brut et réalisent les deux tiers du commerce mondial. À l'échelle de la planète,
le stock d'investissements directs étrangers (IDE) est passé de 700 milliards
de dollars en 1980 à plus de 20 000 milliards de dollars aujourd'hui.

• Les logiques de création de valeur des FTN mettent en concurrence les
territoires. Les dernières années voient ainsi une forte progression du Sud,
preuve des recompositions spatiales issues des processus de mondialisation.

2. Des acteurs publics à différentes échelles de la mondialisation

• Les États constituent toujours une échelle majeure d'intervention, car c'est
dans le cadre national que se développent les logiques territoriales de la mondialisation. Les États se livrent donc une concurrence acharnée pour développer leur attractivité et leur compétitivité.

• Ce sont encore les États qui participent aux instances internationales
régulatrices, comme l'Organisation des Nations unies (ONU) ou l'Organisation mondiale du commerce (OMC). Et ce sont eux encore qui s'associent
au sein de grandes organisations d'échelle continentale ou régionale, telles
que l'Union européenne (UE) ou l'Accord de libre-échange nord-américain
(ALENA). Ces organisations créent des espaces d'interdépendance renforcée, dont l'espace Schengen est l'exemple le plus abouti.

3. Une nébuleuse d'autres acteurs

• À côté des États et des organisations régionales, interviennent des acteurs
d'un autre type, qui mettent à profit les mécanismes mondialisés pour faire
valoir leurs intérêts ou mener leur combat. Au premier rang de ceux-ci, les
organisations non gouvernementales (ONG) œuvrent à contrebalancer les
problèmes induits ou laissés de côté par la mondialisation : inégalités sociales,
pauvreté, disparités géographiques, dégradations environnementales, etc.

• Agissant quant à elles dans des buts criminels, les mafias intègrent les
mêmes logiques mondialisées.

[Transition] La mondialisation n'est pas, en effet, un processus dépourvu de
défauts, d'inégalités, d'effets secondaires, lesquels font débat.

GÉOGRAPHIE

La mondialisation en fonctionnement **CORRIGÉ** **31**

III. Les débats de la mondialisation

1. Une mondialisation génératrice de problèmes

• Certes, la quasi-totalité des pays ont vu la pauvreté massivement reculer depuis trente ans, et ce d'autant plus qu'ils sont connectés aux processus de mondialisation. Mais la création de richesse s'accompagne d'inégalités croissantes : dans tous les pays les écarts se creusent entre régions, entre villes et campagnes, entre catégories sociales.

• La mondialisation entraîne également de graves problèmes liés au mode de développement productiviste : fortes pressions sur l'environnement et pollutions ; crises

> **Info**
> Le productivisme vise à l'accroissement systématique de la production.

sanitaires liées aux mobilités (épidémie d'Ebola en Afrique de l'Ouest) ; domination culturelle et résistances identitaires génératrices de conflits.

2. Altermondialisme, démondialisation, décroissance

• Certains dénoncent cette mondialisation et défendent un modèle opposé au libéralisme, l'altermondialisme. Rassemblement hétérogène de militants anticapitalistes, de syndicalistes, d'écologistes, ce mouvement tient de grands forums sociaux, tel celui de Tunis en 2015.

• Au sein de l'altermondialisme, certains vont jusqu'à prôner une démondialisation, avec la fin du libre-échange. D'autres, particulièrement dans la mouvance écologiste, insistent davantage sur la décroissance, considérant que la croissance économique détruit la planète.

3. Quelle gouvernance pour une planète mondialisée ?

• Dans ce monde aux acteurs multiples et aux intérêts contradictoires, se pose un problème capital : celui de la gouvernance. Les États peinent ainsi à imposer, entre eux et à l'égard des FTN – organismes privés sans légitimité démocratique – des règles de bonne conduite, comme le montre l'exemple de la finance mondialisée et des paradis fiscaux.

• La mondialisation est aussi celle de l'opinion publique, des savoirs, de l'éducation. À travers le monde, les populations demandent une plus grande participation aux décisions, autrement dit un renouvellement de la gouvernance.

La mondialisation en fonctionnement CORRIGÉ 31

Conclusion

[Bilan] La nouvelle division internationale du travail initiée par les FTN a ainsi provoqué de gigantesques recompositions spatiales. Si la mondialisation a permis une amélioration globale du niveau de développement de l'humanité, c'est au prix de crises et de bouleversements qui posent la question de la gouvernance de ce monde.

[Réponse] Le bilan de la mondialisation est positif, mais ses éléments font débat. Vue du Sud, elle produit de la richesse, malgré les inégalités qui en découlent. Vue du Nord, elle consacre la perte d'une position dominante, entraînant notamment la destruction d'emplois pour partie transférés au Sud. Sur le plan de l'environnement, ce développement est fortement consommateur de ressources et porteur de graves dégradations.

[Élargissement] Dans les pays développés, le débat sur la mondialisation est donc biaisé par le sentiment du déclassement, la peur de l'avenir et la crainte de la concurrence internationale. Voilà qui explique certainement les réticences d'une majorité de Français.

GÉOGRAPHIE

SUJET

32

Amérique du Nord • Mai 2018
COMPOSITION

La mondialisation : mobilités, flux et réseaux

LES CLÉS DU SUJET

■ Analysez le sujet

Les termes du sujet

Terme	Définition
mondialisation	Mise en relation des différentes parties du monde par des flux. La mondialisation est inséparable du capitalisme qui l'a mise en place.
mobilités	Déplacements, transferts d'un lieu à un autre. Les mobilités concernent uniquement les personnes, à la différence des flux.
flux	Déplacement d'un lieu de départ à un lieu d'arrivée. Les flux peuvent être matériels ou immatériels.
réseaux	Les flux et mobilités s'organisent en réseaux, connectant différents points de l'espace. Les réseaux sont aussi les supports matériels des flux (par exemple, train à grande vitesse ou Internet).

La problématique

Quel rôle jouent les mobilités, les flux, les systèmes de communication matériels et les réseaux numériques dans le fonctionnement de la mondialisation ?

Notez que les réseaux peuvent aussi être pris dans leur dimension humaine et transnationale : c'est le cas des **diasporas** ou encore des **mafias**.

■ Utilisez les mots clés

brain drain   touristes   déplacés

flux   diasporas   DIT   flux financiers   réseaux

firmes transnationales   mobilités

shadow banking   migrations   réseaux matériels/immatériels

IDE   remises   multimodal   réfugiés

réseaux sociaux   flux de marchandises   mafias

La mondialisation en fonctionnement **CORRIGÉ** **32**

■ **Évitez les pièges**

• Ne restez pas au niveau global de l'analyse, mais détaillez des **exemples précis**.

• Reliez bien les flux au fonctionnement de la mondialisation : gardez la problématique à l'esprit.

CORRIGÉ **32**

Les titres en couleurs servent à guider la lecture et ne doivent en aucun cas figurer sur la copie.

Introduction

[Présentation] Nous en sommes déjà à la troisième mondialisation. À chacune d'entre elles, l'espace s'est davantage livré, ouvert, unifié. Mise en relation des différentes parties du monde permettant à ce dernier de fonctionner comme un système, la mondialisation est réalisée par des flux.

> **Info**
> La première mondialisation est celle des Grandes Découvertes aux XVe et XVIe siècles, la deuxième correspond à la révolution industrielle au XIXe siècle.

[Problématique] Les flux, les mobilités, les réseaux sont donc à la base de la mondialisation. Ils font la mondialisation. Étudier leur fonctionnement, c'est donc étudier le fonctionnement de la mondialisation. Quel rôle jouent ces mobilités, ces flux, ces réseaux dans le fonctionnement de la mondialisation ?

[Plan] Les mobilités ont explosé, quels qu'en soient le type ou l'échelle. Les flux de toute nature s'effectuent désormais au niveau mondial à une vitesse et une fréquence jamais atteintes. Des réseaux à hautes performances rendent possibles ces migrations et ces échanges.

I. Le développement planétaire des mobilités

1. Les migrations économiques

• On compte plus de 230 millions de migrants dans le monde. Ce sont des migrations de travail, légales ou clandestines.

• Si les migrations Sud-Nord mais aussi Sud-Sud sont les plus importantes, existent également des mobilités Nord-Nord (*brain drain*) et Nord-Sud.

> **Info**
> Le *brain drain,* littéralement la « fuite des cerveaux », désigne la migration de personnes diplômées et qualifiées.

GÉOGRAPHIE

La mondialisation en fonctionnement **CORRIGÉ 32**

• Ces migrations génèrent souvent des flux de retour, mais aussi des flux financiers (remises), qui sont d'une grande importance pour certains pays.

2. Les autres migrations de nécessité

• Les migrations politiques, liées à un conflit, entraînent le déplacement de populations à l'intérieur (déplacés) ou à l'extérieur de leur pays (réfugiés).

• On compte 60 millions de réfugiés et déplacés dans le monde, venant de pays en guerre – notamment la Syrie aujourd'hui.

• Les migrations peuvent également être liées à des catastrophes naturelles ou climatiques : 20 millions de personnes pourraient être concernées.

3. Des migrations touristiques en plein essor

• Les migrations sont aussi celles de plus d'un milliard de touristes internationaux : un nombre qui ne cesse d'augmenter, malgré la crise.

• Cette hausse est liée au fait que ces touristes ne viennent plus seulement des pays riches, mais aussi des pays émergents (Chine, Brésil, Russie).

• Le tourisme est essentiellement balnéaire, en Méditerranée et dans les Caraïbes notamment, et culturel, en France et en Italie en particulier.

[Transition] Mais la mondialisation, ce sont aussi des flux de marchandises qui irriguent la planète, témoins de faits géo-économiques d'échelle mondiale.

II. L'explosion des flux de toute nature

1. Les flux matériels, système circulatoire de la mondialisation

• Les flux de produits manufacturés représentent plus de 70 % des échanges en valeur. Les firmes transnationales (FTN) jouent de la division internationale du travail (DIT).

• Les flux de matières premières énergétiques et minières alimentent la croissance économique des pays émergents.

• Les flux de produits agricoles viennent des zones excédentaires (États-Unis, Brésil « ferme du monde », Europe) vers celles déficitaires (Chine, Japon).

2. Les flux financiers, système nerveux de la mondialisation

• Les flux financiers transitent par les grandes bourses mondiales. S'y ajoutent les flux de gré à gré (*shadow banking*).

• Les FTN génèrent des flux de capitaux directs colossaux, les investissements directs étrangers (IDE) : près de 1 500 milliards de dollars en 2014.

La mondialisation en fonctionnement CORRIGÉ 32

3. Les flux d'information, système sensoriel de la mondialisation

• Les réseaux d'information peuvent être appréhendés à travers les grandes chaînes d'informations généralistes (CNN, Al Jazeera).

• Les flux qui transitent par le réseau internet sont encore essentiellement centrés sur la Triade (États-Unis, Japon, Union européenne), malgré leur développement dans les grands pays émergents.

[Transition] Mobilités et flux à l'échelle planétaire ne sont possibles que grâce à la mise au point de réseaux à hautes performances.

III. Le développement des réseaux mondialisés

1. Les réseaux matériels

• Les réseaux terrestres ont fait d'immenses progrès (lignes à grande vitesse et autoroutes), dans les pays développés mais aussi, et de plus en plus, dans les pays émergents.

• Les réseaux portuaires (pour les marchandises) et aéroportuaires (pour les personnes) relient des points d'accès à hautes performances multimodales.

• Les réseaux immatériels sont en pleine croissance : c'est le cas des réseaux satellites de transmission téléphonique, de vidéo ou des systèmes de localisation (GPS) par exemple.

2. Les réseaux comme solidarités

• Les réseaux peuvent également désigner des groupes humains présents à l'échelle mondiale.

• C'est le cas des diasporas, à l'instar de celle de la communauté chinoise, visible en particulier dans les grandes métropoles.

• Les organisations non gouvernementales (ONG) tendent aussi à former des réseaux de solidarité planétaire.

3. Les réseaux informels

• Certains réseaux sont plus informels encore, donc difficiles à appréhender. Les réseaux sociaux mettent ainsi en relation des millions de personnes : plus d'un milliard même pour Facebook, sans compter ses équivalents russe (VKontakte) ou chinois (Weibo).

• Les mafias constituent également des réseaux organisés, quoique de façon clandestine. Leurs activités illicites se déploient à l'échelle mondiale : c'est le cas du trafic de drogue.

GÉOGRAPHIE

La mondialisation en fonctionnement **CORRIGÉ 32**

Conclusion

[Reprise] Les flux de marchandises, de capitaux, d'informations et les mobilités de personnes, profitant de réseaux ultra-modernes, mettent ainsi en relation presque tous les lieux de la planète.

[Réponse] Les flux de la mondialisation intègrent des parties sans cesse croissantes de l'espace terrestre. Jamais comme aujourd'hui l'expression « village global » (MacLuhan) n'a pris tout son sens. Réseaux et flux ont provoqué un changement dans la perception de l'espace, lequel est davantage un espace-temps.

[Remise en perspective] Cette accessibilité renforcée des différents lieux du monde ne signifie pas pour autant une uniformisation de celui-ci : chacun reste soi, mais désormais plus connecté à l'autre que jamais dans l'histoire.

SUJET

33

Pondichéry • Mai 2018
COMPOSITION

L'iPhone, un produit mondialisé

▶ En vous appuyant sur le cas du produit mondialisé étudié dans l'année, vous présenterez les processus, les flux et les acteurs de la mondialisation.

LES CLÉS DU SUJET

■ **Analysez le sujet**

Les termes du sujet

Terme	Définition
Produit mondialisé	Produit élaboré dont les étapes de fabrication, d'assemblage, d'acheminement, de distribution et de consommation reflètent l'intégration des acteurs économiques mondiaux et révèlent la complexité des liens économiques qui unissent différentes parties du monde. C'est un produit qui fait l'objet d'une distribution massive sur les marchés mondiaux.
Mondialisation	Processus de mise en relation des différentes parties du monde par des flux, résultats de stratégies globales mises en œuvre par des acteurs (firmes transnationales au premier rang, États…).

La problématique

En quoi l'exemple d'un produit mondialisé rend-il compte du fonctionnement de la mondialisation, de ses processus, de ses flux, de ses acteurs ?

■ **Utilisez les mots clés**

avantages comparatifs **produit mondialisé** firme globale

FTN DIT *made in world* sous-traitants Nord

processus inégalités

mondialisation

flux valeur ajoutée **acteurs**

pays émergents DIPP **responsabilité sociale et environnementale**

GÉOGRAPHIE

La mondialisation en fonctionnement   **CORRIGÉ 33**

■ **Évitez les pièges**

• Étudiez le produit mondialisé en faisant bien le **lien avec les dynamiques de la mondialisation**.

• De même, étudiez le fonctionnement de la mondialisation en faisant bien **référence au produit mondialisé**.

CORRIGÉ 33

Les titres en couleurs servent à guider la lecture et ne doivent en aucun cas figurer sur la copie.

Introduction

[Accroche] Qui n'a pas regardé, l'œil halluciné, ces hordes de *geeks* se ruer dans les rayons d'un Apple Store pour arracher la dernière version de l'iPhone, le produit phare de la célèbre marque à la pomme, Apple ? Qui ne les a vus, sur une chaîne de télévision, brandir, essoufflés mais comblés, la précieuse boîte dont la possession signe leur entrée dans le club très fermé des gens *in*, ceux qui ont « le dernier iPhone » ?

[Problématique] Enfin, pas si fermé que cela, ce club. C'est d'ailleurs là tout le paradoxe : comment donner l'impression à un client d'entrer dans un cercle très privé alors qu'il a été vendu 52 millions d'iPhones en trois mois ? C'est simple : il faut le vendre cher et partout dans le monde. Exemple emblématique de ces produits mondialisés qui accompagnent les pérégrinations urbaines d'une humanité connectée, l'iPhone peut rendre compte, à lui seul, de l'ensemble des logiques de la mondialisation.

[Annonce du plan] L'iPhone est en effet un produit *made in world* dont la production suit les stratégies des firmes mondialisées. Mais c'est aussi un produit qui, loin d'être universel, laisse transparaître les logiques sélectives, uniformisatrices ou contestables d'une mondialisation débridée.

I. L'iPhone, *made in world*

1. Une firme globale, Apple

• Lancée en 1976 dans leur garage par Steve Jobs et Steve Wozniak, Apple est aujourd'hui une firme transnationale (FTN) d'une ampleur particulière. Cotée au NASDAQ, sa capitalisation boursière atteint 900 milliards de dollars : c'est la première au monde.

> **Info**
> Le NASDAQ est la bourse des valeurs technologiques de New York.

198

La mondialisation en fonctionnement   **CORRIGÉ**   **33**

• Apple est implantée depuis l'origine à Cupertino, en Californie, au cœur de la Silicon Valley, le premier technopôle du monde. C'est là que sont conçus les iPhones, dont les derniers modèles, les 8 et X, ont permis à la société de générer 52 milliards de dollars en un trimestre d'activité. Apple se révèle ainsi être une firme extraordinairement profitable, avec une marge brute de 38 % : deux caractéristiques qu'elle partage, quoiqu'à des degrés divers, avec les autres FTN de la planète.

> **Conseil**
> Veillez à donner de temps à temps à votre étude de cas une portée générale.

2. La stratégie des avantages comparatifs

• Si la conception des iPhones se fait en Californie, de même que l'élaboration de la stratégie de l'entreprise ainsi que la réalisation des activités à plus forte valeur ajoutée, comme le logiciel (*software*), le marketing ou la publicité, la production de l'objet matériel (*hardware*) est éclatée à travers le monde : l'iPhone est fabriqué à 90 % hors des États-Unis.

• La firme fait jouer les avantages comparatifs de chaque zone de la planète : le processeur A8 est produit en Corée du Sud, les composants semi-conducteurs en Allemagne ou à Taïwan, les composants mémoire au Japon et en Corée du Sud, l'écran haute définition à Taïwan et en Corée du Sud, les métaux rares viennent essentiellement d'Afrique et d'Asie, l'acier de Russie.

3. La nouvelle division internationale des processus productifs

• La division internationale du travail (DIT) permet donc de produire dans des lieux différents et éloignés les uns des autres les composants qui seront ensuite assemblés en Chine par le sous-traitant principal d'Apple, le Taïwanais Foxconn. Dans le Henan, au sud de Zhengzhou, se trouve « Apple City », l'immense zone industrielle dédiée aux activités d'assemblage des produits Apple. 300 000 ouvriers y travaillent.

• La division internationale des processus productifs (DIPP) s'applique pour l'iPhone comme pour les autres produits de la mondialisation. Des firmes comme Apple profitent ainsi des faibles salaires – mais de moins en moins faibles à présent – chinois, du coût très réduit du transport maritime et de l'efficacité des chaînes logistiques actuelles. Au final, la part de la valeur ajoutée par le travail chinois est inférieure à 4 % de la valeur finale de l'iPhone, alors qu'Apple en empoche près de 60 %.

> **Info**
> La DIPP est l'intervention simultanée de plusieurs pays dans un même processus productif, le faible coût du transport maritime par conteneurs permettant l'assemblage final dans un lieu d'où le produit sera réexporté, souvent la Chine. La DIPP est un terme plus technique et précis que la DIT.

GÉOGRAPHIE

La mondialisation en fonctionnement **CORRIGÉ 33**

[Transition] La division internationale des processus productifs rend bien compte des logiques mondialisées qui président à la production de l'iPhone. Mais produit mondialisé ne veut pas dire produit universel, ni universellement accepté.

II. L'iPhone, produit mondialisé, produit global ?

1. La distribution sélective d'un produit mondialisé

• La commercialisation de l'iPhone n'est en effet aucunement universelle. Elle reflète les inégalités, les hiérarchies introduites entre les territoires par les dynamiques de mondialisation. Les Apple Stores sont encore, pour l'essentiel, concentrés dans les pays du Nord, autrement dit à destination des populations à fort revenu : avec un iPhone X dont le prix est supérieur à 1 300 euros l'unité, on peut comprendre la logique de cette implantation.

• Toutefois, de plus en plus d'Apple Stores s'ouvrent dans les pays émergents, ceux dans lesquels une classe moyenne avide de consommer se développe et où les nouveaux riches veulent afficher les signes de leur réussite en arborant l'appareil à la pomme, parfois dans des versions spécifiques (doré, avec des brillants, etc.). C'est le cas en Chine, en Russie, dans les pays du Golfe, au Brésil ou encore en Afrique du Sud. La Chine, par exemple, est le premier marché mondial pour le téléphone mobile.

• En revanche, Apple est peu ou pas distribué dans un certain nombre de pays, plutôt pauvres et isolés, qui forment les angles morts de la mondialisation : les pays les moins avancés (PMA) en sont le meilleur exemple.

2. Un produit agent de l'uniformisation ?

• Plus que d'autres produits mondialisés, l'iPhone est connu pour gommer les spécificités locales, régionales ou nationales. En dehors de quelques concessions récentes au goût prononcé des Asiatiques pour la couleur or, le design Apple joue d'un marketing indifférencié, qui privilégie l'idée d'une communauté, d'un club select, voire *cool*. Il s'agit là d'un marqueur essentiel d'une culture mondialisée, uniformisée, déterritorialisée.

• Il est vrai que le téléphone portable, surtout le *smartphone*, est devenu un objet dont il est à présent difficile de se séparer. Certains vont jusqu'à dire qu'il s'agit d'un objet identitaire, c'est-à-dire dans lequel on reconnaît une part de son identité.

La mondialisation en fonctionnement **CORRIGÉ** 33

3. Concentrer la valeur, diluer les responsabilités

• Or, la firme productrice de cet objet identitaire est loin d'être exempte de tout reproche. L'objectif d'Apple, comme des autres FTN, est de maximiser le profit, de concentrer la valeur, quitte à diluer les

> **Conseil**
> Donnez l'idée générale, puis un exemple tiré de l'étude de cas.

responsabilités, au premier rang desquelles la responsabilité sociale. Les grandes marques feignent d'ignorer les conditions de travail qui prévalent souvent chez leurs sous-traitants, et préservent leur image de marque à grand renfort de communication. Foxconn a ainsi souvent été accusé par différentes organisations non gouvernementales (ONG), notamment chinoises, de « faire travailler l'homme plus vite que la machine ».

• Responsabilité environnementale ensuite : loin des logiques du développement durable, celles de profitabilité conduisent à créer chez les consommateurs le besoin d'un nouvel appareil, selon la théorie de l'obsolescence programmée. Or, le bilan écologique de la production de l'iPhone, comme celui de tous les autres produits mondialisés, est fortement négatif : changements fréquents d'appareils non recyclés, matières premières à l'extraction fortement polluante (terres rares), multiplication des transports dans le cadre de la DIPP, etc.

Conclusion

[Reprise] L'iPhone est donc le produit mondialisé par excellence, celui qui concentre toutes les logiques de la mondialisation contemporaine, celui dont les processus de production mettent en œuvre une division internationale du travail extrêmement efficace. Mais aussi celui qui révèle les critiques le plus souvent portées contre la mondialisation.

[Réponse] Un produit mondialisé n'est pas un produit mondial, simplement distribué partout dans le monde. C'est un produit qui reflète l'intégration des acteurs économiques mondiaux, l'interdépendance des marchés, mais aussi les inégalités de la mondialisation.

[Remise en perspective] Un tel produit accompagne les évolutions du monde, car les firmes s'y adaptent et les anticipent. Il est ainsi question que le lancement mondial du prochain appareil d'Apple se fasse depuis Shanghai…

GÉOGRAPHIE

SUJET

34

France métropolitaine • Juin 2018
COMPOSITION

L'inégale intégration des territoires dans la mondialisation

LES CLÉS DU SUJET

■ Analysez le sujet

Les termes du sujet

Terme	Définition
mondialisation	Mise en relation des différentes parties du monde par des flux. La mondialisation est inséparable du capitalisme qui l'a mise en place.
territoires	Espace que s'est approprié l'humanité, animé par ses populations, structuré par ses activités et ses flux.
intégration	Le terme renvoie au degré d'appartenance à la mondialisation. L'intégration se mesure par les flux qui relient un territoire au système global. Plus un territoire est connecté, plus il est intégré et plus il joue un rôle moteur dans ce système.

La problématique

Quelle **typologie des territoires** peut-on établir en fonction de leur inégale participation à la mondialisation ? Quelles sont les **caractéristiques** des pôles et espaces majeurs du système global, et celles des territoires restés en marge ? Quelles sont les **conséquences** socio-spatiales d'une intégration inégale dans la mondialisation ?

Pour des raisons pratiques, on pourra se limiter à un plan en deux parties, analysant successivement les **territoires intégrés et ceux en voie plus ou moins avancée d'intégration**.

Les territoires dans la mondialisation **CORRIGÉ 34**

■ Utilisez les mots clés

mondialisation villes mondiales Triade

attractivité zones franches ségrégation socio-spatiale

AMM mégalopoles territoire

Nord/Sud intégration métropolisation

FTN pays émergents paradis fiscaux

disparités régionales

métropoles accessibilité inégalités sociales

■ Évitez les pièges

• Attention à **rester dans des dimensions raisonnables** ! Vous pouvez laisser les espaces maritimes de côté, dans la mesure où ce ne sont pas des « territoires » au sens strict. Si vous pouvez utiliser l'exemple de ville mondiale que vous avez étudié, le sujet est bien centré sur la typologie des territoires en fonction de leur intégration à la mondialisation.

• Veillez à **ne pas limiter votre copie à un plan national**. Il faut savoir varier les échelles d'analyse, ce qui est le propre de la géographie. Voyez par exemple comment chaque partie du corrigé en change progressivement.

CORRIGÉ 34

Les titres en couleurs servent à guider la lecture et ne doivent en aucun cas figurer sur la copie.

Introduction

[Accroche] La mondialisation, ce processus de mise en relation des espaces mondiaux, est un phénomène planétaire. Pourtant, les territoires n'en semblent pas également concernés. La mondialisation n'est peut-être alors pas aussi « globale »…

[Problématique] Les territoires sont en effet caractérisés par une intégration très différenciée à la mondialisation. Cette intégration renvoie au degré d'appartenance au système global, mesuré par les flux. Dès lors, quelle typologie des territoires la mondialisation produit-elle ? Les uniformise-t-elle ou les différencie-t-elle ? Autrement dit, quels en sont les effets géographiques ?

Les territoires dans la mondialisation **CORRIGÉ** 34

[Annonce du plan] La mondialisation produit des effets à tous les niveaux d'échelle de l'espace. Les territoires bien intégrés ne bénéficient pas du même degré d'appartenance au système global. Quant aux territoires les moins intégrés, leurs dynamiques propres produisent des discontinuités spatiales.

I. Les territoires intégrés à la mondialisation

1. Les mécanismes de l'intégration

• L'intégration à la mondialisation est d'abord et avant tout le fait des firmes transnationales (FTN). Dès lors, il s'agit pour les territoires d'attirer ces FTN par des efforts de compétitivité.

Conseil
Vous pouvez développer les caractéristiques des FTN en donnant quelques chiffres.

• Une condition est indispensable pour s'intégrer à un système structuré par les flux : l'accessibilité. La mondialisation est le triomphe des interfaces et des réseaux à hautes performances (*hubs* et plates-formes multimodales, réseaux à grande vitesse).

• L'attractivité des territoires détermine leur intégration : marché de consommation puissant, haut niveau de formation, stabilité politique, main-d'œuvre peu coûteuse, matières premières, etc. Ces différents facteurs donnent à chaque territoire sa place spécifique dans la mondialisation.

2. Anciens et nouveaux centres d'impulsion et leurs périphéries

• Le Nord conserve sa suprématie. Les pôles de la Triade (États-Unis, Japon, Union européenne) demeurent des centres d'impulsion majeurs de la mondialisation, concentrant les lieux de pouvoir et de création de richesse : sièges des FTN, centres financiers, etc. Accolées à ces pôles de la Triade, des périphéries plus ou moins intégrées : l'Europe orientale pour l'UE par exemple.

• Les pays émergents sont sur une trajectoire de convergence avec les pays développés. Ces périphéries émergent grâce à leur intégration dans la mondialisation. La Chine est ainsi la 2e puissance économique mondiale et sa croissance structure d'autres territoires, en Asie centrale, méridionale ou en Afrique.

• À d'autres échelles, certains territoires se sont constitués en tant que centres d'impulsion de la mondialisation, comme les paradis fiscaux – les Îles vierges britanniques par exemple – ou les zones franches – tel Panama.

3. Les processus multiscalaires de la métropolisation

• Les têtes de la mondialisation sont les grandes métropoles mondiales. Ce sont des centres producteurs de flux, qui concentrent les services de très haut niveau, avec une accessibilité maximale. Quatre villes globales (New York, Londres, Paris, Tokyo) en pilotent le réseau.

Les territoires dans la mondialisation **CORRIGÉ 34**

• Ces métropoles mondiales sont en effet reliées entre elles. À l'échelle régionale, elles se rassemblent en mégalopoles, telle la *megalopolis* américaine entre Boston et Washington. À l'échelle mondiale, elles forment l'archipel mégalopolitain mondial, qui domine la planète.

Conseil
Vous pouvez citer quelques exemples de métropoles mondiales, voire détailler en exemple l'une d'entre elles.

• À une autre échelle, les centres-villes ou quartiers d'affaires, tel La Défense à Paris, concentrent les fonctions de commandement. Lieux de pouvoir, ce sont donc des espaces qui manient les symboles, tel le gratte-ciel Burj Khalifa à Dubaï…

[Transition] À l'opposé de ces lieux au cœur de la richesse globalisée, se trouvent des territoires peu ou mal intégrés à la mondialisation, souvent synonymes de pauvreté.

II. Les territoires peu ou mal intégrés à la mondialisation

1. Des territoires mal intégrés, mais en voie d'intégration ?

• À l'échelle de la planète, les pays les moins intégrés à la mondialisation sont également les plus pauvres. Une grande partie d'entre eux se situent en Afrique subsaharienne.

• Des capitaux sont nécessaires pour investir dans le facteur humain et dans les infrastructures. Aussi le développement ne peut-il venir que de l'ouverture, de l'intégration progressive à la mondialisation, *via* les investissements directs étrangers (IDE) des FTN.

• C'est ce qui explique des taux de croissance économique de 5 % par an en moyenne en Afrique subsaharienne dans la dernière décennie. Encore faut-il que cette croissance profite à la population.

2. La production d'un espace intégré discontinu

• À l'échelle infranationale, l'intégration progressive de zones jusque-là marginalisées produit des distorsions spatiales. Les disparités s'accroissent entre les lieux connectés et ceux qui ne le sont pas.

• L'intégration se fait par archipels, connectés au reste du système mondialisé, laissant les autres zones à l'écart. Les grandes stations littorales de Bali connaissent ainsi une activité stimulée par les touristes internationaux, mais l'intérieur de l'île demeure misérable.

• Les villes, là encore, sont les premières bénéficiaires de l'intégration, surtout quand elles sont en position littorale ou frontalière, portuaire ou aéroportuaire. Les populations rurales quant à elles en sont presque toujours exclues.

GÉOGRAPHIE

Les territoires dans la mondialisation **CORRIGÉ 34**

3. Intégrations et désintégrations sociales

• L'intégration à la mondialisation produit, en même temps qu'un enrichissement global, une augmentation des inégalités sociales. En Chine, celles-ci dépassent à présent les niveaux européens.

> **Info**
> Un indicateur fréquemment utilisé pour mesurer les inégalités sociales est le coefficient de Gini.

• Les phénomènes de ségrégation socio-spatiale conduisent à des effets géographiques puissants à l'échelle urbaine, comme l'entassement des populations défavorisées dans des bidonvilles et l'enfermement des riches dans des quartiers protégés (*gated communities*).

• Les sociétés du Nord témoignent de phénomènes similaires. Les couches sociales les plus fragiles connaissent parfois un recul de leur niveau de vie, paupérisant des banlieues que les politiques urbaines tentent de rénover. La mondialisation produit aussi de la désintégration sociale…

Conclusion

[Bilan] L'intégration des territoires dans la mondialisation est donc le fait d'une mise en concurrence de leurs facteurs d'accessibilité et de compétitivité. La Triade, l'archipel mégalopolitain mondial et les villes globales en constituent les espaces moteurs. Ces centres d'impulsion connectent des périphéries sans cesse plus étendues. Les territoires en marge de la mondialisation sont, quant à eux, amenés à s'intégrer de façon discontinue.

[Réponse] L'intégration des territoires à la mondialisation est donc inégale, même si elle progresse. Cette inégalité institue de fait une hiérarchie des territoires. La mondialisation produit de la différenciation à toutes les échelles, bien loin d'uniformiser l'espace.

[Élargissement] La réponse des sociétés à cette intégration dans la mondialisation est variable. Pourtant, de celle-ci dépend la place de chaque pays, et de ses populations, dans le monde du XXIᵉ siècle.

SUJET

35

Nouvelle-Calédonie • Décembre 2017
COMPOSITION

Les espaces maritimes : enjeux géostratégiques

LES CLÉS DU SUJET

■ Analysez le sujet

Les termes du sujet

Terme	Définition
espaces maritimes	L'expression désigne les mers et océans. La question se situant dans la partie consacrée aux « territoires dans la mondialisation », il faudra étudier leurs caractéristiques géoéconomiques en relation avec la mondialisation.
enjeux géostratégiques	La géostratégie est « l'étude des rapports entre les problèmes stratégiques et les facteurs géographiques ». Les rapports de domination entre les puissances sont donc au centre du sujet.

La problématique

• **En quoi la mondialisation influe-t-elle sur la géostratégie des espaces maritimes ?** Pourquoi leur contrôle est-il essentiel ? En quoi cette géostratégie des espaces maritimes est-elle révélatrice de la hiérarchie des puissances dans la mondialisation ?

• Dans l'introduction, présentez votre sujet sous **un angle original : la Terre, planète océane**. Cela permet d'introduire le rapport des mers et océans à la mondialisation.

■ Utilisez les mots clés

anneau maritime   espaces maritimes   ZEE

façades maritimes   géostratégie   transport maritime

litiges   hydrocarbures   pêche   militarisation

mondialisation   canaux et détroits   DIT

libre navigation   littoralisation   ressources

GÉOGRAPHIE

Les territoires dans la mondialisation **CORRIGÉ** **35**

■ Évitez les pièges

• Attention à **rester dans le sujet** : vous ne devez étudier le renforcement des façades littorales que comme une conséquence des flux maritimes liés à la mondialisation, et non en tant que telles.

• **Ne débordez pas** du sujet en vous lançant dans une analyse environnementale des espaces océaniques, à la mode notamment dans les médias.

CORRIGÉ 35

Les titres en couleurs servent à guider la lecture et ne doivent en aucun cas figurer sur la copie.

Introduction

[Présentation] Longtemps, en géopolitique classique, on a pensé que celui qui occupait les territoires terrestres contrôlait le monde. Mais il semble que la maîtrise des espaces maritimes offre de bien meilleures perspectives en termes de puissance.

[Problématique] Avec une mondialisation largement maritime, les mers et les océans sont désormais au centre des enjeux de domination au niveau planétaire. Objets de tensions et de convoitises, ces espaces reflètent la hiérarchie des puissances et l'évolution récente de cette hiérarchie. Quels sont, dès lors, les nouveaux enjeux géostratégiques liés aux espaces maritimes ?

[Annonce du plan] Mers et océans sont d'abord des espaces au cœur de la mondialisation, reliant les hommes et donc constitutifs de ce système global. Mais ce sont aussi des espaces qui regorgent de ressources que l'enrichissement de l'humanité par la mondialisation a rendues plus rares. De fait, ce sont enfin des espaces géostratégiques, dont les différents acteurs géographiques tentent de s'assurer les rentes.

Les territoires dans la mondialisation **CORRIGÉ 35**

I. Des espaces au cœur de la mondialisation

1. Un enjeu économique considérable

• Les espaces maritimes sont d'abord stratégiques parce qu'ils sont au cœur des processus de mondialisation. La division internationale du travail (DIT) a conduit à un éclatement de la chaîne de création de valeur. Les coûts d'acheminement induits ont connu un effondrement grâce à la révolution du transport maritime.

• Dès lors, la voie maritime assure plus de 80 % du transport de marchandises, malgré un ralentissement récent. Les câbles sous-marins transocéaniques jouent également un rôle essentiel dans les échanges d'informations et de capitaux ; de même que les conduites (*pipelines*) pour l'acheminement d'hydrocarbures.

2. Des routes maritimes stratégiques

• Les routes maritimes présentent donc un intérêt géo-économique évident. La littoralisation de l'économie mondiale qui en découle a créé de grandes façades maritimes, concentrant hommes et activités : Northern Range européenne, *megalopolis* est-américaine et japonaise, façade est-asiatique.

> **Conseil**
> Il est important de montrer que vous connaissez les façades principales. N'hésitez pas à les localiser. Vous pouvez aussi le faire sur un schéma sommaire.

• Des routes maritimes – invisibles mais réelles – relient ces grandes façades, dessinant une sorte d'anneau maritime entre les pôles de la Triade (États-Unis, Japon, Union européenne), sans compter de nombreuses routes secondaires. Plus de 50 000 navires de commerce y transportent annuellement 10 milliards de tonnes de fret.

3. Des routes maritimes vulnérables

• Pourtant, ces routes maritimes, essentielles au fonctionnement de la mondialisation, sont des plus vulnérables. Elles empruntent des points de passage obligés, pour des raisons de coût ou de simple géographie : les seuils.

• Certains de ces seuils sont naturels : ce sont les détroits, tels ceux de Gibraltar, de Malacca, d'Ormuz ou du Bosphore. D'autres sont artificiels : ce sont les canaux transocéaniques de Suez et de Panama. À la clé, il existe de réels risques de collision, de piraterie, ou de blocage lié à un conflit.

[Transition] Rendues plus appréciables par la concurrence des acteurs étatiques ou transnationaux, les ressources des espaces maritimes font également ment l'objet de convoitises exacerbées.

GÉOGRAPHIE

Les territoires dans la mondialisation **CORRIGÉ 35**

II. Les ressources des espaces maritimes

1. Les ressources halieutiques

• Les ressources halieutiques sont exploitées depuis les temps les plus anciens. Mais dans un contexte de croissance démographique – les prévisions parlent de plus de 9 milliards d'humains vers 2050 –, la fonction nourricière des espaces maritimes prend une acuité nouvelle.

• 94 millions de tonnes de poissons sont pêchées chaque année, auxquelles il faut ajouter 74 millions de tonnes issues de l'aquaculture. Les grandes zones de pêche – souvent surexploitées – se localisent aujourd'hui surtout dans les océans Pacifique et Atlantique nord et moyen.

2. Les ressources énergétiques et minérales

• Mers et océans renferment près du quart des réserves pétrolières et du tiers des ressources gazières mondiales. Les technologies d'extraction *offshore* permettent aujourd'hui d'exploiter de tels gisements sous-marins, au large du Brésil ou de l'Angola par exemple.

• Les ressources minérales sont considérables : or, cuivre, manganèse et surtout terres rares – métaux indispensables aux produits de haute technologie – dont les océans concentrent 99 % des réserves. Sans même parler de l'Arctique, que le réchauffement climatique ouvre à la navigation et à l'exploitation économique.

3. Le droit maritime et ses problèmes

• L'importance de ces ressources a rendu plus nécessaire encore un droit maritime capable de régler les litiges. Depuis son entrée en vigueur en 1994, la Convention des Nations unies sur le droit de la mer distingue les eaux sous souveraineté, la zone économique exclusive (ZEE) de 200 milles marins (370 kilomètres) et les eaux internationales.

• Les États-Unis possèdent la ZEE la plus étendue, suivis par la France grâce à ses possessions d'outre-mer. Chaque État cherche à étendre sa ZEE.

[Transition] Cette nouvelle « course à la mer » débouche parfois sur des règlements à l'amiable, mais génère aussi des tensions géopolitiques sévères.

III. Les espaces d'une géostratégie mondiale

1. La puissance navale

• La domination de la mer fut la base de la puissance de nombreux États. Aujourd'hui, la militarisation des espaces maritimes passe par des groupes aéronavals centrés sur des porte-avions et relayés par des sous-marins à propulsion nucléaire.

Les territoires dans la mondialisation **CORRIGÉ** **35**

• Dans ce domaine, les États-Unis constituent une puissance sans rival depuis 1945. Ils détiennent 80 % des porte-avions dans le monde et jouent le rôle de gendarme de l'océan mondial. Au cours des dernières années, la Chine a fourni un effort important afin de combler son retard naval.

2. Le délicat contrôle d'espaces sensibles

• La libre navigation est une condition *sine qua non* de la mondialisation. C'est pourquoi les marines de guerre contrôlent les zones sensibles. Les détroits et canaux transocéaniques sont particulièrement sous tension.

• Les aspects géostratégiques sont tout aussi essentiels. La Ve Flotte américaine opère ainsi en permanence dans le golfe Persique. Quant à la Chine, elle développe un réseau de facilités navales, le « collier de perles », le long de la route du pétrole depuis le Golfe.

3. La permanence des revendications et des conflits

• On compte plus de 70 litiges opposant des pays riverains, pour des questions de zones de pêche ou de contrôle géopolitique. La maîtrise de la mer de Chine méridionale, aux riches ressources en hydrocarbures, est ainsi revendiquée par Pékin, suscitant des tensions avec ses voisins.

• L'Arctique et l'Antarctique font également l'objet de convoitises de la part de nombreux États, à commencer par la Russie qui demande l'extension de sa ZEE jusqu'au pôle Nord, ou la Chine qui multiplie ses installations autour du pôle Sud.

Conclusion

[Reprise] Mers et océans sont donc des espaces particuliers, ancrés dans la mondialisation en raison des routes maritimes, lesquelles forment un véritable système circulatoire de l'économie globalisée. Leurs ressources, présentes et futures, sont considérables. Et nombreux sont les acteurs qui s'en disputent la propriété, plaçant ces espaces au cœur d'une géostratégie mondiale de plus en plus conflictuelle.

[Réponse] Les espaces maritimes ont donc porté la mondialisation. Mais en retour, celle-ci, tant dans ses aspects géoéconomiques que géopolitiques, a fait des mers et des océans des espaces centraux dans la géostratégie du XXIe siècle. Plus que jamais, l'idée que celui qui maîtrise les mers domine le monde est d'actualité !

[Remise en perspective] L'évolution de la géopolitique mondiale traduit cette importance des espaces maritimes : deux porte-avions chinois sont déjà en service. Deux autres sont prévus dans les prochaines années… La bataille pour le contrôle des espaces maritimes s'annonce disputée.

GÉOGRAPHIE

SUJET 36

Asie • Juin 2018
ÉTUDE CRITIQUE DE DOCUMENTS

Les espaces maritimes : approche géostratégique

▶ Confrontez les documents pour montrer que les espaces maritimes sont des espaces d'échanges et de tensions à toutes les échelles.

DOCUMENT 1 — **Les espaces maritimes au cœur d'enjeux géostratégiques**

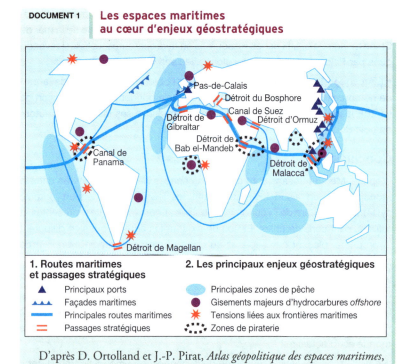

D'après D. Ortolland et J.-P. Pirat, *Atlas géopolitique des espaces maritimes*, éd. Technip, 2010 ; A. Fremont et A. Frémont-Vanacore, « Géographie des espaces maritimes », *Documentation photographique*, n° 8104, 4 mars 2015.

Les territoires dans la mondialisation **SUJET** **36**

DOCUMENT 2 **Les tensions en mer de Chine**

La mer de Chine du Sud a été de nouveau le théâtre d'affronte-ments entre pêcheurs philippins et garde-côtes chinois. Ces derniers surveillent l'espace que Pékin revendique comme étant sa propriété et repoussent fermement toute embarcation qui s'aventure dans ces
5 eaux. Un bateau de pêcheurs philippins vient d'en faire de nou-veau l'expérience. Bien que se considérant dans les eaux philippines, il raconte avoir été prié de quitter, sur le champ, cette zone pois-sonneuse. Craignant le recours aux canons à eau, très puissants, l'embarcation philippine a préféré rebrousser chemin et éviter tout
10 risque d'affrontement direct, voire de collision, le rapport de forces étant clairement en faveur du navire chinois.

Manille attend d'un jour à l'autre une décision de la Cour permanente d'arbitrage (CPA) de La Haye qui doit statuer sur la légitimité qu'ont chacun de ces deux États, à revendiquer des droits
15 dans cette zone. Manille demande à la CPA de dire que les revendi-cations chinoises violent la Convention de l'ONU sur le droit à la mer, dont les deux pays sont signataires. Les Philippines vont d'ail-leurs faire valoir que la Chine n'a aucun « droit historique » sur cette mer sur laquelle transite une grande partie du trafic maritime inter-
20 national. Au passage, Manille en profite pour dénoncer les ravages irréversibles causés à l'environnement par Pékin en rasant des récifs coralliens pour les transformer en îlots dotés de piste d'envol, de port en eau profonde et de station radar.

Quelle que soit la décision du tribunal, Pékin a déjà fait savoir
25 qu'elle ne la respectera pas, jugeant cette cour non compétente. Et comme pour mieux défier les uns et les autres, les autorités chinoises ont décidé d'organiser, à partir de 2020, des croisières réservées à des citoyens chinois autour de l'archipel des Spratleys, l'un des points les plus disputés. Outre les Philippines, le Vietnam, la Malaisie,
30 Taïwan et le sultanat de Brunei revendiquent aussi une partie de ce territoire. La situation est complexe, car la Chine pratique la poli-tique du fait accompli. Les États-Unis, qui sont liés par des accords de sûreté avec la plupart des pays concernés, envoient des avertis-sements à Pékin et croisent à proximité des rochers disputés. Les
35 Occidentaux observent une neutralité de bon aloi, estimant qu'une fois le droit de navigation préservé, peu importe finalement de savoir à qui appartient tel ou tel rocher.

GÉOGRAPHIE

Les territoires dans la mondialisation **SUJET 36**

Les opposants à l'expansionnisme chinois craignent que la Chine n'utilise ses îles artificielles à des fins militaires et n'obtienne, 40 *de facto*, le contrôle de la mer et des airs d'une région qui, de plus, recèlerait d'importants gisements d'hydrocarbures.

Source : Michel De Grandi, « En mer de Chine du Sud, les tensions restent fortes », *Les Échos*, 23 juin 2016.

LES CLÉS DU SUJET

■ Lisez la consigne

L'énoncé

La géostratégie est « l'étude des rapports entre les **problèmes stratégiques** et les **facteurs géographiques** ». Les **questions de domination** entre les puissances dans l'espace mondial (ici maritime) sont donc au centre du sujet. Mais les **enjeux géo-économiques**, qui donnent à ces espaces maritimes une grande valeur, sont également à étudier.

La consigne

• La consigne invite à « **confronter les documents** », ceux-ci étant à des échelles différentes : mondiale pour le document 1, régionale pour le document 2. L'**analyse multiscalaire** (« à toutes les échelles »), rappelons-le, est à la base de la méthode géographique.

• Les espaces maritimes sont des **lieux où se crée et où passe la richesse**. C'est pour cette raison qu'ils suscitent les convoitises et génèrent des tensions entre acteurs à toutes les échelles. L'étude critique des documents devra illustrer et répondre à cette problématique.

■ Analysez les documents

• Le document 1 est une **carte (très) schématique**, basée sur des ouvrages universitaires. Elle propose une information synthétique sur le sujet, qu'il vous faudra compléter par une bonne connaissance des enjeux liés aux espaces maritimes, issue du cours.

• Le document 2 est un **article de presse** tiré du grand quotidien économique français, *Les Échos*, en date du 23 juin 2016. Le texte détaille les frictions entre les Philippines et la Chine, en mer de Chine du Sud, l'un des points de tensions les plus chauds du monde actuel.

Les territoires dans la mondialisation **CORRIGÉ 36**

■ **Définissez les axes de l'étude**

• Comme vous y invite la consigne, une première partie pourra détailler en quoi les espaces maritimes sont **des espaces d'échanges**. Une seconde partie s'attachera à montrer que ce sont aussi **des espaces de tensions**. À l'intérieur de chaque partie, il conviendra d'insister sur les **aspects multiscalaires** du sujet.

• Ne récitez pas votre cours, partez au contraire de l'**analyse des documents**, mais sans les paraphraser non plus. Vous soulignerez les **limites des documents** chaque fois que nécessaire.

CORRIGÉ 36

Les titres en couleurs servent à guider la lecture et ne doivent en aucun cas figurer sur la copie.

Introduction

[Accroche] La mondialisation se manifeste par des flux de toute nature, notamment de marchandises : or, 80 % d'entre elles passent par voie maritime. C'est dire les enjeux considérables des espaces maritimes dans le cadre de la mondialisation actuelle.

[Présentation des documents et problématique] Le document 1 est une carte de source universitaire sur les aspects géo-économiques et géostratégiques des espaces maritimes mondiaux. Le document 2 est un article du quotidien économique *Les Échos*, en date du 23 juin 2016, sur les tensions en mer de Chine méridionale. Ces deux documents permettent ainsi une analyse multiscalaire des enjeux stratégiques de

> **CONSEIL**
> Il est bienvenu d'insérer les termes du sujet, de façon à montrer que vous avez bien compris la consigne, puis d'annoncer une problématique.

ces espaces d'échanges et de tensions que sont les espaces maritimes mondiaux. Dans quelle mesure ces échanges sont-ils source de tensions ?

[Annonce du plan] Ces espaces d'échanges au cœur de la mondialisation présentent en effet des enjeux économiques majeurs. Mais leur importance dans les circuits mondialisés en fait également des espaces de tensions, lesquelles s'expriment à toutes les échelles.

GÉOGRAPHIE

Les territoires dans la mondialisation **CORRIGÉ** 36

I. Des espaces d'échanges au cœur de la mondialisation

• Les flux de marchandises mondialisés mettent en relation d'immenses façades maritimes situées dans les grands centres mondiaux de production et de consommation. Le document 1 en montre quelques-unes : ainsi la Northern Range en Europe du Nord-Ouest, la façade nord-américaine de la Megalopolis, la façade de l'Asie orientale, toutes desservies par de puissantes zones portuaires : Rotterdam, New York-Baltimore, Shanghai-Yangshan, Singapour ou Tokyo-Yokohama.

• Des routes maritimes relient ces façades entre elles. Le document 1 fait bien apparaître la route principale, circumterrestre, et quelques autres, telle celle du détroit d'Ormuz par où passent 30 % des exportations mondiales de pétrole. Or certaines zones spécifiques constituent des passages obligés de ces flux : les détroits (de Malacca, de Bab el-Mandeb ou de Gibraltar) et les canaux transocéaniques (de Suez et de Panama).

• Ces espaces maritimes sont également riches en ressources. Sur le document 1 figurent ainsi zones de pêche, réparties dans tous les océans du monde, et gisements d'hydrocarbures *offshore* (mer du Nord, océan Arctique, golfe de Guinée, golfe du Mexique, etc.) On peut y ajouter les métaux rares.

[Transition] Les espaces maritimes mondiaux sont des espaces où se trouvent et par où transitent d'immenses richesses. Or, celles-ci sont convoitées, d'où des tensions à toutes les échelles.

II. Mais des espaces sous tensions à toutes les échelles

• Des tensions se font jour à l'échelle mondiale. Sans liberté de navigation, pas de mondialisation possible : les grandes marines de guerre s'attachent ainsi à la préserver, à l'instar des navires américains qui croisent en mer de Chine méridionale (doc. 2, l. 34). La Chine, de son côté, déploie une stratégie destinée à protéger ses approvisionnements : c'est le « collier de perles ».

• À l'échelle régionale, le document 2 détaille le projet d'appropriation de la mer de Chine méridionale par Pékin qui en revendique la possession par un « droit historique » (l. 18). Le « contrôle de la mer et des airs » (l. 40) dans cette zone présente en effet un intérêt géostratégique et militaire primordial. Or, la Chine contredit ainsi les règles précises (voir schéma) de la Convention des Nations unies sur le droit de la mer (l. 16) de 1982, dite convention de Montego Bay.

> **CONSEIL**
> Un petit schéma de rappel sur les aspects juridiques du droit de la mer vous dispense d'une explication rédigée. N'oubliez pas de l'appeler dans votre texte.

Cette violation a été reconnue par la Cour permanente d'arbitrage de La Haye (l. 12-13) dans une décision de juillet 2016, postérieure au document 2.

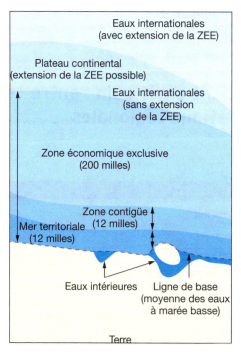

Les espaces maritimes selon la convention de Montego Bay

- Des tensions géostratégiques se produisent enfin à l'échelle locale ou sub-régionale. En 2018, une « bataille navale » pour les coquilles Saint-Jacques en baie de Seine a par exemple opposé pêcheurs français et britanniques. Les routes maritimes mondiales font aussi l'objet d'actes de piraterie localisés, le document 1 citant les Antilles ou le détroit de Malacca notamment.

Conclusion

Les documents permettent donc d'établir une partie des considérables enjeux géo-économiques et géostratégiques qui se télescopent dans les espaces maritimes. L'analyse montre que ces enjeux génèrent des tensions multi-scalaires mais aussi trans-scalaires, car une tension locale peut rapidement dégénérer en problème global dans un espace mondialisé.

SUJET

37

Asie • Juin 2015
COMPOSITION

Le continent américain : entre tensions et intégrations régionales

LES CLÉS DU SUJET

■ Analysez le sujet

Les termes du sujet

Terme	Définition
continent américain	L'ensemble du continent doit être pris en considération : Amériques du Nord, centrale et du Sud. Bien sûr, les États-Unis y ont un poids décisif.
tensions régionales	Les termes renvoient aux difficultés d'ordre essentiellement géopolitique entre pays du continent américain. La domination des États-Unis traversant toute la sous-région, c'est par rapport à eux que doivent se définir la souveraineté et le projet de puissance de chaque pays.
intégrations régionales	L'intégration est l'appartenance à un système, qui permet des relations privilégiées entre ses membres, et que mesurent les flux.

La problématique

Quelles sont les tensions qui affectent le continent américain ? À quoi sont-elles dues ? Quels contrastes économiques et culturels traduisent-elles ? **Les initiatives d'intégrations régionales constituent-elles le reflet ou bien la solution de ces tensions ?** Et quelles sont les logiques de ces associations régionales ?

■ Utilisez les mots clés

ALENA   panaméricanisme   Mexamérique   fragmentation

tensions régionales   marchés communs

big stick policy   Mercosur   **intégrations régionales**

impérialisme états-unien   contestations frontalières

doctrine Monroe

L'Amérique : puissance du Nord, affirmation du Sud **CORRIGÉ 37**

■ Évitez les pièges

• Veillez à **ne pas limiter l'analyse** à une partie du continent, par exemple l'Amérique du Nord, et *a contrario* ne pas oublier le poids des États-Unis dans la sous-région.

• **Faites le lien** entre les tensions et les projets d'intégration régionale. Il faut essayer de donner du sens à ces derniers, notamment en regard de la domination des États-Unis.

CORRIGÉ 37

Les titres en couleurs servent à guider la lecture et ne doivent en aucun cas figurer sur la copie.

Introduction

[Accroche] « Si loin de Dieu, si près des États-Unis », résumait le président mexicain Porfirio Díaz au tournant du XXᵉ siècle… C'était souligner à la fois la misère de son pays et la toute-puissance des États-Unis.

[Problématique] Plus d'un siècle plus tard, malgré une notable amélioration du développement latino-américain, l'Amérique est toujours traversée de nombreuses tensions. Or, elle est également le continent qui compte le plus grand nombre d'organisations régionales. Ces tentatives d'intégration résorbent-elles ou reflètent-elles les tensions du continent ?

[Annonce du plan] L'hémisphère américain est toujours aujourd'hui le lieu de tensions régionales, pour l'essentiel liées à la domination des États-Unis. Et les multiples tentatives d'intégration se heurtent à cette fracture géopolitique entre *Yankees* et *anti-Yankees*.

I. Un continent sous tension ou sous contrôle ?

1. Des tensions régionales nombreuses mais de faible intensité

• Les États américains ont beaucoup en commun : anciens nouveaux mondes, peuplement de type européen, empreinte esclavagiste, passé colonial, tradition chrétienne… et peu ou pas de conflits armés.

• Pourtant, nombreuses sont les tensions interétatiques, souvent des contestations frontalières, parfois attisées par la découverte de ressources. Certaines d'entre elles persistent : ainsi, la Bolivie revendique toujours son accès à la mer, perdu lors de la guerre du Pacifique (1879-1884) au profit du Chili.

GÉOGRAPHIE

L'Amérique : puissance du Nord, affirmation du Sud **CORRIGÉ** 37

• De telles tensions s'expliquent par les modalités spécifiquement américaines des constructions nationales. Les États y souffrent d'un contrôle territorial assez inégal, avec des frontières souvent plus perméables qu'ailleurs, et donc plus sujettes à différends.

2. Hémisphère américain, hémisphère états-unien

• Mais la tension principale qui traverse le continent est liée à la toute-puissance états-unienne. Première nation à achever sa construction, premier État à maîtriser son territoire, les États-Unis ont affirmé très tôt leur volonté tutélaire, voire hégémonique, sur l'ensemble de l'hémisphère américain.

> **Attention !**
> Veillez dans le cadre de ce sujet à ne pas utiliser l'adjectif « américain » pour qualifier les États-Unis.

• En 1823, la doctrine Monroe affirme l'indépendance du continent vis-à-vis de l'Europe. Cet isolationnisme se double d'un impérialisme : au début du XXe siècle, le président Theodore Roosevelt, à travers sa *big stick policy*, n'hésite pas à pratiquer l'intervention militaire directe. Durant la guerre froide, des régimes autoritaires s'installent en Amérique latine, avec la bénédiction de Washington.

• La fin de la guerre froide en 1989-1991 favorise le retour de la démocratie en Amérique latine. Les interventions états-uniennes se recentrent sur la lutte contre la drogue et contre le terrorisme, dont les réseaux profitent du contrôle territorial approximatif des États.

3. La domination économique états-unienne

• L'impérialisme continental de Washington est relayé par l'économie. Le marché intérieur états-unien agit comme un véritable « aspirateur » des exportations du reste du continent. Les États-Unis sont le premier fournisseur du Mexique ou de la Colombie, mais ils absorbent aussi 80 % des exportations du Mexique.

• La structure des échanges intra-régionaux est marquée par une dissymétrie, les États-Unis exportant des produits et services à haute valeur ajoutée, et important des matières premières (fer brésilien, pétrole vénézuélien, etc.). Ces échanges témoignent de la subordination latino-américaine dans les processus de mondialisation et de division internationale du travail (DIT).

[Transition] Si la domination des États-Unis connaît toutefois un déclin relatif, les tentatives d'intégration régionale se définissent toujours en fonction d'eux.

L'Amérique : puissance du Nord, affirmation du Sud CORRIGÉ 37

II. De multiples tentatives d'intégration régionale

1. L'intégration continentale et ses échecs

• La guerre froide inaugure un « panaméricanisme » sous l'égide de Washington : Traité interaméricain d'assistance réciproque en 1947 et Organisation des États américains (OEA) en 1948.

• En face s'affirment des tentatives d'auto-nomisation : Association latino-américaine de libre-échange en 1960 – devenue Association latino-américaine d'intégration (ALADI) en 1980 – et groupe de Rio en 1986.

> **Conseil**
> Les structures d'intégration régionale étant très nombreuses, ne citez que celles dont vous êtes sûrs du nom et/ou du sigle, afin d'éviter les contresens.

• À une échelle plus régionale, d'autres structures se créent sous la forme de marchés communs, pour pallier les inconvénients économiques de la fragmentation politique née des indépendances du XIXe siècle : Marché commun centraméricain pour l'isthme en 1960, Communauté andine des nations (CAN) en 1969, Communauté des Caraïbes (CARICOM) en 1973.

2. Deux pôles majeurs d'intégration régionale

• Mais il faut attendre le retour de l'Amérique latine à la démocratie et la fin de la guerre froide pour observer une relance de l'intégration régionale, autour de deux pôles majeurs.

• L'Accord de libre-échange nord-américain (ALENA) intègre en 1994 les économies des États-Unis, du Canada et du Mexique. En quinze ans, les échanges triplent. La frontière sud, traversée de flux migratoires clandestins massifs, est devenue la Mexamérique.

• Né en 1991 du rapprochement entre Brésil et Argentine, le Marché commun du Sud ou Mercosur compte 10 pays membres et associés. En vingt-cinq ans, les échanges intra-zones ont notablement augmenté en raison de l'union douanière tandis que les économies des pays membres ont initié une certaine division régionale du travail.

3. De nouvelles dynamiques d'intégration

• Les oppositions à la Zone de libre-échange des Amériques (ZLEA), trop profitable aux firmes nord-américaines, relancent les accords bilatéraux. De son côté, le président vénézuélien Hugo Chávez lance en 2004 son Alternative bolivarienne pour les Amériques (ALBA), clairement dirigée contre Washington.

> **Info**
> L'ALBA tient son nom du *Libertador*, Simón Bolívar, qui œuvra à l'indépendance de l'Amérique latine au début du XIXe siècle.

GÉOGRAPHIE

L'Amérique : puissance du Nord, affirmation du Sud **CORRIGÉ** 37

• Tout s'accélère alors : création de la Communauté sud-américaine des nations (CSAN) en 2004 qui est relancée sous le nom d'Union des nations sud-américaines (UNASUR) en 2008 et réunit le Mercosur et la CAN ; constitution de la Communauté d'États latino-américains et caraïbes (CELAC) en 2010, puis de l'Alliance du Pacifique en 2011, destinée à contrer l'ALBA.

• Les intégrations régionales sont devenues si nombreuses que le continent paraît plus fragmenté qu'intégré, entre pro et anti-États-Unis. Par ailleurs, d'autres dynamiques d'intégration sont à l'œuvre : Inde et Chine sont ainsi de plus en plus présentes sur le continent, *via* l'exploitation de ses immenses ressources naturelles.

• Enfin, l'intégration régionale semble marquer le pas en raison d'une poussée d'isolationnisme aux États-Unis sous la présidence Trump.

Conclusion

[Reprise] Les tensions régionales en Amérique sont donc nombreuses et durables, essentiellement liées à la domination historique des États-Unis. Ceux-ci ont tenté d'intégrer le continent à leur profit, mais des contre-projets régionaux ont vu le jour, fragmentant plus qu'intégrant le continent.

[Réponse] Les tentatives d'intégration régionale reflètent donc les tensions qui traversent le continent américain. Dans le même temps, elles contribuent à maintenir un niveau de violence essentiellement verbal et économique : le président Chávez invectivait ainsi l'impérialisme *yankee* tout en vendant son pétrole aux États-Unis !

[Remise en perspective] Mais l'irruption de la Chine en Amérique latine change la donne. Le contre-impérialisme chinois contribue à faire sortir les pays dirigés par la gauche latino-américaine de l'orbite des États-Unis. Pékin pourrait ainsi mettre un terme au tête-à-tête séculaire de part et d'autre du Rio Grande.

SUJET

38

Afrique • Juin 2018
COMPOSITION

États-Unis – Brésil : rôle mondial

GÉOGRAPHIE

LES CLÉS DU SUJET

■ Analysez le sujet

Les termes du sujet

Terme	Définition
rôle mondial	L'expression renvoie aux moyens d'expression de la puissance (sens géopolitique) mais aussi à la place de chaque pays dans la mondialisation (sens géo-économique).
États-Unis	Envisagés comme une « hyperpuissance », le pays le plus puissant et développé de la planète.
Brésil	Appartient à la catégorie des pays émergents.

La problématique

Quels sont les points communs et les différences entre une puissance mondiale et un pays émergent ? Comment ces deux catégories se traduisent-elles dans l'espace mondial ? Ont-elles un rôle mondial comparable ? L'hyperpuissance américaine est-elle sur le déclin ? Et dans quelle mesure le Brésil émergent accède-t-il à un rôle mondial de premier plan ?

■ Utilisez les mots clés

soft power   complexe agro-industriel   FTN

puissance émergente   *American way of life*

hégémonie diplomatique et militaire   économies mondialisées

puissance globale   *rôle mondial*   *hard power*

industries culturelles   football

modèle américain   « ferme du monde »

■ Évitez les pièges

• Le sujet est clairement conçu selon une **approche comparative**. Il faut donc bannir les plans qui aborderaient successivement les États-Unis puis

L'Amérique : puissance du Nord, affirmation du Sud **CORRIGÉ 38**

le Brésil. On comparera les deux pays selon différents critères, qui formeront autant de parties du plan.
• N'oubliez pas les **diverses dimensions** du sujet : géopolitique et géo-économique. Reprenez les catégories d'analyse classiques : *hard power*, *soft power*.

CORRIGÉ 38

Les titres en couleurs servent à guider la lecture et ne doivent en aucun cas figurer sur la copie.

Introduction

[Accroche] Guerres extérieures au bilan incertain, crise économique et financière, endettement colossal, modèle contesté de toutes parts : est-ce le déclin de l'empire américain ? À l'inverse, le temps du Brésil est-il enfin venu ? Cet État que Georges Clemenceau qualifiait cruellement de « pays d'avenir qui le restera longtemps »…

[Problématique] Les deux pays semblent connaître des trajectoires opposées. De fait, ils appartiennent à des catégories très différentes. Les États-Unis sont encore l'unique « hyperpuissance », dotée simultanément de tous les attributs de la puissance. Le Brésil, quant à lui, est un pays émergent : autant dire encore en développement. Alors, le second va-t-il détrôner le premier ?

[Annonce du plan] L'approche géo-économique permettra d'abord de comparer l'insertion de chaque pays dans la mondialisation. L'analyse en miroir du *hard power* puis du *soft power* de chaque État complétera l'étude selon une approche davantage géopolitique.

> **Info**
> Les catégories de *hard power* et de *soft power* ont été développées par Joseph Nye, professeur de relations internationales à l'université d'Harvard.

I. Puissance globale, puissance émergente

1. Deux économies mondialisées

• Les fondamentaux de la puissance américaine sont manifestes : 3e superficie (9,6 millions de km²) mais aussi 3e population (319 millions d'habitants) du monde. La puissance économique place les États-Unis au premier rang mondial, malgré les graves conséquences de la crise économique née chez eux en 2008. Les firmes transnationales (FTN) américaines sont au cœur des

224

L'Amérique : puissance du Nord, affirmation du Sud **CORRIGÉ** **38**

processus de mondialisation : 136 des 500 plus grandes entreprises mondiales sont américaines.

• 5e pays du monde par sa superficie (8,5 millions de km²), mais aussi par sa population qui dépasse les 200 millions d'habitants, le Brésil représente 53 % du produit intérieur brut (PIB) de l'Amérique du Sud. Depuis quinze ans, la croissance économique y atteint en moyenne 5 % par an, mais est à présent plus modeste avec la crise. Le Brésil est devenu la 7e puissance économique mondiale. Les firmes brésiliennes progressent dans les classements internationaux : déjà 7 sur les 500 premières.

2. L'exemple de deux agricultures mondiales rivales

• Les deux pays figurent parmi les géants agricoles de la planète. L'agriculture américaine reste la première du monde, grâce à un complexe agro-industriel (*agrobusiness*) subventionné à la production et puissamment intégré.

• Le complexe agro-industriel brésilien est, quant à lui, en pleine croissance et dispose des vastes espaces propres aux pays neufs. Le front pionnier pourrait fournir 90 millions d'hectares supplémentaires. Le Brésil est bien la « ferme du monde ».

[Transition] L'insertion dans la mondialisation se fait donc encore clairement au bénéfice des États-Unis, même si le rôle mondial du Brésil s'affirme. En matière de *hard power*, en revanche, le bilan est sans équivoque.

II. *Hard power* : David et Goliath ?

1. L'hégémonie diplomatique et militaire : l'*imperium* américain

• Le *hard power* représente la capacité de contrainte d'un État, c'est-à-dire d'imposer sa volonté aux autres par la force, voire par le conflit. Les États-Unis occupent une place prépondérante dans les grandes institutions internationales. Le siège de l'Organisation des Nations unies (ONU) est à New York, ceux du Fonds monétaire international (FMI) et de la Banque mondiale à Washington. Ils disposent au Conseil de sécurité de l'ONU du droit de veto, et au FMI d'un droit de blocage de fait.

• Le budget de l'armée américaine représente 35 % des dépenses militaires mondiales. Outre leur capacité nucléaire, les États-Unis disposent des technologies les plus avancées : réseau de bases planétaire, 14 groupes aéronavals sans équivalent dans le monde, chasseurs et bombardiers furtifs, réseau de renseignement Échelon, drones à capacité de frappe planétaire, etc. Les interventions américaines dans le monde sont multiples.

GÉOGRAPHIE

L'Amérique : puissance du Nord, affirmation du Sud   **CORRIGÉ** **38**

2. Le Brésil : un nain en phase de croissance ?

• Les dépenses militaires brésiliennes représentent moins de 2 % de son PIB. Toutefois, ses capacités se renforcent. Par tradition non interventionniste dans les affaires internationales, le Brésil s'implique sous mandat de l'ONU, comme en Haïti dans le cadre d'une mission humanitaire. Son rôle mondial apparaît ainsi nettement en retrait.

• Brasilia tente de compenser par une diplomatie active, parfois *via* des structures informelles, comme l'IBAS ou le G20. Le Brésil émergent témoigne cependant d'une certaine naïveté dans les affaires internationales, comme l'ont montré ses tentatives de négociations dans le dossier du nucléaire iranien en 2010.

> **Info**
> L'IBAS est un forum de discussion entre l'Inde, le Brésil et l'Afrique du Sud, existant depuis 2003 et visant à renforcer la coopération Sud-Sud. Il regroupe des pays démocratiques du Sud, contrairement aux BRICS.

[Transition] La catégorie du *hard power* est à l'avantage quasi exclusif des États-Unis. Le Brésil n'a pas les moyens d'une puissance planétaire. Son rôle mondial, nécessairement limité et non décisif, s'exprime davantage dans le *soft power*.

III. *Soft power* : entre contestation et émergence

1. Les États-Unis : un *soft power* complet mais un modèle contesté

• Le *soft power* désigne la capacité d'influence et de persuasion. L'anglais, langue véhiculaire internationale, en est un outil efficace. De même que les industries culturelles : le cinéma américain, qui promeut l'*American way of life*, en accapare près de la moitié des recettes mondiales. Les technologies du Web, les réseaux sociaux et les compagnies internet, dominés par les GAFA, sont aussi des vecteurs puissants de ce *soft power* américain.

> **Info**
> Les GAFA sont les quatre firmes, américaines, qui dominent le numérique : Google, Apple, Facebook et Amazon.

• Les États-Unis, aujourd'hui en proie à la politique brouillonne du président Trump, ne bénéficient pas vraiment d'une image positive… sauf peut-être auprès du nouveau président brésilien, Jair Bolsonaro, en fonction depuis le 1er janvier 2019.

2. Un *soft power* brésilien en voie d'affirmation

• Le Brésil, autrefois auréolé de son charismatique président Lula da Silva (2003-2011), s'est enfoncé dans une crise politique et morale profonde : corruption de Lula, destitution de la présidente Rousseff en 2016, élection d'un président d'extrême-droite, Jair Bolsonaro, en 2019.

L'Amérique : puissance du Nord, affirmation du Sud **CORRIGÉ** **38**

• On sait l'importance du football au Brésil, organisateur de la Coupe du monde 2014. Les Jeux olympiques de 2016 à Rio de Janeiro confirment cette séduction par le sport. On connaît peut-être moins, en revanche, le développement d'une aire lusophone, officialisée dans la Communauté des pays de langue portugaise (CPLP) qui rassemble 240 millions de locuteurs. Le Brésil accroît également son aide publique au développement.

Conclusion

[Bilan] L'approche géo-économique a permis de constater que le rôle mondial des États-Unis, *via* leur insertion dans la mondialisation, est sans comparaison possible avec celui du Brésil, lequel progresse pourtant rapidement. Le bilan du *hard power* est plus déséquilibré encore, à l'avantage quasi exclusif de Washington. En termes de *soft power*, la situation est cependant moins nette : le Brésil s'y affirme davantage, profitant d'une décennie difficile pour les États-Unis et promouvant une image plus sympathique.

[Réponse] Mais ce n'est pas une image sympathique qui fait la puissance et permet de jouer un rôle mondial de premier plan. Les États-Unis sont bien une « hyperpuissance » dont l'hypertrophie même suscite la critique. L'émergence brésilienne est réelle et se manifeste dans l'affirmation de sa place sur le plan international. Mais l'avance américaine est telle que la comparaison n'est guère porteuse de sens.

[Élargissement] Peut-être en eût-il été différemment si l'on avait comparé le rôle mondial des États-Unis avec celui de la Chine ? Le discours décliniste à l'égard de la puissance américaine aurait alors sans doute eu plus de consistance.

GÉOGRAPHIE

SUJET

39

France métropolitaine • Septembre 2018
COMPOSITION

États-Unis – Brésil : dynamiques territoriales

LES CLÉS DU SUJET

■ Analysez le sujet

Les termes du sujet

Terme	Définition
États-Unis	Envisagés comme le pays leader de la mondialisation.
Brésil	Pays émergent – certains spécialistes disent « émergé » –, son intégration territoriale n'est pas aussi avancée que celle des États-Unis.
Dynamiques territoriales	Ce terme renvoie au fonctionnement du territoire de chaque État, c'est-à-dire de l'espace construit, organisé, produit par les sociétés humaines. Les dynamiques productives et résidentielles qui en caractérisent et modifient l'organisation sont des dynamiques territoriales.

La problématique

Quelles dynamiques territoriales pour les États-Unis et le Brésil ? Quelles sont les **caractéristiques communes de l'organisation territoriale** de ces deux pays ? Quelles en sont les **différences** ? Quelles sont les **interactions entre l'intégration dans la mondialisation et les dynamiques territoriales** de ces deux États ?

■ Utilisez les mots clés

États-continents   esclavagisme   interfaces

front pionnier   périphéries   pays neufs   cycles   centres

frontière   dynamiques territoriales   espace-réserve

archipel   inégalités sociales   métropoles

dynamiques transfrontalières

L'Amérique : puissance du Nord, affirmation du Sud **CORRIGÉ 39**

■ Évitez les pièges

• Ne faites pas une étude comparative en traitant l'un puis l'autre de ces pays. Adoptez au contraire un **plan thématique** dont les différentes parties établiront les similitudes et les différences de l'organisation territoriale.

• Veillez à **bien relier les dynamiques territoriales avec la mondialisation**, car c'est précisément cette dernière qui donne les grands traits de l'organisation du territoire du Brésil comme de celui des États-Unis.

CORRIGÉ 39

Les titres en couleurs servent à guider la lecture et ne doivent en aucun cas figurer sur la copie.

Introduction

[Présentation] Le Brésil est déjà, à de nombreux titres, le géant de l'Amérique du Sud. Il présente de nombreux points communs avec son voisin du Nord, les États-Unis. Pourtant, la construction du territoire brésilien semble moins bien achevée.

[Problématique] Quelles sont donc les dynamiques territoriales des États-Unis et du Brésil ? Qu'ont-elles de commun ? De différent ? En quoi ces dynamiques reflètent-elles l'intégration de chaque pays dans la mondialisation ?

[Annonce du plan] Les deux pays partagent les caractéristiques d'anciens pays neufs. Ils connaissent le partage de leur territoire en centres intégrés à la mondialisation et en périphéries dont l'intégration reste incomplète.

I. Deux anciens pays neufs

1. Des espaces à conquérir

• Les deux pays sont des États-continents. La conquête et la maîtrise de l'espace et des distances sont donc déterminantes.

• Les États-Unis sont construits par les pionniers, qui repoussent la « frontière » vers l'ouest, tandis que des millions de migrants arrivent d'Europe.

• Le Brésil, en revanche, connaît une succession de cycles spéculatifs (sucre, or et surtout café), créant une structure territoriale en archipel.

> **Conseil**
> Un petit schéma simple peut être utile pour étayer votre démonstration. Vous pouvez développer en commentant les cycles représentés.

GÉOGRAPHIE

229

L'Amérique : puissance du Nord, affirmation du Sud **CORRIGÉ 39**

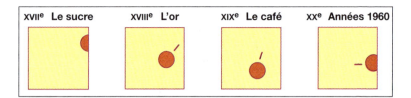

2. Des sociétés multiculturelles

• Le Brésil a reçu 5,35 millions d'immigrants entre 1872 et 1972 ; les États-Unis 71 millions entre 1820 et 2005. Dans les deux cas, les migrations ont été massives et mondiales.

• Les deux pays ont connu l'esclavagisme. Le système a été le plus poussé au Brésil avec 5,5 millions d'esclaves en provenance d'Afrique, source d'un métissage important de la population.

• Aux États-Unis, en revanche, les mélanges ont été peu nombreux. Les régions de plantation du Sud-Est comme les grandes villes (ghettos) connaissent des problèmes d'intégration de la minorité noire.

[Transition] Ces deux anciens pays neufs ont donc connu des histoires parallèles. Leur insertion dans la mondialisation produit pareillement centres et périphéries.

II. Des centres : métropoles et interfaces

1. Les centres aux États-Unis

• Le Nord-Est des États-Unis, de la *megalopolis* aux Grands Lacs, est le berceau de la puissance américaine. Son déclin relatif témoigne du grand « retournement spatial » à l'œuvre au profit de la Sun Belt (de la Floride à la Californie), qui constitue un deuxième espace central.

> **Conseil**
> Il est recommandé de développer un exemple sur une ou plusieurs dynamiques liées à la mondialisation : voir les exemples cités entre parenthèses.

• Ce basculement est lié à des dynamiques spatiales à toutes les échelles : montée en puissance de la façade pacifique, développement des dynamiques transfrontalières (*Main Street* Québec-Chicago, Mexamérique), développement des interfaces maritimes et littoralisation de l'économie (Californie, Floride), métropolisation (centres de commandement à l'échelle mondiale).

2. Le centre du Brésil

• Le Brésil ne compte qu'un seul centre : le Sudeste. Polarisé par São Paulo, Rio de Janeiro et Belo Horizonte, il assure 70 % de la production industrielle du pays.

L'Amérique : puissance du Nord, affirmation du Sud **CORRIGÉ** 39

• Cette région centrale bénéficie de dynamiques comparables à celles des centres des États-Unis : interfaces maritimes, dynamiques transfrontalières, métropolisation.

[Transition] Si le territoire américain bénéfice d'un double centre, l'avenir semble laisser davantage de possibilités à certaines périphéries du Brésil.

III. Espaces de conquête, espaces de réserve

1. Les périphéries brésiliennes

• Les régions pionnières du Nord amazonien sont progressivement défrichées par le front pionnier. C'est un espace de conquête.

• À l'inverse, dans le Nordeste, de très fortes inégalités sociales ne permettent pas de sortir la région du sous-développement.

2. Les périphéries américaines

• Le vieux Sud jadis esclavagiste a longtemps été en retard. Mais depuis trente ans, par desserrement de la *megalopolis*, il se modernise.

• Le grand Ouest, espace de réserve, centré sur les montagnes Rocheuses, ne connaît de croissance que dans quelques centres (Denver, Salt Lake City).

Conclusion

[Reprise] Les deux anciens pays neufs que sont les États-Unis et le Brésil ont donc connu une histoire similaire, avec des problématiques spatiale et historique comparables. Les premiers ont cependant achevé plus tôt leur intégration territoriale. Leur insertion poussée dans la mondialisation les fait bénéficier de deux régions centrales là où le Brésil n'en compte qu'une. En revanche, la périphérie amazonienne ouvre de plus grandes potentialités d'avenir pour ce dernier.

[Réponse] Les deux organisations territoriales des États-Unis et du Brésil sont donc très comparables. Elles se trouvent décalées dans le temps, comme si la structure archipélagique du développement historique du Brésil avait ralenti son intégration spatiale. L'insertion de ces deux pays dans la mondialisation entraîne une structuration du territoire en centres et périphéries très semblable, avec des dynamiques identiques de métropolisation et d'interface qui jouent pareillement sur les espaces.

[Remise en perspective] Ces deux pays ont en fait été les produits de la première mondialisation initiée par l'Europe dès le XVIe siècle. Il est donc peu surprenant que leur organisation territoriale en ait été profondément affectée.

SUJET 40

Nouvelle-Calédonie • Novembre 2018
ÉTUDE CRITIQUE DE DOCUMENTS

ALENA et Mercosur : deux outils d'intégration régionale sur le continent américain

▶ En étudiant les documents, montrez les logiques d'intégration du continent américain ainsi que les tensions et les limites auxquelles elles se heurtent.

DOCUMENT 1 — Les exportations de marchandises des pays membres de l'ALENA

a. En % des exportations de chaque pays membre de l'ALENA en 2015

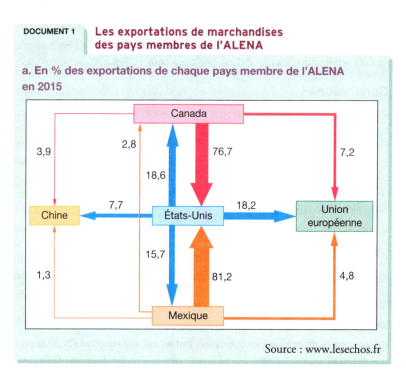

Source : www.lesechos.fr

L'Amérique : puissance du Nord, affirmation du Sud SUJET **40**

b. En valeur des exportations de chaque pays membre de l'ALENA en 2015 (en millions de dollars US)

États-Unis	1 504 914
Canada	408 475
Mexique	380 772

Source : OMC, « L'examen statistique du commerce mondial 2016 »

DOCUMENT 2 **Le Mercosur, ou les ambiguïtés de l'intégration latino-américaine**

Un espace économique majeur

[…] Créé peu de temps après l'ALENA […] sous l'impulsion du Brésil pour émanciper le continent des États-Unis, le Mercosur se veut être un outil de coopération régionale plus avancé que
5 son homologue nord-américain, qui se cantonne aux échanges commerciaux. Parmi ses objectifs stratégiques, on retrouve la libre circulation des biens, des services et des citoyens, […] l'adoption d'une politique commerciale commune ainsi que l'harmonisation législative entre les pays membres. Par la fixation d'un tarif extérieur
10 commun, le Mercosur vise à accélérer l'intégration économique de ses membres. […]

Coopération et conflictualité : les échanges sans la diplomatie

L'approfondissement de l'intégration de la zone est à ce jour limité, en raison de différends politiques existant entre plusieurs
15 gouvernements, de la situation économique compliquée dans certains pays et de l'existence d'autres organisations. Il existe en effet différents modèles d'intégration en Amérique latine qui peuvent se compléter ou se concurrencer comme la Communauté andine des Nations, l'Alliance du Pacifique ou l'Alliance bolivarienne pour les
20 Amériques (ALBA). L'ensemble du Mercosur reste fragilisé par la pauvreté d'une grande partie de la population et la rivalité entre les deux puissances dominantes du sous-continent : l'Argentine et le Brésil. D'importantes asymétries continuent d'exister entre les pays membres, que ce soit en termes de développement, de variété dans
25 la structure des exportations ou d'efficience de l'État dans la gestion de l'économie. Ces asymétries sont l'un des principaux freins à la création d'un marché commun entre ces nations. […]

Source : Lucas Maubert, les-yeux-du-monde.fr, 8 février 2017

GÉOGRAPHIE

L'Amérique : puissance du Nord, affirmation du Sud **SUJET** **40**

LES CLÉS DU SUJET

■ Lisez la consigne

Le sujet

Le sujet cite explicitement deux organisations régionales du continent américain : l'**ALENA** et le **Mercosur**. Il s'agira de montrer comment celles-ci constituent des « outils d'intégration régionale ».

La consigne

• La consigne reprend les mots clés du programme : « **intégration** » et « **tensions** ». Elle y ajoute la notion de « **limites** ». Il conviendra de bien définir ces termes afin de montrer que vous maîtrisez votre sujet. Par ailleurs, il vous est explicitement demandé une **étude des documents** proposés : il faut donc partir de ceux-ci pour traiter le sujet.

• La consigne suggère un **plan en deux parties** : les logiques d'intégration ; les tensions et les limites à ces logiques. Ce plan a le mérite d'exister : utilisez-le, ce qui vous laisse plus de temps pour soigner votre commentaire.

■ Analysez les documents

• Le **document 1** est constitué d'un schéma et d'un tableau de chiffres de 2015. Le schéma – tiré du site web du grand quotidien économique français, *Les Échos* – donne une représentation graphique simplifiée des **exportations de chaque pays de l'ALENA** vers ses partenaires, mais aussi vers les deux autres pôles majeurs du commerce mondial : l'Union européenne et la Chine. Il est libellé **en pourcentage** des exportations de chaque pays. Le tableau de chiffres – extrait d'une publication de l'Organisation mondiale du commerce (OMC) – permet de compléter le schéma : ce dernier permet de comparer les proportions, le tableau restitue les **quantités**. Ainsi le Mexique envoie 81,2 % de ses 380,772 milliards de dollars US d'exportations vers les États-Unis.

• Le **document 2** est un texte en deux parties tiré d'un site web consacré à la géopolitique, *Les yeux du monde*. Il permet d'aborder l'autre organisation régionale du continent, **le Mercosur**. La première partie énonce les **objectifs**, la deuxième partie les **limites** du projet.

■ Définissez les axes de l'étude

• Comme vous y invite la consigne, une première partie pourra **présenter les organisations** qui font l'objet des documents et montrer en quoi celles-ci concourent à l'intégration régionale. Une deuxième partie s'attachera à montrer **les tensions qui limitent l'intégration**, grâce au commentaire, mais aussi à la critique, des documents.

L'Amérique : puissance du Nord, affirmation du Sud **CORRIGÉ 40**

• Ne récitez pas votre cours, partez bien de l'analyse des documents, mais sans les paraphraser non plus. Il vous faut notamment éclairer les allusions ou les informations non explicites. Et n'oubliez pas que, même sans consigne spécifique, vous devez porter un **regard critique** sur les documents.

CORRIGÉ 40

Les titres en couleurs servent à guider la lecture et ne doivent en aucun cas figurer sur la copie.

Introduction

[Accroche] Dans le cadre de la mondialisation, l'intégration des grandes zones économiques – c'est-à-dire leur capacité à fonctionner comme un système efficient, dont témoignent des flux considérables – est une donnée fondamentale de leur développement.

[Présentation et problématique] Les documents proposent un regard sur l'intégration régionale du continent américain. Le document 1 est constitué d'un schéma et d'un tableau de chiffres de 2015 sur l'ALENA. Le schéma – tiré du site web du grand quotidien économique français, *Les Échos* – donne une représentation graphique simplifiée des exportations de chacun de ses pays membres. Le tableau – extrait d'une publication de l'Organisation mondiale du commerce (OMC) – permet de compléter le schéma par des quantités absolues. Le document 2 est un texte en deux parties tiré d'un site web consacré à la géopolitique, *Les yeux du monde*. Il décrit l'autre organisation régionale du continent, le Mercosur. Dans quelle mesure ces deux documents permettent-ils de rendre compte des phénomènes d'intégration de l'ensemble continental américain ?

[Annonce du plan] ALENA et Mercosur sont deux outils passablement efficaces au service de l'intégration régionale du continent. Toutefois, cette intégration est incomplète et manifestement freinée par des tensions géopolitiques toujours vivaces.

L'Amérique : puissance du Nord, affirmation du Sud **CORRIGÉ** **40**

I. Deux outils d'intégration régionale du continent américain

• Les deux documents présentent chacun l'un des principaux outils institutionnels de l'intégration régionale. L'Accord de libre-échange nord-américain (ALENA), présenté dans le document 1, institue en 1994 une zone de libre-échange entre le Canada, les États-Unis et le Mexique. Le Mercosur (ou Mercosul en portugais), dont traite le document 2, signifie Marché commun du Sud. Institué en 1991, il rassemble autour des deux poids lourds brésilien et argentin le Paraguay et l'Uruguay, puis le Venezuela et la Bolivie (en cours).

• Le document 1 montre une nette intégration régionale dans l'ALENA. Les États-Unis absorbent ainsi 76,7 % des exportations canadiennes et 81,2 % des exportations mexicaines, soit respectivement 313 et 309 milliards de dollars US. L'ALENA permet une libre circulation des capitaux et des marchandises, via les *maquiladoras* notamment. Les flux semblent

> **CONSEIL**
> Donnez du sens aux chiffres du document 1 en calculant la valeur des pourcentages du schéma grâce au tableau.

moins importants dans l'autre sens (18,6 % et 15,7 %), mais ce n'est qu'une illusion d'optique liée à la taille de l'économie des États-Unis : leurs exportations vers le Canada et le Mexique se montent en effet respectivement à 280 et 236 milliards de dollars US.

• Le Mercosur affiche des objectifs plus ambitieux encore. Il ne se contente pas, comme l'ALENA, d'une zone de libre-échange mais constitue une union douanière (dotée d'un tarif extérieur commun) avec une « politique commerciale commune » et une « harmonisation législative entre les pays membres » (doc. 2, l. 8). Il s'agit donc d'un outil d'intégration plus avancé, comme l'indique d'ailleurs son nom de « marché commun ».

[Transition] Ces deux outils institutionnels témoignent donc d'une intégration régionale assez avancée sur le continent américain. Mais celle-ci présente des limites importantes.

II. Une intégration régionale freinée par les tensions géopolitiques

• L'ALENA présente en fait une intégration très incomplète : le document 1 n'évoque ainsi que les exportations de marchandises. Les flux de personnes sont très contrôlés, comme le montre la polémique récente autour du « mur anti-migrants » voulu par le président Trump. Et l'intégration paraît surtout se faire au profit des États-Unis : les relations commerciales de ses deux partenaires avec le reste du monde sont ainsi bien réduites alors que les États-Unis ont des flux tout à fait comparables vers l'Union européenne (18,2 %) et

L'Amérique : puissance du Nord, affirmation du Sud **CORRIGÉ 40**

dans une moindre mesure vers la Chine (7,7 %). Enfin, cette intégration nord-américaine semble devoir être remise en question, ou au moins renégociée, depuis l'élection de Donald Trump en 2016.

• Dans le Mercosur, les bénéfices de l'intégration semblent limités par trois éléments. Il existe tout d'abord des « différends politiques entre plusieurs gouvernements » (doc. 2, l. 14-15) : c'est le cas entre le Brésil, dirigé par un président d'extrême droite,

> **CONSEIL**
> Une connaissance minimale de l'actualité permettra de nourrir votre devoir.

Jair Bolsonaro, et la Bolivie, avec à sa tête un président d'extrême gauche, Evo Morales. Il y a aussi « la situation économique compliquée dans certains pays » (l. 15-16), comme le montre la suspension de la participation du Venezuela à l'organisation depuis 2016, en raison d'une évolution politique vers la dictature, mais aussi de l'effondrement de l'économie du pays. Le Mercosur est également concurrencé par « l'existence d'autres organisations » (l. 16), telles la Communauté andine des Nations (CAN) ou l'Alliance bolivarienne pour les Amériques (ALBA).

• Ces deux documents, enfin, ne mentionnent que des tentatives d'intégration sous-régionale, et non continentale. Et en leur sein, l'intégration se fait davantage, au nord, au profit du pôle dominant, les États-Unis, tandis qu'au sud, la sous-région semble de plus en plus fragmentée malgré les ambitions affichées.

Conclusion

Ces deux documents présentent ainsi deux tentatives sous-régionales d'intégration des Amériques, mises à mal par les évolutions politiques les plus récentes, notamment liées aux progrès des populismes, que ce soit au nord ou au sud du continent. Le repli national, voire nationaliste, de tels mouvements ne va manifestement pas dans le sens d'une intégration dont l'horizon semble s'éloigner. Et si intégration il y a, celle-ci se fait parfois avec d'autres régions, tel l'accord de libre-échange conclu en juin 2019 entre le Mercosur et l'Union européenne.

GÉOGRAPHIE

SUJET

41

Antilles, Guyane • Septembre 2017
ÉTUDE CRITIQUE DE DOCUMENTS

La situation géoéconomique actuelle du Brésil

▶ À partir des deux documents, décrivez la situation géoéconomique actuelle du Brésil, ses atouts et ses fragilités.

DOCUMENT 1

En 2015, le produit intérieur brut du Brésil a reculé de 3,8 %, le pire résultat en vingt-cinq ans, et 2016 ne s'annonce guère plus favorable : selon les prévisions, le niveau d'activité pourrait chuter d'au moins autant cette année. Deux années consécutives de réces-
5 sion, le Brésil n'avait pas vu ça depuis… les années Trente.

L'Amérique latine dans son ensemble est touchée par le ralentissement de la Chine, friande de ces matières premières dont l'économie régionale reste dépendante. Mais pour le Brésil, première économie du sous-continent, le revers est brutal. En 2003, l'arrivée
10 de la gauche au pouvoir, avec Lula, chef historique du Parti des travailleurs, semblait inaugurer un cercle vertueux. La croissance économique avait permis de sortir 40 millions de Brésiliens de la pauvreté. Mais avec sa protégée, Dilma Rousseff, qui lui a succédé en 2010 et a été réélue fin octobre 2014, la machine s'est grippée.
15 La consommation, qui tirait l'activité pendant les années fastes, est désormais en repli.

Malgré la récession, l'inflation sévit, entre autres à cause de la forte dévalorisation du real[1] – qui a cependant permis de relancer les exportations. En un an, le nombre de chômeurs – plus de neuf mil-
20 lions au total – a bondi de 43 %. Les jeunes sont les plus touchés.

Extrait de l'article de Clément Brault, « Le Brésil s'enfonce dans la récession », publié dans *La Croix*, 18 avril 2016.

—————————
1. Real : unité monétaire du Brésil.

L'Amérique : puissance du Nord, affirmation du Sud **SUJET 41**

DOCUMENT 2

Le Brésil suscite depuis la fin 2015 un regain d'intérêt de la part des investisseurs étrangers. Selon le *Rio Times*[1] « du fait des taux de change et de la faiblesse de l'économie brésilienne », le pays constitue une option intéressante pour beaucoup d'entre eux.

5 Lors d'une conférence organisée le 12 avril par le quotidien *O Estado de São Paulo*, experts et représentants de sociétés internationales ont notamment beaucoup parlé immobilier. Pour Daniel Maranhão, membre du cabinet d'expertise Grant Thornton[2], « la dévaluation du real est, avec les facteurs politiques actuels, l'une des 10 raisons pour lesquelles le Brésil constitue aujourd'hui une option attractive ».

Le grand nombre de propriétés disponibles ainsi que la possibilité de les acquérir à bas prix font du pays une sorte d'Eldorado. « Le Brésil est très perturbé par ses faibles performances économiques et 15 l'incertitude politique dans laquelle il se trouve. Ce type de situations crée des opportunités », renchérit Kenneth Caplan, directeur des investissements de Blackstone[3].

En 2015, les prix de l'immobilier ont chuté de près de 20 %. Une baisse susceptible de se poursuivre jusqu'en 2017.

Extrait de l'article intitulé « Le Brésil séduit de plus en plus les investisseurs étrangers », publié dans *The Rio Times* et repris par *Courrier international* le 8 mai 2016.

1. Fondé en 2009, *The Rio Times* est un quotidien anglophone généraliste de Rio qui s'adresse principalement aux étrangers vivant au Brésil.
2. Grant Thornton est un groupe d'audit, d'expertise et de conseil financier fondé aux États-Unis, dont le siège social est à Londres.
3. Blackstone est une banque d'investissement américaine dont le siège social est à New York. Cette banque est spécialisée dans les acquisitions immobilières de chaînes d'hôtels et de parcs de loisirs.

GÉOGRAPHIE

L'Amérique : puissance du Nord, affirmation du Sud **SUJET 41**

LES CLÉS DU SUJET

■ Lisez la consigne

• La consigne propose une analyse en deux temps de la situation géoéconomique actuelle du Brésil : **atouts et fragilités**. Attention cependant : il ne suffira pas de relever dans les deux documents ce qui tient lieu d'atouts et ce qui représente des fragilités. L'épreuve s'intitule « étude critique » : cela suppose des connaissances qui permettront de **compléter, nuancer** ou aggraver le bilan proposé par les deux textes.

• La problématique doit s'organiser autour des notions d'émergence et de crise : dans quelle mesure **la crise** que traverse actuellement le Brésil **remet-elle en question l'émergence** du géant sud-américain permise par la mondialisation contemporaine ?

■ Analysez les documents

• Les documents sont deux extraits d'**articles de presse**. Le document 1 est issu d'un quotidien français, *La Croix*. Le document 2 vient d'un journal brésilien, basé à Rio de Janeiro, qui paraît en langue anglaise, *The Rio Times*. Fondé récemment (2009), celui-ci s'adresse essentiellement aux expatriés anglophones de la région carioca. Son article a été repris par l'hebdomadaire *Courrier international* qui propose au lecteur français des textes tirés de multiples journaux à travers le monde.

• Les deux documents sont parus en avril et mai 2016. S'ils donnent ainsi accès à des données très récentes, certaines d'entre elles sont cependant devenues obsolètes. **Une bonne connaissance de l'actualité du Brésil** est donc utile.

• Le **document 1** se concentre sur les **aspects négatifs** (les « fragilités »). Le **document 2** est **plus optimiste** et montre comment la crise offre des opportunités aux investisseurs étrangers.

■ Définissez les axes de l'étude

• Vous pouvez vous contenter d'un **plan en deux parties** (fragilités et atouts), à condition de ne pas le réduire à une simple répétition des documents. Il faut **replacer la situation géoéconomique du Brésil dans le contexte d'une émergence par la mondialisation**.

• La première partie fera donc le bilan d'**une crise multidimensionnelle** et en donnera les facteurs explicatifs. La seconde complétera **les atouts** immobiliers indiqués dans le document 2 par la mise en évidence des points forts du Brésil, grâce à vos connaissances personnelles.

L'Amérique : puissance du Nord, affirmation du Sud **CORRIGÉ** **41**

CORRIGÉ **41**

Les titres en couleurs servent à guider la lecture et ne doivent en aucun cas figurer sur la copie.

Introduction

[Accroche] Fin de samba pour le Brésil ! Après une coupe du monde de football 2014 désastreuse et des Jeux olympiques de 2016 à Rio de Janeiro à peine moins calamiteux, les nuages semblent s'être accumulés sur le géant sud-américain.

[Présentation des documents] Le document 1 en fait état : cet article de presse, tiré du quotidien français *La Croix* et daté d'avril 2016, résume en quelques lignes la crise dans laquelle s'enfonce le pays. À peine plus récent, le document 2 paraît plus optimiste. Il faut dire qu'il est extrait d'un journal carioca en langue anglaise, *The Rio Times*, dont le lectorat est composé d'expatriés aux situations avantageuses. L'opposition apparente des deux documents doit permettre de faire le point sur la situation géoéconomique actuelle du Brésil.

[Problématique] Dans quelle mesure la crise que traverse le pays remet-elle en question l'émergence permise par la mondialisation contemporaine ?

[Annonce du plan] Le Brésil traverse incontestablement une crise multidimensionnelle profonde, dont le document 1 rend partiellement compte. Mais « Dieu est brésilien », se plaît à affirmer un dicton local, sinon le document 2, évoquant les multiples raisons poussant à l'optimisme.

I. Une crise multidimensionnelle

• Si le pays a plutôt bien traversé la crise de 2008, depuis 2014 le bilan s'est largement dégradé. « En 2015, le produit intérieur brut [PIB] du Brésil a reculé de 3,8 % », souligne le document 1 (l. 1). Et « 2016 ne s'annonce guère plus favorable » (l. 2-3) : un pronostic confirmé par le chiffre dont nous disposons aujourd'hui : – 3,6 %. Ces deux années ont donc vu le PIB brésilien chuter de plus de 7 %. Une telle récession, que le journaliste de *La Croix* compare à la crise des années 1930, est en effet brutale.

• La crise a une dimension sociale importante. Certes « 40 millions de Brésiliens » (doc. 1, l. 12) sont sortis de la pauvreté sous l'ère du président Luiz Inácio Lula da Silva, grâce notamment aux programmes sociaux. Mais le recul de l'activité à partir de 2015 est tel

> **CONSEIL**
> Éclairez les chiffres du texte par vos connaissances.

GÉOGRAPHIE

qu'il entraîne des conséquences sociales majeures : explosion du chômage (+ 43 %, l. 20), baisse de la consommation (l. 15-16) également liée à l'inflation (l. 17). La croissance de la classe moyenne brésilienne s'est brusquement interrompue ; les inégalités, en recul depuis Lula, augmentent de nouveau.

• Comment peut-on expliquer un tel retour en arrière ? Le document 1 incrimine « le ralentissement de la demande chinoise » (l. 6-7). Cette explication renvoie aux caractéristiques fondamentales de l'économie brésilienne, qui s'est largement « reprimarisée » depuis vingt ans. Le pays est en effet un exportateur majeur de produits agricoles (soja du Mato Grosso, café du Sudeste, viande du Centro-Oeste) et miniers (fer de Carajas). La demande chinoise accrue avait entraîné une augmentation du prix de ces matières premières, une manne permettant d'alimenter les politiques sociales du président Lula. Mais Pékin peine à présent à prolonger des taux de croissance à deux chiffres. La demande s'essoufflant, les cours des matières premières ont plongé, entraînant la récession du Brésil.

[Transition] La mondialisation, qui permit l'émergence du pays, en cause aujourd'hui les difficultés économiques. Le développement du Brésil est-il compromis ou existe-t-il des motifs d'espérance ?

II. Les facteurs de l'optimisme brésilien

• Le Brésil est pourvu de nombreux atouts. Le document 2 en recense certains. Si la mondialisation est cause de la récession, le « regain d'intérêt de la part des investisseurs étrangers » (l. 1-2) pourrait inverser la tendance. La dévalorisation du real constatée dans le document 1 rend en effet le Brésil attractif. Le capitalisme américain (Grand Thornton, Blackstone) pourrait ainsi profiter des « opportunités » offertes par la crise pour investir dans l'immobilier brésilien.

• L'économie est également beaucoup plus diversifiée que celles d'autres pays exportateurs de matières premières de plus petites dimensions – Bolivie ou Équateur, par exemple, pour rester sur le continent sud-américain. Le chômage a tiré les salaires à la baisse : les industries de main-d'œuvre, tel l'agroalimentaire, en connaissent un regain de compétitivité. En 2017, le pays a ainsi connu une croissance de 1,1 % de son PIB.

• Le Brésil est grand comme seize fois la France. Les matières premières y sont toujours présentes en quantité phénoménale, et indispensables à la reprise actuelle de l'économie mondiale. La poursuite du « supercycle » est donc possible, par exemple avec l'émergence de l'Inde dont le taux de croissance vient justement de dépasser celui de la Chine. Et le

INFO
Le « supercycle » désigne la période 2000-2011 pendant laquelle le cours des matières premières a explosé.

L'Amérique : puissance du Nord, affirmation du Sud **CORRIGÉ** 41

basculement du modèle alimentaire chinois vers une consommation accrue de produits carnés et laitiers se poursuit. Nul doute que les producteurs brésiliens fourniront encore longtemps le soja et la viande nécessaires.

Conclusion

[Bilan] Ces deux documents sont donc relativement complémentaires : ils permettent d'envisager les deux facettes – positive et négative – de l'évolution du modèle économique brésilien. Le pays d'aujourd'hui est bien confronté à une crise majeure, causée paradoxalement par la mondialisation qui avait permis son émergence.

[Ouverture] Reste à gérer la crise. Or, la destitution de la présidente, Dilma Rousseff, le 31 août 2016, sur des accusations de corruption, n'incite pas à la confiance populaire. Et la cote de popularité de son successeur, Michel Temer, est au plus bas. Les manifestations se succèdent dans un pays qui doute désormais de lui-même.

GÉOGRAPHIE

SUJET

42

Liban • Mai 2019
COMPOSITION

Le Sahara : ressources, conflits

LES CLÉS DU SUJET

■ **Analysez le sujet**

Les termes du sujet

Terme	Définition
Sahara	Le terme renvoie à un espace particulier dont il faudra présenter les caractéristiques avant d'en aborder le fonctionnement.
ressources	Moyens de subsistance et d'enrichissement offerts par un espace. Certains peuvent être naturels (matières premières), d'autres humains, liés aux circulations ou aux positions par rapport à d'autres lieux.
conflits	Opposition entre deux ou plusieurs acteurs, dont les intérêts divergent. Les conflits peuvent être analysés à différentes échelles, qui interagissent les unes sur les autres.

La problématique

Quels sont les **enjeux économiques et géopolitiques** de l'ensemble saharien au regard de ses ressources ? Dans quelle mesure le jeu des acteurs fait-il de cet espace si particulier une zone de conflits et en quoi les ressources en sont-elles responsables ?

■ **Utilisez les mots clés**

conflits   interface active   terrorisme   frontière migratoire

circulations   ressources   rentes

matières premières   oasis   territorialisation   aridité

sédentarisation   frontière migratoire   espace

L'Afrique : les défis du développement **CORRIGÉ** **42**

■ **Évitez les pièges**

• **Attention à ne pas dévier vers les relations internationales**, au cours de trop longs développements, par exemple sur le terrorisme international. C'est l'espace saharien qui doit être au centre de votre étude.

• Ne cantonnez pas votre analyse des ressources aux seules ressources naturelles, tels les hydrocarbures par exemple. Ce serait très réducteur.

CORRIGÉ **42**

Les titres en couleurs servent à guider la lecture et ne doivent en aucun cas figurer sur la copie.

Introduction

[Présentation] Le Sahara est au cœur des problèmes géopolitiques du monde actuel. Depuis les printemps arabes et l'effondrement d'une partie des régimes autoritaires locaux, surtout en Libye le Sahara est devenu un espace hors de contrôle, dont les mouvements terroristes islamistes s'efforcent d'accaparer les ressources et d'achever la déstabilisation.

[Problématique] Longtemps perçu comme un espace peu approprié, le Sahara est en cours de territorialisation par des acteurs multiples et parfois conflictuels. Comment expliquer ce retournement historique ? Est-ce lié au renouveau des ressources du désert ? Aux modalités spécifiques de fonctionnement de ce territoire ? À la multiplicité des acteurs en concurrence ?

[Annonce du plan] C'est que le Sahara est un espace particulier, dont les mutations territoriales récentes prennent une ampleur particulière du fait de ressources de plus en plus convoitées, déclenchant des conflits très divers, aux acteurs sans cesse plus nombreux et aux ressorts à toutes les échelles.

I. Les espaces du Sahara

1. Le plus grand désert du monde

• Le Sahara est le plus grand désert du monde : 8,5 millions de km^2. On le compare souvent à une mer, qui borde l'Atlas ou la Méditerranée au nord, qui s'efface progressivement au sud avec le Sahel.

• L'aridité en est la contrainte majeure. La clarté atmosphérique cause des températures très élevées le jour, glaciales la nuit. Les paysages du désert (erg, reg, hamada) sont marqués par cette aridité.

L'Afrique : les défis du développement **CORRIGÉ** 42

2. Un espace de peuplement ponctuel et linéaire

• Le Sahara est d'abord un espace de peuplement ponctuel – notamment dans les oasis, lieux d'agriculture et de commerce –, lequel devient linéaire dans la plus grande oasis du monde : la vallée du Nil. Les peuples du désert ont ainsi toujours été des peuples nomades.

• Mais, de plus en plus, il s'agit d'un désert de villes en forte croissance : 90 % des 12 millions d'habitants du Sahara sont des citadins.

• Le Sahara est un désert traversé de flux qui en font une interface active, dessinant un réseau complexe entre nord et sud, espace de contact entre civilisations noires et arabes, source de fructueux échanges.

3. Un espace en territorialisation

• Avec la colonisation s'opère un grand retournement spatial : le territoire se construit alors à partir des littoraux, dos au désert.

> **Info**
> Territorialiser signifie construire du territoire, c'est-à-dire un espace structuré par l'homme, et non naturel.

• Depuis les indépendances, les États africains s'efforcent de territorialiser le Sahara, mais ils se montrent incapables d'y exercer un contrôle efficace.

• Cette inefficacité des acteurs locaux explique que des puissances extra-régionales tentent d'y protéger leurs intérêts : France, États-Unis et plus récemment Chine.

[Transition] C'est que le Sahara ne manque pas de ressources !

II. Des ressources convoitées

1. Des ressources liées aux circulations

• Le Sahara a toujours été un espace de commerce, lequel se développe aujourd'hui du fait de sa position d'interface dans la mondialisation.

• Il est aussi le théâtre d'échanges liés à la contrebande (de cigarettes chinoises par exemple), à la contrefaçon venue de Chine à destination de l'Europe, ou encore au trafic de stupéfiants. États et terroristes touchent leur dîme sur ces trafics illicites.

2. Des ressources liées aux frontières

• Les frontières sont d'une grande porosité, et la faiblesse des États constitue un avantage comparatif majeur pour les trafics de tous ordres.

• La frontière elle-même constitue une rente pour les pouvoirs locaux, qui monnaient le droit de passage. C'est aussi une ressource à part entière, en raison des différences de taxation, par exemple pour l'essence, subventionnée en Algérie, mais beaucoup plus chère dans les pays voisins.

L'Afrique : les défis du développement **CORRIGÉ** 42

3. Des ressources liées aux matières premières

• D'autres ressources sont convoitées, à l'échelle régionale : les nappes d'eau fossile par exemple ; ou mondiale : le pétrole, exploité dans la majorité des États sahariens, fait l'objet d'une course effrénée entre les grandes compagnies mondiales.

> **Conseil**
> Vous pouvez illustrer ce paragraphe par l'analyse d'un exemple, tels les hydrocarbures en Algérie ou l'uranium nigérien exploité par Areva à Arlit.

• Le Sahara renferme aussi de nombreuses richesses minières, parfois exploitées (fer en Mauritanie, uranium au Niger).

• Du fait de ces ressources, l'espace saharien est le théâtre d'économies de rente à diverses échelles.

[Transition] Le partage de ces rentes est souvent générateur de conflits.

III. Le Sahara, espace conflictuel

1. Des conflictualités transsahariennes

• Certains groupes ethniques sont présents dans plusieurs États. Or, ces peuples du désert subissent des changements dramatiques : déclin du nomadisme et des oasis, progrès de la sédentarisation et de l'urbanisation.

• Dans les nouveaux États, les Touaregs se retrouvent ainsi dans une situation dominée, soumis à une sédentarisation forcée, malgré des révoltes sanglantes au Mali et au Niger.

2. Des conflictualités régionales : l'exemple du Sahara occidental

• Le conflit du Sahara occidental illustre l'opposition entre deux puissances régionales.

• Suite à l'annexion du territoire en 1975 par le Maroc (« marche verte »), le Front Polisario proclame la République arabe sahraouie démocratique (RASD), avec le soutien de l'Algérie.

• Dans les années 1980, le Maroc construit le « mur des sables », se réservant l'exploitation des ressources de l'Ouest.

• Un référendum d'autodétermination est évoqué mais, toujours attendu, il est sans cesse reporté. Le Maroc, en la personne de son souverain Mohammed VI, ne cesse de proclamer la « marocanité » du Sahara occidental.

GÉOGRAPHIE

L'Afrique : les défis du développement **CORRIGÉ** **42**

3. Des conflictualités globales

• Le Sahara est aussi le théâtre de conflictualités globales, du fait de sa position de frontière migratoire pour l'Europe.

> **Conseil**
> Nourrissez votre copie d'exemples précis, tirés par exemple de l'actualité la plus récente.

• Mais il devient surtout un espace conflictuel dans le cadre de la lutte contre le terrorisme. Al-Qaïda au Maghreb islamique y enlève régulièrement des Occidentaux tandis que l'organisation État islamique s'y installe en Libye.

• La France y intervient ainsi régulièrement, comme avec l'opération Barkhane, depuis 2014, destinée à refouler les groupes terroristes de l'ensemble saharo-sahélien, en particulier dans le Nord-Mali.

> **Conseil**
> Nourrissez votre copie d'exemples précis, qui peuvent être tirés de l'actualité la plus récente.

Conclusion

[Reprise] Le Sahara est un espace à la configuration particulière, en voie de territorialisation par des États qui lui sont largement extérieurs. Or, le désert saharien est aussi riche de ressources nombreuses et de plus en plus convoitées par des acteurs très divers. Les conflictualités s'y manifestent donc à des échelles multiples, faisant de cet espace une zone souvent dangereuse.

[Réponse] Le Sahara est ainsi un espace traversé, un territoire qui se construit selon des logiques diverses car les acteurs – et leurs intérêts – y sont multiples et souvent divergents. Sa position, en frontière sud de l'Europe, et ses ressources font de son fonctionnement un enjeu régional majeur.

[Élargissement] Les données géopolitiques récentes, qui voient s'opposer des États saharo-sahéliens en grande faiblesse, des groupes terroristes multiples et les puissances occidentales, montrent que les logiques d'affrontement ont un bel avenir dans le plus grand désert du monde.

SUJET

43

Antilles, Guyane • Septembre 2018
COMPOSITION

Le continent africain face au développement et à la mondialisation

LES CLÉS DU SUJET

■ Analysez le sujet

Les termes du sujet

Terme	Définition
continent africain	Le continent africain n'inclut pas seulement l'Afrique noire. Il faut donc insister sur la diversité des situations de développement.
développement	Processus de croissance économique qui amène une amélioration globale des conditions de vie de l'ensemble d'une population.
mondialisation	Mise en relation des différentes parties du monde par des flux. La mondialisation est inséparable du capitalisme qui l'a mise en place.

La problématique

Quelle est la situation de l'Afrique face aux questions de développement ? Le continent connaît-il un réel décollage économique ? Quelle place occupe-t-il dans la mondialisation ? Autrement dit, **dans quelle mesure la mondialisation favorise-t-elle le développement du continent africain ?**

■ Utilisez les mots clés

TIC guerres APD dette **mondialisation** corruption matières premières OMD économie de rente pauvreté transition démographique IDE **développement** urbanisation croissance démographique classes moyennes géopolitique

GÉOGRAPHIE

L'Afrique : les défis du développement **CORRIGÉ 43**

■ **Évitez les pièges**

• Attention à l'expression « continent africain » : vous devez à la fois **prendre en compte la totalité de la région géographique** – l'Afrique n'est pas seulement « le continent noir » –, mais aussi bien nuancer les propos de portée générale.

• Il y a deux écueils à éviter, l'**afro-pessimisme** et l'**afro-optimisme**. Le premier était à la mode dans les années 1970 à 1990. Aujourd'hui, c'est plutôt le second qui sert de cadre usuel d'analyse. Conservez donc une position équilibrée dans vos développements.

CORRIGÉ 43

Les titres en couleurs servent à guider la lecture et ne doivent en aucun cas figurer sur la copie.

Introduction

[Présentation] L'Afrique est toujours, et de loin, le continent le plus pauvre de la planète. Et les raisons d'espérer un changement fondamental de cet état de fait sont bien minces.

[Problématique] L'Afrique est pourtant un espace d'une grande diversité, où les situations sont très variées. La mondialisation pourrait en être sa chance. Dans quelle mesure celle-ci favorise-t-elle le développement du continent africain ?

> **Conseil**
> La problématique est un questionnement, intégrant les termes du sujet, qui servira de fil conducteur à votre propos. Ici, un rapport de causalité lie les deux mots clés : développement et mondialisation.

[Annonce du plan] Les enjeux et les défis, notamment démographiques, sont évidemment considérables ; le retard de développement abyssal. Mais l'insertion africaine dans la mondialisation présente des opportunités remarquables.

I. Enjeux et défis démographiques africains

1. La bombe démographique ?

• En 1900, l'Afrique ne représentait que 7 % de la population mondiale, contre 16 % aujourd'hui et 25 % en 2050. Les Africains sont 1,320 milliard, et devraient être 2,4 milliards en 2050.

• La cause majeure en est l'entrée du continent, depuis les années 1950, dans la transition démographique : la mortalité y a beaucoup diminué alors que la

L'Afrique : les défis du développement **CORRIGÉ** **43**

natalité reste très élevée. La fécondité y est encore plus haute (4,35 enfants par femme) que partout ailleurs.

• Si l'Afrique du Nord comme l'Afrique australe sont bien avancées dans cette évolution, le reste de l'Afrique voit seulement le début de la baisse de la fécondité.

> **Attention**
> Dans votre copie, n'oubliez pas de nuancer en montrant combien l'Afrique compte des sous-régions dont les situations sont différentes.

2. La croissance démographique : chance ou fardeau ?

• L'Afrique est jeune : 41 % de sa population a moins de 15 ans – 31 % en Afrique australe et septentrionale. Dans bon nombre de pays, la population double en 25 ans.

• Cette croissance démographique génère des besoins d'investissement énormes. Il faudra ainsi créer 330 millions d'emplois d'ici 2030.

• Mais elle permet aussi de donner naissance à de vastes marchés intérieurs. Par ailleurs, l'Afrique sera le seul réservoir de main-d'œuvre dans la seconde partie du XXIe siècle.

3. L'explosion urbaine : surcharge ou modernité ?

• L'Afrique est le continent le plus rural de la planète – 60 % de sa population vit à la campagne –, mais c'est aussi celui où l'urbanisation progresse le plus vite – son taux a été multiplié par neuf entre 1950 et 2000.

• La brutalité de la croissance urbaine est telle que les villes africaines sont incapables d'assurer la sécurité ou de fournir les infrastructures nécessaires, notamment en logement : toutes ont ainsi leurs bidonvilles.

• Les villes africaines constituent pourtant les laboratoires de l'évolution du continent. La baisse de la fécondité y est à présent nettement engagée.

[Transition] Avec ces contraintes, comment l'Afrique peut-elle se développer ?

II. L'Afrique face au développement

1. Les retards différenciés du développement africain

• Le développement africain est en retard sur le reste du monde, plus encore en Afrique subsaharienne : l'indice de développement humain (IDH) y est de 0,475 en 2013 et la région compte 33 pays les moins avancés (PMA) sur 48.

• La part de la population dont le revenu est inférieur au seuil de pauvreté dépasse les 80 % au Burundi ou encore au Libéria. Tous les indicateurs socio-économiques attestent de ce retard africain : analphabétisme, mortalité infantile, malnutrition, etc.

GÉOGRAPHIE

L'Afrique : les défis du développement **CORRIGÉ** 43

• Pourtant, l'économie informelle et les solidarités familiales représentent un filet de sécurité vital pour les populations.

2. Un retard multifactoriel

• Le poids de l'histoire est fondamental : les traites négrières européennes et arabes déportèrent environ 42 millions de personnes. La domination coloniale de l'Europe a créé des économies de rente, littoralisées et extraverties.

• Les pays africains ont connu par ailleurs de nombreuses guerres depuis les indépendances, dont les causes résident dans la fragilité des constructions étatiques, les différends ethniques ou religieux, la convoitise des profits tirés des ressources naturelles.

• Enfin, les États africains sont minés par une corruption endémique et des choix économiques hasardeux.

3. Aide au développement et nouveau contexte global

• La crise de la dette des années 1980 a obligé les États africains à accepter les programmes d'ajustement structurels du Fonds monétaire international (FMI) tandis que la fin de la guerre froide est synonyme de baisse de l'aide publique au développement (APD).

• Mais le XXIᵉ siècle change le contexte : avec les Objectifs du millénaire pour le développement (OMD), l'APD reprend en direction de l'Afrique.

• Une fenêtre d'opportunité s'ouvre alors pour le continent.

[Transition] La forte croissance économique mondiale jusqu'en 2008 et depuis 2010 propulse l'Afrique dans la mondialisation. Pour quel résultat ?

III. L'Afrique dans la mondialisation

1. L'intégration par les matières premières

• L'Afrique est riche de tous types de matières premières (agricoles, minières ou énergétiques) qu'elle exploite souvent *via* des firmes transnationales (FTN).

> **Conseil**
> Vous pouvez développer un cas que vous aurez préparé, par exemple le pétrole du golfe de Guinée.

• Cette richesse a généré des économies de rente. 64 % des exportations africaines concernent des matières premières, dont la croissance des pays émergents renchérit le prix.

• Le taux de croissance du produit intérieur brut (PIB) des États africains a été de 4,8 % par an en moyenne de 2002 à 2012, plus modérément ensuite. L'augmentation des exportations africaines prouve cette insertion croissante dans la mondialisation.

2. De nouvelles formes d'intégration

• Les besoins annuels en infrastructures sont évalués à 90 milliards de dollars. L'Afrique est devenue une zone attirant les investissements directs étrangers (IDE), lesquels ont quintuplé entre 2000 et 2012, puis se sont stabilisés autour de 50 milliards de dollars par an.

• Mais l'intégration à la mondialisation se fait aussi par la consommation, avec la montée en puissance des classes moyennes africaines. En 2011, le tiers de la population du continent est ainsi sorti de la pauvreté.

• L'intégration par les technologies de l'information et de la communication (TIC) est plus manifeste encore : l'Afrique est devenue le 2e marché mondial pour la téléphonie mobile, avec 750 millions d'abonnés fin 2012.

3. L'Afrique, enjeu des anciennes et nouvelles puissances

• Les liens avec l'Europe, ancienne puissance coloniale, restent forts, *via* notamment les Accords de partenariat économique (APE) de l'Union européenne. La France intervient aussi militairement, en Côte d'Ivoire, en Libye, au Mali, en Centrafrique.

• L'Afrique a acquis un intérêt géopolitique pour les États-Unis avec la guerre contre le terrorisme et les gisements pétroliers du golfe de Guinée.

• La Chine surtout investit massivement dans l'énergie et les mines africaines, mais également dans le secteur manufacturier et l'agriculture.

Conclusion

[Reprise] Au total, les enjeux et les défis sont considérables : l'Afrique est le dernier continent en croissance démographique. Face au rythme de celle-ci, le développement économique a beaucoup de mal à sortir ses États de la pauvreté. Mais l'Afrique s'insère de plus en plus fortement dans la mondialisation, que ce soit par l'exploitation de ses matières premières, par les IDE ou par la montée en puissance de ses classes moyennes.

[Réponse] Cette intégration accélérée dans la mondialisation représente donc une opportunité pour le continent. Il s'agit certes d'une insertion dominée et dépendante, mais elle offre les perspectives de croissance et de développement les plus prometteuses depuis les indépendances.

[Remise en perspective] La mondialisation, que les sociétés européennes rendent souvent responsable de leur déclin économique, n'est donc pas négative pour tous !

SUJET 44

Liban • Mai 2016
ÉTUDE CRITIQUE DE DOCUMENTS

Atouts et limites pour le développement de l'Afrique

▶ À l'aide des deux documents et de vos connaissances, montrez les atouts et les potentialités de l'Afrique pour assurer son développement, mais aussi les défis qu'elle rencontre et les limites de ce développement.

DOCUMENT 1 — Situation socio-économique du Ghana pour le ministère des Affaires étrangères du Canada en 2015

Le Ghana est une démocratie stable et paisible, en bonne voie d'atteindre son objectif de devenir un pays à revenu intermédiaire d'ici 2020. Il est salué comme un nouveau modèle de réussite économique en Afrique : ces dernières années, son taux de croissance a toujours dépassé les 6 %. Depuis 1992, cinq élections démocratiques consécutives y ont eu lieu, et deux transitions de gouvernement se sont déroulées dans la paix. D'autres pays d'Afrique se tournent maintenant vers le Ghana pour obtenir des conseils sur la tenue d'élections.

Depuis 1990, le gouvernement du Ghana a travaillé de près avec la communauté des donateurs et a réduit de près de moitié le nombre de personnes vivant dans l'extrême pauvreté. Cependant, environ 30 % des Ghanéens[1] vivent toujours avec moins de 1,25 $US par jour. Environ 2 millions de personnes ont un accès limité à la nourriture, et les trois régions du nord du pays sont régulièrement touchées par des pénuries de vivres. Les enfants sont particulièrement vulnérables : environ 12 % des enfants ghanéens de moins de cinq ans ont un poids insuffisant. En 2012, le Ghana occupait le 135e rang sur 187 pays pour ce qui est de l'indice du développement humain établi par le Programme des Nations unies pour le développement.

Le Ghana a assez bien réussi à atténuer les répercussions de la crise alimentaire mondiale de 2008 grâce à des programmes d'aide sociale et à d'autres mesures ; il a entre autres supprimé les droits d'importation et les taxes sur les aliments et le carburant. Le Ghana est toujours vulnérable

L'Afrique : les défis du développement **SUJET 44**

aux effets persistants de la crise économique mondiale. La pauvreté s'est accentuée dans certains groupes de population, surtout les femmes, les agriculteurs et les personnes vivant dans les régions du Nord.

Site du ministère des Affaires étrangères du Canada[2] – Avril 2015.
http://www.international.gc.ca

---

1. En 2015, la population du Ghana s'élève à 27,2 millions d'habitants (données de l'ONU).
2. Fiche technique de présentation de la situation socio-économique de pays avec lesquels le Canada commerce – document à destination du grand public, des entrepreneurs et investisseurs canadiens.

DOCUMENT 2

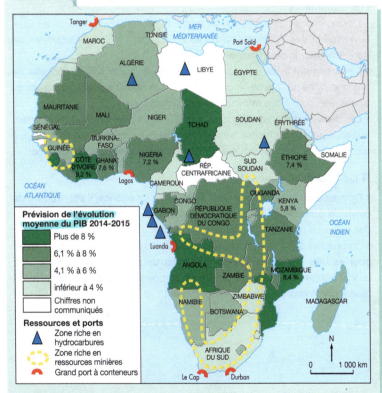

D'après : les données de l'OCDE (année 2013) ; « Principaux ports de marchandises en Afrique en 2011 », *La Documentation française* ; Frank Tétart (dir.), *Grand Atlas 2015*, 2011.

L'Afrique : les défis du développement **SUJET** **44**

LES CLÉS DU SUJET

■ Analysez le sujet

L'énoncé

Le sujet reprend à l'identique la formulation d'une partie du programme. Il vous est donc demandé d'analyser **en quoi les deux documents permettent de rendre compte des défis du développement en Afrique**.

La consigne

La consigne suggère un plan simple en deux parties. Rappelons toutefois que l'exercice est une **étude critique de documents** : vous devez donc partir des documents et **montrer leur apport** au problème posé, sans oublier de les **confronter**, mais également de les **critiquer**.

Les documents

• Le **document 1** est une fiche de synthèse provenant d'une source fiable, le ministère des Affaires étrangères du Canada. Mais ce document **ne concerne que le seul Ghana**.

• Le **document 2** est une carte de synthèse, cette fois à l'échelle de l'Afrique dans sa totalité. À partir de diverses sources institutionnelles ou privée, elle donne des **informations basiques**.

• Les deux documents sont donc, pour l'un, très spécifique, car ne traitant que d'un pays, pour l'autre, très général, car donnant une idée assez vague des situations nationales. **Cela invite à les confronter et à les critiquer.**

■ Définissez les axes de l'étude

• Comme à chaque fois que c'est le cas dans un énoncé, il est **prudent de suivre la proposition de plan**. Cela permet de ne pas se fourvoyer dans des plans complexes et de gagner du temps.

• Un **premier axe** d'étude présentera les atouts et potentialités de l'Afrique pour assurer son développement ; un **deuxième axe** évoquera les défis qu'elle affronte et les limites de son développement. À chaque occasion, il faudra confronter et critiquer les documents.

L'Afrique : les défis du développement **CORRIGÉ 44**

CORRIGÉ **44**

Les titres en couleurs servent à guider la lecture et ne doivent en aucun cas figurer sur la copie.

Introduction

[Accroche] Autrefois considérée comme un continent perdu pour le développement, condamnée aux guerres et aux famines, l'Afrique connaît depuis une quinzaine d'années une croissance économique vigoureuse.

[Présentation des documents] Le document 1 est une fiche de synthèse provenant d'une source institutionnelle, le ministère des Affaires étrangères du Canada. Elle décrit la situation du Ghana en 2015. Le document 2 est une carte de synthèse du taux de croissance prévisionnel du PIB par États pour 2014-2015, complété par des facteurs explicatifs.

[Annonce du plan] À partir de ces deux documents, on pourra donc faire le point sur les atouts et les potentialités dont jouit l'Afrique pour piloter son développement. Mais une analyse critique mettra également en lumière les défis que rencontre le continent et les limites de son développement.

I. Les atouts et les potentialités de l'Afrique

1. Une incontestable croissance économique

• Le document 2 montre clairement que l'essentiel du continent africain connaîtra pour 2014-2015 une croissance économique très importante : plus de 8 % pour des pays comme la Côte d'Ivoire (9,2 %) ; entre 4 et 8 % pour de nombreux autres (7,4 % en Éthiopie).

• Cette croissance économique n'est pas un accident. Le document 1 le confirme à propos du Ghana : « ces dernières années, son taux de croissance a toujours dépassé les 6 % » (l. 4-5). En effet, malgré la crise de 2008, l'Afrique dans son ensemble a connu 15 ans d'une croissance à 5 % par an.

> **Conseil**
> Montrez comment le document 1 confirme les données du document 2.

• Certains pays ont su transformer cette croissance économique en développement. Au Ghana, depuis 1990, le nombre de personnes vivant dans l'extrême pauvreté (moins de 1,25 $US par jour) a été « réduit de près de moitié » (doc. 1, l. 10-11). En Afrique, les classes moyennes devraient représenter 240 millions de personnes en 2030. La reprise de l'aide publique au développement (les « donateurs » du doc. 1, l. 10) a contribué à ce résultat.

GÉOGRAPHIE

257

L'Afrique : les défis du développement **CORRIGÉ 44**

2. Des facteurs endogènes plus favorables

• Le document 1 établit que « le Ghana est une démocratie stable et paisible » (l. 1), débarrassé de deux maux des années 1960 à 2000 : l'instabilité de régimes souvent dictatoriaux et la guerre.

• Les progrès de la démocratie ont touché l'Afrique du Sud (fin de l'apartheid). Au Ghana, la démocratie s'enracine : « depuis 1992, cinq élections démocratiques consécutives y ont eu lieu » (doc. 1, l. 5-6).

• Un autre facteur endogène est décisif : le ralentissement de la croissance démographique. Aujourd'hui dans la phase B de la transition démographique, l'Afrique est la seule zone du monde où la proportion d'adultes va augmenter.

> **Info**
> La transition démographique comprend une phase A (chute de la mortalité, croissance très forte) et une phase B (recul de la natalité, croissance ralentie).

3. Des facteurs exogènes liés à la mondialisation

• Les potentialités africaines sont maximisées par l'insertion du continent dans la mondialisation. Le document 2 y fait clairement allusion en mentionnant les « zones riches en ressources minières » ou en hydrocarbures (10 % des réserves pétrolières mondiales).

• Le document 2 mentionne également l'insertion africaine dans la mondialisation à travers d'importants ports à conteneurs, sur les grandes routes maritimes mondiales : cap de Bonne-Espérance (Durban, Le Cap), canal de Suez (Port-Saïd).

• L'évolution démographique africaine va représenter une nouvelle opportunité pour les activités de main-d'œuvre, telles les industries d'assemblage en Afrique du Sud.

[Transition] Pourtant, ces atouts africains comportent leur part d'ombre.

II. Les défis et les limites du développement

1. La persistance des retards

• L'essentiel du continent doit encore faire face à un problème massif de pauvreté. Ainsi, « environ 30 % des Ghanéens vivent toujours avec moins de 1,25 $US par jour » (doc. 1, l. 11-12). Les taux de croissance du document 2 doivent être relativisés, car les niveaux de départ sont très bas.

> **Conseil**
> Vous pouvez utiliser d'autres chiffres qui vont dans le même sens.

• D'autant que cette croissance économique doit être mise en regard de la croissance démographique, qui reste la plus rapide du monde. Or, pour une

L'Afrique : les défis du développement **CORRIGÉ** 44

population qui augmente de 3 % par an, une hausse du PIB de 3 % ne fait que maintenir la situation en l'état.

• Enfin, si la situation en ville est meilleure que dans les campagnes (doc. 1, l. 26), l'explosion urbaine est telle que les problèmes ne sont pas près d'être résolus (pollutions, bidonvilles).

2. La stabilité politique : la règle ou l'exception ?

• Si les progrès de la démocratie sont incontestables, comme au Ghana, il existe encore de nombreux cas de régimes dictatoriaux ou de situations instables, qui nécessitent parfois une intervention extérieure. Cela a été le cas en Côte d'Ivoire, en 2010-2011.

• Les problèmes de corruption sont loin d'être réglés sur un continent où les économies de rente génèrent des revenus fréquemment captés par des réseaux clientélistes, familiaux ou tribaux.

• Enfin, depuis les printemps arabes, la situation géopolitique est devenue très tendue dans toute l'Afrique septentrionale et au Sahel. Les réseaux terroristes islamistes se développent, au Mali ou en Libye.

3. Une insertion dominée dans la mondialisation

• L'insertion de l'Afrique dans la mondialisation est marquée par la domination et la dépendance. Les exportations africaines sont des exportations de produits bruts (doc. 2).

• La crise de 2008 a également eu des répercussions. La tension des prix sur les produits alimentaires, que le Ghana a pu atténuer grâce à des « programmes d'aide sociale », est clairement évoquée dans le document 1 (l. 21). Le ralentissement économique des grands pays émergents provoque aussi une baisse du prix des matières premières.

• Enfin, la mondialisation accentue les disparités régionales. Au Ghana, les provinces du Nord, éloignées du littoral intégré, sont celles où « la pauvreté s'est accentuée » (doc. 1, l. 24-26).

Conclusion

Les documents permettent donc d'établir la réalité du développement africain, mais aussi sa fragilité, tant il est vrai que ce développement doit surtout à l'insertion du continent dans une mondialisation riche en chocs externes, que des économies vulnérables peinent à absorber.

GÉOGRAPHIE

SUJET

45

Pondichéry • Mai 2018
COMPOSITION

L'Asie du Sud et de l'Est : les défis de la population et de la croissance

LES CLÉS DU SUJET

■ Analysez le sujet

Les termes du sujet

Terme	Définition
Asie du Sud et de l'Est	L'Asie du Sud correspond au monde indien, l'Asie de l'Est au monde chinois. Entre les deux, l'Asie du Sud-Est, à ne pas oublier, est un mélange des deux.
défis de la population et de la crois- sance	La croissance démographique lance aux États asiatiques un défi : sauront-ils favoriser la croissance économique et, plus encore, le développement nécessaires à la vie de populations numériquement très importantes ?

La problématique

Quelle relation existe-t-il entre croissance démographique et croissance économique en Asie du Sud et de l'Est ? La croissance démographique est-elle un potentiel ou un frein pour l'essor économique des pays asiatiques ? Comment mettre la croissance économique de cet espace au service de son développement ?

■ Utilisez les mots clés

inégalités spatiales

façades maritimes

croissance démographique

pollution   ralentissement

croissance économique

usine du monde

inégalités sociales   rural/urbain

interfaces

insertion dans la mondialisation

vol d'oies sauvages

démographie   Dragons

bureau du monde   développement   Tigres

L'Asie du Sud et de l'Est : les enjeux de la croissance **CORRIGÉ 45**

■ Évitez les pièges

• Il ne s'agit pas ici d'étudier tous les aspects de cette aire continentale : on ne vous demande pas un catalogue ! **Centrez votre réflexion sur la problématique** induite par ce sujet.

• Attention à ne pas présenter la très forte population de cet espace uniquement comme un **poids**. Ce facteur a en effet pu être un réel **atout**, par exemple pour l'évolution économique récente de la Chine.

CORRIGÉ 45

Les titres en couleurs servent à guider la lecture et ne doivent en aucun cas figurer sur la copie.

Introduction

[Accroche] À la mort de Mao Zedong, en 1976, la Chine a une population massivement rurale et connaît une pauvreté endémique. Quarante ans plus tard, elle est la première économie mondiale en parité de pouvoir d'achat. Que s'est-il passé ?

[Problématique] En Asie du Sud et de l'Est, comme en Chine, l'évolution de la population a été très vive depuis 1945. Pourtant production et richesse ont connu une forte augmentation. Comment ces pays ont-ils pu promouvoir une croissance économique suffisante pour leur masse démographique ? Et passer de la croissance au développement ?

[Annonce du plan] Sa masse démographique n'a pas empêché l'Asie du Sud et de l'Est de parvenir à un certain degré de développement. La mondialisation a impulsé une puissante croissance économique. Mais si cette croissance a permis le développement, celui-ci connaît de nombreux impondérables.

> **Conseil**
> Pour rendre la lecture du plan plus aisée au correcteur, il peut être astucieux d'en souligner les idées essentielles (ici en rouge).

I. La loi des grands nombres

1. La moitié du monde

• La masse démographique concernée est colossale : 1,9 milliard d'habitants en Asie du Sud, 1,6 milliard en Asie de l'Est. Chine et Inde sont les pays les plus peuplés de la planète. Avec l'Asie du Sud-Est, on arrive à 4,6 milliards, soit 55 % de la population mondiale.

L'Asie du Sud et de l'Est : les enjeux de la croissance CORRIGÉ 45

• Les pays les plus développés ont un comportement démographique avancé – le solde naturel est négatif au Japon –, et la Chine a freiné sa croissance démographique. Mais l'Inde ne ralentit que lentement et approchera 1,7 milliard d'habitants en 2050.

• Plaines et deltas rizicoles concentrent des densités phénoménales. L'Asie reste très rurale : l'Inde l'est à 66 % et la Chine n'est majoritairement urbaine que depuis 2011.

2. De grandes aires de civilisation

• L'Asie de l'Est est le berceau d'une des plus grandes civilisations de l'histoire : la civilisation chinoise, qui remonte à 35 siècles.

• L'Asie du Sud est marquée par la civilisation indienne, également héritière d'une longue histoire : l'hindouisme est vieux de 35 siècles.

• L'Asie du Sud-Est est un assemblage complexe, héritière d'influences à la fois chinoises et indiennes.

3. Démographie et développement

• Les niveaux de vie sont très différents. Face à un Japon très riche, l'Asie du Sud reste marquée par une grande pauvreté, néanmoins en voie de réduction.

• L'Asie de l'Est est cependant en plein dans une fenêtre démographique exceptionnelle, avec une majorité de classes d'âge adultes.

• L'avenir est en revanche lourd d'incertitudes : le Japon et la Corée du Sud sont en stagnation démographique, et la Chine vieillit de façon vertigineuse.

[Transition] De telles masses démographiques ont-elles permis, freiné ou interdit la croissance économique ?

II. Des Asies en croissance économique

1. Les vagues de la croissance asiatique

• La croissance asiatique a été inégale dans le temps et dans l'espace : elle s'est réalisée par vagues. Le Japon a connu la « haute croissance » (1955-1973) qui en a fait la deuxième économie mondiale à partir de 1968.

• Dès les années 1960, les quatre « Dragons » (Hong Kong, Corée du Sud, Taïwan, Singapour) ont suivi l'exemple japonais. Dans les années 1970, ce fut le tour des « Tigres » (Thaïlande, Malaisie, Indonésie, Philippines).

• Les années 1980 virent la diffusion de la croissance en Chine et dans les pays de troisième génération. L'Asie du Sud décolle depuis les années 1990. C'est le développement en « vol d'oies sauvages ».

> **Info**
> La théorie du « vol d'oies sauvages » est un modèle de développement illustrant l'interaction entre un pays en développement et des pays plus avancés.

262

L'Asie du Sud et de l'Est : les enjeux de la croissance **CORRIGÉ** 45

2. Pays dominants, pays émergents

• Le résultat de cette croissance décalée est que les niveaux de développement sont très différents. Le Japon et les quatre Dragons apparaissent comme des pays dominants. De leur côté, en raison de leur taille, Chine et Inde sont des émergents à part.

• L'ouverture de la Chine au capitalisme fait exploser son taux de croissance : 10 % en moyenne par an depuis 1980 – avec un ralentissement depuis 2015 néanmoins. La Chine devient l'« usine du monde ». Ses exportations de produits manufacturés à bas coût inondent la planète.

• L'Inde libéralise son économie plus tard, à partir de 1991. Le taux de croissance tourne autour de 7 % par an depuis son insertion dans la mondialisation : il est désormais supérieur à celui de la Chine. Spécialisée dans les services informatiques, c'est le « bureau du monde ».

3. Les modalités spatiales de la croissance asiatique

• La croissance asiatique s'est partout réalisée grâce à une insertion réussie dans la mondialisation. Chaque pays a pris sa place dans une division internationale du travail (DIT) impulsée par les firmes transnationales (FTN).

• Les échanges ont explosé au rythme des taux de croissance. Les économies se sont rapidement littoralisées, avec 9 des 10 premiers ports mondiaux. Les façades maritimes constituent les interfaces de la mondialisation.

• Les grandes métropoles sont devenues d'importants centres d'impulsion de l'économie mondiale, concentrant les fonctions de commandement.

[Transition] Cette incontestable croissance économique permet-elle le développement ? Et est-elle durable ?

III. Des Asies en développement ?

1. La croissance asiatique à l'épreuve du temps

• Une telle croissance est-elle durable ? Elle consomme en effet main-d'œuvre et matières premières à un rythme difficilement soutenable.

• Elle est aussi partiellement artificielle : la moitié de la croissance chinoise est ainsi fondée sur le déficit commercial des pays occidentaux, le *dumping* monétaire et l'utilisation de technologies étrangères.

> **Info**
> Un pays pratique le *dumping* monétaire quand il sous-évalue sa monnaie nationale par rapport aux autres devises, favorisant ainsi ses exportations.

• La convergence des pays émergents d'Asie avec la Triade (États-Unis, Japon, Union européenne) est réelle, mais les délocalisations se dirigent à présent vers l'Asie méridionale ou le Vietnam.

GÉOGRAPHIE

L'Asie du Sud et de l'Est : les enjeux de la croissance **CORRIGÉ 45**

2. Une croissance inégale ?

• Le développement est réel : l'indice de développement humain (IDH) de l'Asie de l'Est est passé de 0,383 en 1980 à 0,733 en 2017 ; celui de l'Asie du Sud de 0,315 à 0,638. La pauvreté s'est réduite massivement. Les classes moyennes se développent : elles seraient 300 millions en Chine.

• Ce développement est encore spatialement assez inégal : la puissance des processus maritimes privilégie nettement les littoraux par rapport aux espaces intérieurs. Et les campagnes restent souvent en retard face à l'essor urbain.

• Mais surtout la montée des inégalités sociales accompagne aussi le développement. Les contrastes s'en trouvent accrus.

3. Une croissance au prix de l'environnement ?

• La Chine est le premier émetteur mondial en volume de gaz à effet de serre depuis 2006 et l'Inde en est le troisième. Un « nuage brun » de pollution plane sur l'Asie orientale.

• La littoralisation des économies asiatiques et les fortes densités entraînent un accroissement des risques naturels et industriels, comme le montre le tsunami suivi de l'accident nucléaire de Fukushima au Japon en 2011.

• La prise en compte des questions environnementales est toutefois encore très inégale. Priorité est donnée au développement.

Conclusion

[Reprise] L'Asie du Sud et de l'Est représente plus de la moitié du monde. Cette explosion démographique, aujourd'hui ralentie, n'a cependant pas empêché une forte croissance économique liée à l'insertion de la région dans la mondialisation. Et cette croissance a permis un réel développement, quoiqu'incomplet et menacé dans sa pérennité.

[Réponse] L'évolution démographique n'a donc pas empêché la croissance économique et le développement, même si son rythme, parfois très élevé, a pu freiner l'une et l'autre. Les modalités de la croissance par insertion dans la mondialisation ont débouché sur le développement, mais induisent également des inégalités très marquées.

[Remise en perspective] L'avenir n'est d'ailleurs pas exempt de menaces. Les risques environnementaux sont encore assez négligés, et la région connaît nombre de tensions géopolitiques entre des pays que la croissance économique a transformés en puissances régionales, voire mondiales.

SUJET

46

Polynésie française • Septembre 2018
COMPOSITION

Mumbai, une ville mondiale entre modernité et inégalités

GÉOGRAPHIE

LES CLÉS DU SUJET

■ **Analysez le sujet**

Les termes du sujet

Terme	Définition
Mumbai	Symbole de l'Inde émergente, Mumbai est ici envisagée au titre d'étude de cas. Mégapole, il s'agit aussi d'une ville mondiale.
ville mondiale	Grande métropole qui concentre des fonctions de commandement d'échelle mondiale.
modernité	Le terme renvoie au phénomène de l'émergence. C'est l'enrichissement qui permet la modernité, en lien avec la mondialisation.
inégalités	Les inégalités dans l'espace urbain sont socio-spatiales : on vit et on travaille dans tel lieu parce qu'on est riche… ou pauvre. Toujours plus manifestes dans un tel espace, où elles se côtoient plus visiblement, les inégalités accompagnent l'émergence.

La problématique

Le sujet implique de montrer en quoi Mumbai est une ville mondiale. Mais aussi en quoi elle est révélatrice à la fois du dynamisme économique de l'Asie du Sud et de l'Est et des profondes inégalités qui affectent cette région du monde. **Comment l'espace urbain de Mumbai rend-il ainsi compte de l'émergence indienne et des inégalités qui l'accompagnent ?**

■ **Utilisez les mots clés**

dynamiques mégapole gentrification émergence
Bollywood Dharavi engorgement island city classe moyenne
métropolisation
métropole inégalités slums ville mondiale
inégalités socio-spatiales desserrement interface

L'Asie du Sud et de l'Est : les enjeux de la croissance **CORRIGÉ 46**

■ **Évitez les pièges**

• Attention à ne pas traiter l'émergence indienne dans la mondialisation ou les inégalités de développement. C'est bien l'**exemple de Mumbai** qu'il faut analyser et dans lequel il faut retrouver l'émergence et les inégalités qui l'accompagnent.

• À l'inverse, vous ne devez pas analyser l'exemple de Mumbai sans faire le **lien avec la mondialisation, l'émergence et les inégalités** ainsi générées. Votre propos doit donc être équilibré.

CORRIGÉ 46

Les titres en couleurs servent à guider la lecture et ne doivent en aucun cas figurer sur la copie.

Introduction

[Accroche] La cyberattaque qui a frappé le monde à l'été 2017 a aussi touché le premier port à conteneurs d'Inde, Mumbai, paralysant les opérations de transbahutement. Un signe supplémentaire de la place de la ville dans la mondialisation.

[Problématique] Mumbai est en effet la vitrine de la *Shining India*, celle qui réussit. Pourtant, derrière la vitrine, il y a une réalité peut-être moins reluisante : l'Inde des bidonvilles (*slums*), de la misère crasse. Mumbai est ainsi un concentré de l'avers et du revers du développement indien. En quoi cet espace urbain rend-il compte de l'émergence indienne et des inégalités qui l'accompagnent ?

[Annonce du plan] Mumbai est une mégapole et une ville mondiale, phare de la mondialisation à l'indienne. Son espace urbain est le reflet des dynamiques de l'émergence du pays. Des dynamiques qui produisent un espace contrasté, où se lisent les inégalités de l'Inde nouvelle.

I. Mumbai, mégapole et métropole

1. Une mégapole toujours en croissance

• La croissance de l'agglomération est foudroyante. De 180 000 habitants en 1814, le *Greater Bombay* passe à 1 million en 1911, plus de 22 millions en 2017, 28 millions en 2030 : c'est aujourd'hui la 4e agglomération mondiale.

L'Asie du Sud et de l'Est : les enjeux de la croissance **CORRIGÉ** 46

• Le site est cependant fort peu commode : à l'origine, il s'agit d'un ensemble d'îlots, reliés les uns aux autres par d'immenses travaux de remblaiement et d'assèchement, qui créent la *island city*. Ces contraintes expliquent un développement spatial très étendu, sur plus de 60 kilomètres du sud au nord.

2. Une métropole majeure

• Capitale de l'État géant du Mahārāshtra, Mumbai est la métropole la plus riche du pays. Elle représente à elle seule environ 6 % du produit intérieur brut (PIB) indien, 25 % de l'industrie, 40 % du trafic portuaire international, 60 % de celui des conteneurs, 70 % des flux de capitaux.

• Son influence sur l'économie indienne se mesure au degré de contrôle du capitalisme local qu'elle exerce sur le reste du pays. Mumbai domine ainsi l'économie du Mahārāshtra mais aussi celle du Gujarat voisin.

3. Une ville mondiale

• Bombay fut dès l'origine une ville de la mondialisation. Sa situation privilégiée en mer d'Oman, sur l'océan Indien, explique son succès : elle fut l'interface privilégiée entre la métropole britannique et l'empire des Indes.

> **Info**
> Bombay est le premier nom de la ville, rebaptisée Mumbai en 1996. Il est habituel d'utiliser Bombay quand on parle de l'histoire de la ville, Mumbai quand on parle de sa géographie actuelle.

• C'est aujourd'hui une métropole de niveau mondial. Son produit urbain brut est le premier de l'Asie du Sud. Elle concentre les sièges sociaux des multinationales et la plus grande bourse régionale. La ville est reliée à l'archipel mégalopolitain mondial par un aéroport international. Bollywood, capitale du cinéma indien, y produit plus de films qu'Hollywood.

[Transition] Mumbai est bien la ville-phare de la mondialisation indienne. Les dynamiques urbaines le traduisent dans l'espace.

II. Les dynamiques urbaines de l'émergence

1. Gentrification et métropolisation

• L'agglomération est aujourd'hui totalement engorgée par une croissance hors norme. Ses mutations spatiales sont rendues nécessaires par son accession au rang de ville mondiale. De fait, la croissance démographique de Mumbai se situe pour l'essentiel dans ses banlieues.

• Les classes populaires sont chassées du centre d'affaires et repoussées vers des banlieues sans cesse plus lointaines, selon un processus de gentrification commun à toutes les métropoles mondiales.

GÉOGRAPHIE

L'Asie du Sud et de l'Est : les enjeux de la croissance **CORRIGÉ** **46**

2. L'industrie repoussée en périphérie

• Bombay fut la capitale du coton, exporté vers la Grande-Bretagne *via* le canal de Suez ouvert en 1869. Aujourd'hui, Mumbai reste une grande ville industrielle, bien servie par un port en eau profonde.

• Mais la métropolisation en cours oblige les ateliers de confection à la fermeture et repousse l'industrie vers la banlieue nord. Le corridor industriel se prolonge jusqu'à la capitale du pays, New Delhi.

3. Aménagement et desserrement du *Greater Mumbai*

• L'engorgement demeure un souci majeur. Les lignes de chemin de fer Western Railways et Central Railways, aux heures de pointe, déversent dans le centre de Mumbai 2 000 voyageurs par minute, soit 7 millions de personnes par jour ! Et la ville est l'une des plus polluées au monde.

• Les projets d'aménagement se succèdent dans le *Greater Mumbai*. Les banlieues nord poursuivent leur urbanisation et une ville jumelle a été implantée de l'autre côté de la baie : *Navi Mumbai*. D'autres projets améliorent et modernisent les infrastructures de communication : métro, monorail aérien, etc.

[Transition] Ces dynamiques produisent un espace urbain caractérisé par les inégalités socio-spatiales.

III. Une ville d'inégalités et de contrastes

1. Une ville cosmopolite et contrastée

• Le revenu moyen à Mumbai est le triple du revenu national, et la ville est le laboratoire où s'élaborent les standards de vie d'une classe moyenne indienne qui symbolise l'émergence du pays. Mumbai compte plus de millionnaires que le reste de l'Inde.

• Mais elle abrite aussi les populations les plus pauvres d'Asie dans des bidonvilles géants.

• Ces contrastes sociaux se traduisent dans l'espace urbain. Une véritable ségrégation sociale se lit dans la géographie de la ville mondiale.

2. Mumbai la riche : la ville de l'émergence

• Au sud de la ville se concentrent les quartiers de standing : Malabar Hill, d'époque coloniale, où réside l'élite politique, économique et artistique de la ville, Nariman Point ou encore Marine Drive et ses hôtels de luxe.

• De nouveaux centres d'affaires ont été créés au nord, en complément du cœur historique : les quartiers de Worli et Parel se transforment ainsi

Conseil
N'hésitez pas à accompagner les deux paragraphes suivants d'un schéma rapide, d'autant plus facile que vous devez avoir mémorisé le croquis de Mumbai (voir en fin d'ouvrage).

L'Asie du Sud et de l'Est : les enjeux de la croissance **CORRIGÉ** **46**

en centres décisionnels, avec immeubles de bureaux et gratte-ciel. Un troisième se dessine à Bandra-Kurla, près de l'aéroport.

• Mais l'espace manque et les *slums* sont désormais fortement convoités par les promoteurs.

3. Mumbai la pauvre : la ville des *slums*

• Les *slums* abritent 41 % de la population et comblent les espaces interstitiels, souvent marécageux, proches des anciens quartiers industriels.

• Parmi ces *slums*, Dharavi, le deuxième plus grand bidonville d'Asie, compte près d'un million d'habitants. Zone d'activité économique informelle, ce *slum* représente aujourd'hui un espace convoité. La tentation est grande d'en expulser les pauvres pour y réaliser des opérations immobilières fructueuses.

Conclusion

[Reprise] Mumbai est ainsi une ville mondiale, dont les dynamiques urbaines – métropolisation et gentrification – sont celles de toutes les métropoles semblables. Dans un pays émergent, ces dynamiques produisent un espace marqué par des inégalités sociales très visibles.

[Réponse] L'espace urbain de Mumbai rend compte de la dualité de la notion d'émergence. Le dynamisme économique et démographique, lié aux phénomènes de mondialisation, produit des inégalités, ou du moins les perpétue.

[Remise en perspective] Mumbai illustre donc parfaitement le mythe clinquant de la *Shining India*, celui d'un pays émergent… qui compte toujours le plus grand nombre de pauvres de la planète.

GÉOGRAPHIE

SUJET

47

Afrique • Juin 2016
ÉTUDE CRITIQUE DE DOCUMENTS

L'Inde face aux défis de la population et de la croissance

▶ Montrez dans quelle mesure ces deux documents rendent compte des défis économiques et démographiques que doit relever l'Inde dans le contexte asiatique. Vous porterez un regard critique sur les indicateurs proposés dans le document 2.

DOCUMENT 1 | **La démographie indienne, bénédiction ou calamité ?**

Gare de Jaipur, capitale du Rajasthan, minuit. Sur les arrières de ce nœud ferroviaire, les « enfants de la gare » dorment tant bien que mal sous l'auvent en béton d'un bâtiment abandonné. Au nombre de plusieurs dizaines, ils vivent en groupe, ayant quitté leurs familles. Le ramassage des bouteilles d'eau vides dans les trains, vendues pour être recyclées, leur permet de subsister. Violence et drogue sont le lot quotidien de ces enfants qui n'ont bien sûr pas accès à la moindre éducation [...].

À 1 600 kilomètres plus au sud, le campus d'Infosys[1] déroule ses gazons immaculés parsemés de bâtiments en marbre et d'installations *high-tech* à Mysore, au Karnataka. Là, à tout moment, 10 000 jeunes surdiplômés se forment six mois durant à l'informatique dans l'espoir [...] d'accéder ainsi à l'élite professionnelle de l'Inde moderne [...].

Bien sûr, il s'agit là de deux extrêmes. Mais les enfants dans une situation difficile, même lorsqu'elle n'est pas forcément aussi tragique que celle des enfants de la gare de Jaipur, sont beaucoup plus nombreux que les privilégiés d'Infosys [...].

Pour que l'entrée dans la population active de nombreux jeunes porte ses fruits, il faut que quelques conditions soient respectées : en gros, qu'ils soient en bonne santé, raisonnablement éduqués et formés, et que des emplois les attendent. Autant de points sur lesquels l'Inde

L'Asie du Sud et de l'Est : les enjeux de la croissance **SUJET 47**

n'est pas des mieux placées, si l'on en croit l'indicateur de développement humain des Nations unies, dans lequel elle occupe une médiocre 136ᵉ place sur 187 pays recensés.

Patrick de Jacquelot, correspondant à New Delhi (Inde), article publié sur le site web des *Échos*, le 04/12/2013.

_____

1. Infosys : société indienne de prestation de services informatiques (15ᵉ société au monde des services informatiques dans le classement 2013 de HfS Research).

DOCUMENT 2 | Indicateurs de la population et de la croissance en Asie du Sud et de l'Est (en 2014)

Pays	Population (millions d'habitants)	Taux de croissance annuelle de la population (%)	IDH	Taux d'urbanisation (%)	PIB (milliards de dollars)	PIB/habitant (dollars)	Taux de croissance annuelle du PIB (%)
Inde	1 295	+ 1,2	0,586	32	2 067	5 707	+ 7,4
Japon	127	− 0,2	0,890	93	4 601	36 426	− 0,1
Chine	1 364	+ 0,5	0,719	54	10 360	13 216	+ 7,4
Philippines	99	+ 1,6	0,660	44	285	6 982	+ 6,1
Bangladesh	159	+ 1,2	0,558	34	174	3 124	+ 6,1

Sources : sites Internet populationdata.net et donnees.banquemondiale.org

GÉOGRAPHIE

LES CLÉS DU SUJET

■ Analysez le sujet

L'énoncé

Le sujet est assez original, dans la mesure où il ne décalque pas la formulation du programme, mais en propose une lecture à travers **l'exemple de l'Inde**.

La consigne

• La consigne d'étude semble banale, puisqu'il est demandé de retrouver, dans l'exemple indien, les thèmes que vous avez étudiés dans l'année :

L'Asie du Sud et de l'Est : les enjeux de la croissance **CORRIGÉ 47**

dans quelle mesure les documents rendent-ils compte des **défis écono-miques et démographiques** que doit relever l'Inde ?

• Toutefois, la consigne comporte une subtilité : l'Inde doit être étu-diée « dans le contexte asiatique », ce qui implique donc d'adopter une **approche comparative**.

• Il est demandé de « porter un **regard critique** sur les indicateurs propo-sés dans le document 2 », mais vous pouvez aussi exercer ce regard sur le document 1.

Les documents

• Le document 1 est un article provenant du site web d'un grand quotidien économique français, *Les Échos*. Le fait que l'auteur soit correspondant de ce journal à New Delhi suggère qu'il s'agit d'**un article réalisé sur le ter-rain**. Les faits sont vus à l'échelle humaine avant d'être mis en perspective statistique.

• Le document 2 est **un tableau statistique**, réalisé à partir du site de la Banque mondiale et d'un site web, *populationdata.net*, lui-même compila-teur de données de qualité. On pourra toutefois critiquer la pertinence des données proposées.

■ Définissez les axes de l'étude

• Vous pouvez, par sécurité, étudier dans une première partie les aspects démographiques, puis, dans une seconde partie, les aspects écono-miques.

• Néanmoins, le violent contraste montré par le document 1 permet **une étude en trois parties** : on commencera par présenter la misère qui frappe l'Inde, puis évoquer sa démographie galopante, avant d'étudier la réalité du développement indien. Tout au long du devoir, un regard critique sera porté sur les documents.

CORRIGÉ 47

Les titres en couleurs servent à guider la lecture et ne doivent en aucun cas figurer sur la copie.

Introduction

[Accroche] À l'heure où les comédies musicales de type Bollywood enva-hissent les scènes mondiales, témoignant d'un certain *soft power* indien, il importe de rappeler que la *shining India* – l'Inde qui brille – n'est qu'une

L'Asie du Sud et de l'Est : les enjeux de la croissance **CORRIGÉ** 47

facette de ce pays gigantesque. Si l'Inde est à juste titre classée dans les pays émergents, elle doit encore faire face aux défis de la population et de la croissance.

[Présentation des documents] C'est une analyse de l'Inde face à ces défis que proposent les documents. Le document 1 est un article provenant du site web d'un grand quotidien économique français, *Les Échos*. Daté de 2013, l'article a été écrit par le correspondant à New Delhi du journal, ce qui permet de comprendre son approche à l'échelle humaine. Son titre, « la démographie indienne, bénédiction ou calamité ? », met clairement en évidence les défis que représente pour le pays sa démographie. Le document 2 est un tableau statistique compilé à partir du site de la Banque mondiale et d'un site web, *populationdata.net*, qui présente des données de qualité. Ces indicateurs pour 2014 permettent de comparer la situation démographique et économique indienne avec celle d'autres pays de l'ensemble régional asiatique. Un bilan général de l'Inde face aux défis de la population et de la croissance dans le contexte asiatique est ainsi dressé.

[Annonce du plan] Les deux documents permettent d'établir l'état de misère dans lequel se trouve encore plongée une grande partie de l'Inde. Il semble en effet que le pays soit littéralement plombé par sa démographie. Cependant, l'Inde est aussi un pays en émergence, même si cela ne signifie pas que tous les défis soient relevés.

I. Une Inde miséreuse

1. Misère des villes, misère des campagnes

• Le document 1, dans son premier paragraphe, montre sans fard une Inde miséreuse : les « enfants de la gare » de Jaipur témoignent d'un abandon qui paraît scandaleux au regard de nos critères occidentaux : vivant en groupe, sans famille, ils forment une micro-société gangrenée par la violence et la drogue. Leur survie tient à des activités urbaines de faible rapport, ici le « ramassage des bouteilles d'eau vides dans les trains », lesquelles sont ensuite revendues pour le recyclage.

• L'article ne dit pas d'où viennent ces enfants sans famille, livrés à eux-mêmes, mais il est probable qu'ils ont quitté les campagnes de la région, où la misère est encore plus prégnante : représentant 68 % de la population, selon le document 2, les campagnes constituent une inépuisable réserve de miséreux.

GÉOGRAPHIE

L'Asie du Sud et de l'Est : les enjeux de la croissance   **CORRIGÉ 47**

2. Le retard du développement indien

● Il est dès lors facile de comprendre la faiblesse du développement indien : le document 1 précise que l'indice de développement humain (IDH) de l'Inde n'arrive qu'au 136e rang sur 187 pays. Avec 0,586, comme indiqué dans le document 2, cet indice établit le retard indien en matière de développement : loin du pays développé

> **Conseil**
> Vous pouvez donner quelques précisions sur la composition de l'IDH, si vous en avez le temps, afin de montrer au correcteur que vous maîtrisez le sujet : cet indice composite prend en compte l'espérance de vie, le niveau d'éducation et le niveau de revenu.

qu'est le Japon (0,890) et même du rival chinois de niveau intermédiaire (0,719), l'Inde n'est vraiment comparable qu'au Bangladesh (0,558).

3. La misère, facteur de blocage du développement

● La misère, dans toutes ses dimensions, économique, sociale, culturelle, est en effet un facteur de blocage majeur du développement. Si la misère économique semble moins dramatique qu'au Bangladesh, avec un produit intérieur brut (PIB) par habitant de 5 707 dollars contre 3 124, la proximité des IDH tend à confirmer l'affirmation du document 1, selon laquelle ces enfants « n'ont bien sûr pas accès à la moindre éducation » (l. 7-8). Or, l'éducation et la santé sont des préalables au développement.

● Malheureusement, des indicateurs détaillés dans ces domaines sont absents du document 2, et l'on ne peut saisir ces réalités qu'à travers l'IDH. Un indicateur de pauvreté multidimensionnelle aurait également été le bienvenu.

[Transition] Il est vrai que les défis posés par une population si nombreuse ne facilitent pas la réponse au défi économique.

II. L'Inde plombée par sa démographie ?

1. Le poids du nombre

● L'Inde est en effet l'un des deux États milliardaires en hommes. Avec 1 295 milliard d'habitants en 2014 (doc. 2), elle n'est dépassée que par la Chine (1 364 milliard). La population indienne représente 20 fois celle de la France… Ce poids du nombre doit relativiser la lenteur souvent dénoncée des progrès accomplis par l'Inde.

2. Une croissance démographique encore forte

● La croissance démographique indienne, contrairement à son rival chinois, est encore relativement élevée. Le taux de croissance annuelle de la population (+ 1,2 %) rapproche clairement l'Inde des pays où la transition démographique n'est pas encore achevée (Bangladesh et surtout Philippines). On est loin de la décroissance japonaise (– 0,2 %) et même de la faiblesse chinoise (+ 0,5 %).

L'Asie du Sud et de l'Est : les enjeux de la croissance **CORRIGÉ** **47**

• Dans ces conditions, l'Inde dépassera la Chine et deviendra le pays le plus peuplé du monde en 2022. On mesure donc l'ampleur du défi démographique.

3. Une urbanisation encore à faire

• C'est un défi qui se doublera d'un défi urbain. Les données, pourtant sommaires du document 2, sont sans ambiguïté : avec un taux d'urbanisation de seulement 32 %, l'essentiel de la croissance urbaine indienne est encore à faire. La Chine, dont le gouvernement a tout fait pour limiter le trop fort développement des villes, est à 54 %. Un rapide calcul montre que, pour n'en arriver qu'au taux chinois, les villes indiennes devront absorber un exode rural de près de 300 millions de personnes. C'est dire, là aussi, l'ampleur du choc urbain pour un pays qui compte déjà les plus grands bidonvilles du monde.

[Transition] Pourtant d'autres indicateurs mettent également en évidence la réalité d'une Inde qui émerge et se développe.

III. Une Inde en développement

1. La croissance économique

• Relever ces défis de population et de croissance implique que l'Inde poursuivre et accélère son émergence. Depuis les réformes libérales de 1991, en effet, la croissance économique tourne autour de 8 % par an et a amené le PIB nominal à 2 067 milliards de dollars en 2014, selon le document 2. C'est aujourd'hui le 7e PIB mondial, juste derrière la France, mais le 3e en parité de pouvoir d'achat.

• Le document 2 ne mentionne que le taux de croissance annuelle du PIB en 2014, soit + 7,4 %. L'Inde connaît un phénomène de rattrapage des pays développés, tel le Japon (– 0,1 %) tandis que l'écart de croissance avec la Chine s'est annulé.

2. Le bureau du monde

• Forte d'une anglophonie héritée de la colonisation britannique, l'Inde a développé une forte culture scientifique qui trouve à s'insérer dans la mondialisation notamment par les services informatiques. Le document 1 (paragraphe 2) décrit le campus à l'américaine d'Infosys, à Mysore, dont le « marbre » témoigne d'un luxe insolent. L'État du Karnataka est le cœur de la nouvelle économie indienne, avec la ville de Bangalore.

Info
Les mathématiques indiennes remontent au moins au IIIe millénaire avant J.-C. Rappelons que l'usage moderne du zéro vient d'Inde, et non du monde arabe.

• L'Inde s'enorgueillit ainsi d'être devenue le « bureau du monde », permettant à des millions d'Indiens d'accéder à la classe moyenne, marqueur de l'émergence.

GÉOGRAPHIE

L'Asie du Sud et de l'Est : les enjeux de la croissance **CORRIGÉ** 47

3. Un développement inégal

• Pourtant, l'émergence de cette *shining India* masque des inégalités profondes. Imparfaitement illustrées par les indicateurs du document 2, un peu mieux par l'article du document 1, des inégalités sociales croissantes traversent la société indienne.

• Ces inégalités sociales se doublent d'inégalités spatiales presque totalement absentes des documents, notamment du document 2, qui ne présente aucune donnée à l'échelle régionale : inégalités entre villes et campagnes, entre lieux connectés à la mondialisation, littoraux portuaires, métropoles aéroportuaires, et lieux reculés, isolés, enclavés dans leur propre pays par des systèmes de communication d'un autre âge.

Conclusion

Les documents permettent donc une approche générale, mais qui manque parfois de précision à l'échelle régionale, des défis démographiques et économiques auxquels est confrontée l'Inde émergente. Ils montrent à quel point l'émergence est un phénomène complexe, qui laisse coexister – mais pour combien de temps ? – des dualités extrêmes : tradition et modernité, misère et richesse, enclavement et connexion, immobilisme et mouvement.

SUJET

48

France métropolitaine • Juin 2018
COMPOSITION

Japon-Chine : concurrences régionales, ambitions mondiales

LES CLÉS DU SUJET

■ Analysez le sujet

Les termes du sujet

Terme	Définition
Chine – Japon	Deux pays différents : le Japon est un pays très développé, mais dont l'économie stagne ; la Chine est un pays émergent, en très forte croissance économique.
concurrences régionales	Premier niveau d'échelle pour l'analyse du sujet, le terme renvoie à l'Asie orientale.
ambitions mondiales	Deuxième niveau d'échelle pour l'analyse du sujet, le terme renvoie à un projet de puissance qui se déploie au niveau planétaire.

La problématique

Quel pays, de la Chine ou du Japon, assurera à l'avenir le *leadership* dans cette région du monde en pleine croissance économique ? Quelles sont les ambitions de chacune des puissances, et quels sont leurs moyens pour y parvenir ?

■ Utilisez les mots clés

usine du monde   OCS   enfant unique

concurrences régionales   face-à-face

haute croissance   ASEAN   quatre modernisations

« collier de perles »   contentieux mémoriel   ère Meiji

ambitions mondiales   *soft power*

hard power   instituts Confucius   traités inégaux

circuit intégré asiatique   « Suisse de l'Asie »   *cool Japan*

GÉOGRAPHIE

L'Asie du Sud et de l'Est : les enjeux de la croissance **CORRIGÉ** **48**

■ Évitez les pièges

• Le sujet est un **sujet comparatif** : veillez absolument à éviter les plans qui aborderaient successivement la Chine puis le Japon. Cela ne manquerait pas d'être sanctionné. On attend au contraire un **plan thématique**, avec une comparaison des deux pays.

• S'agissant d'ambitions mondiales, il est difficile de ne pas évoquer les rapports entre ces deux puissances asiatiques et l'hyperpuissance mondiale que sont les **États-Unis**. N'en faites cependant pas trop : ce n'est pas le sujet !

CORRIGÉ **48**

Les titres en couleurs servent à guider la lecture et ne doivent en aucun cas figurer sur la copie.

Introduction

[Présentation] À l'heure où la Chine a remplacé le Japon comme deuxième économie mondiale et où certains indicateurs la mettent à la première place, devant les États-Unis, le XXIᵉ siècle semble bien être le siècle de Pékin. Tokyo n'a pourtant pas dit son dernier mot.

[Problématique] Qu'en est-il aujourd'hui ? Quels sont les projets, les ambitions mondiales de ces deux puissances ? De quels moyens disposent-elles pour faire valoir ces ambitions ? Comment se manifestent leurs concurrences en Asie ?

[Annonce du plan] Le face-à-face Chine-Japon ne date pas d'aujourd'hui, mais leurs atouts respectifs sont très différents. Au plan régional, les deux pays oscillent entre complémentarité et concurrence. Sur le plan mondial, en revanche, leurs projets de puissance n'ont pas grand-chose en commun.

Conseil
Dans l'annonce de votre plan, plutôt que des formulations un peu lourdes du type « dans une première partie, nous verrons que… », il peut être plus élégant de résumer par une phrase chaque partie de votre copie.

278

L'Asie du Sud et de l'Est : les enjeux de la croissance **CORRIGÉ** **48**

I. Chine-Japon : un face-à-face historique

1. De la filiation à l'agression

• La Chine se pense le centre du monde depuis l'Antiquité. Pourtant, malgré une influence millénaire, le Japon a toujours refusé le système tributaire de l'empire du Milieu.

• Le Japon se lance avec l'ère Meiji à partir de 1868 dans une modernisation à l'occidentale qui le conduit à une formidable expansion en Asie, à laquelle la défaite de 1945 met un terme. La Chine, dominée par les Européens dès le XIXᵉ siècle (traités inégaux), subit la colonisation japonaise dès 1937.

2. Croissances et reconnaissance

• Après guerre, le Japon connaît une période de « haute croissance » (1955-1973) qui le propulse au deuxième rang économique mondial. Communiste à partir de 1949, la Chine n'est reconnue par le Japon qu'en 1972, et son économie reste marquée par une grande pauvreté.

• La mort de Mao Zedong en 1976 et les « quatre modernisations » de 1979 ouvrent la Chine au capitalisme mondialisé. Trente-cinq ans de croissance économique l'amènent au premier rang mondial en 2015 en parité de pouvoir d'achat (mais pas au taux de marché). Pour la première fois de leur histoire, Chine et Japon sont simultanément des puissances régionales.

3. Les atouts différenciés de la Chine et du Japon

• La démographie donne l'avantage à la Chine : presque 1,4 milliard d'habitants, dont une grande majorité d'adultes actifs, alors que le Japon peine à maintenir ses 126 millions d'habitants à la moyenne d'âge avancée. Mais la Chine vieillit, du fait notamment de la politique de l'enfant unique.

• Devenue l'« usine du monde », la Chine est le plus émergé des pays émergents, avec une classe moyenne en forte progression et des excédents commerciaux massifs. Mais le Japon reste une économie ultra-moderne, à l'avance technologique considérable.

[Transition] Comment ces atouts différenciés s'expriment-ils dès lors à l'échelle régionale ?

II. De la complémentarité à la concurrence régionale

1. La complémentarité du « circuit intégré asiatique »

• Le Japon fait encore figure de donneur d'ordres dans l'espace régional, la Chine constituant sa plate-forme manufacturière. Les deux pays sont donc plus complémentaires que concurrents dans le « circuit intégré asiatique ».

GÉOGRAPHIE

L'Asie du Sud et de l'Est : les enjeux de la croissance **CORRIGÉ** 48

• Mais la Chine n'est pas un pays émergent comme les autres, en raison de sa taille, de ses réserves financières colossales et de sa capacité à s'approprier les technologies étrangères.

2. Les difficultés de l'intégration régionale

• L'intégration régionale progresse, mais au profit de qui se réalisera-t-elle ?

• L'ASEAN oscille ainsi entre une ASEAN+3 où la Chine semble en position de force, et une ASEAN+6 où l'influence de Pékin semble diluée dans les démocraties.

> **Info**
> L'Association des nations de l'Asie du Sud-Est (ASEAN) regroupe dix pays de la région. S'y sont joints la Chine, le Japon et la Corée du Sud (ASEAN+3) ainsi que l'Australie, la Nouvelle-Zélande et l'Inde (ASEAN+6).

• L'Organisation de coopération de Shanghai (OCS) regroupe la Chine, la Russie et quatre pays d'Asie centrale. L'OCS, qui tient le Japon (et les États-Unis) à l'écart, permet à Pékin d'affirmer son *leadership* régional. À une plus vaste échelle, le projet de Pékin des « nouvelles routes de la soie » vise à arrimer le vieux monde à l'économie chinoise.

3. Des contentieux géopolitiques

• Les nationalismes chinois et japonais s'opposent sur un contentieux mémoriel récurrent : la Chine dénonce les crimes de guerre japonais, envers lesquels les milieux nationalistes nippons ont une attitude fort ambiguë – dont témoignent les visites officielles au sanctuaire Yasukuni.

• Le contentieux affecte aussi des formes plus classiques, tel celui territorial sur les îles Senkaku/Diaoyu, administrées par le Japon mais revendiquées par la Chine.

[Transition] Est-ce là le signe d'ambitions mondiales différentes sinon contradictoires ?

> **Conseil**
> Soignez autant que possible les transitions, afin de conduire le correcteur d'une partie à l'autre de votre raisonnement. Vous pouvez marquer cette transition en allant à la ligne.

III. Des ambitions mondiales différentes

1. Des *soft powers* balbutiants ?

• Le *cool Japan* est parti à la conquête du monde, fort de la qualité de ses mangas ou de ses dessins animés – notamment ceux d'Hayao Miyazaki –, une manière d'améliorer, en Asie et dans le monde, une image écornée par son impérialisme des années 1930.

• Mais le *soft power* chinois est également en plein essor. Les instituts Confucius diffusent langue et civilisation, renforçant les images mondialisées d'une Chine olympique (Jeux de Pékin 2008) et moderne (Exposition universelle de Shanghai 2010).

L'Asie du Sud et de l'Est : les enjeux de la croissance CORRIGÉ 48

2. L'apparente inégalité des *hard powers*

• La Chine est membre permanent du Conseil de sécurité de l'Organisation des Nations unies (ONU), alors que le Japon voit sa revendication à ce statut entravée par le veto chinois.

• La puissance militaire chinoise est en accroissement constant et protège les intérêts du pays (« collier de perles »). Sa marine militaire est aujourd'hui la 2e au monde. Les forces armées japonaises, quoiqu'ultra-modernes, ne font le poids que grâce à l'alliance avec les États-Unis.

3. Les dimensions de la puissance mondiale

• Les ambitions mondiales sino-japonaises se heurtent dans la recherche des matières premières nécessaires à des économies pareillement dépendantes.

• Les projets de puissance semblent toutefois différents. Si le Japon vise à devenir une « Suisse de l'Asie », l'ambition mondiale de la Chine est manifeste. Pékin se dirige vers un *condominium* mondial partagé avec Washington.

Conclusion

[Reprise] Les deux puissances de niveau mondial que sont le Japon et la Chine présentent donc des profils différents. Si Tokyo a les moyens d'ambitions mondiales, il subit toujours les séquelles de la défaite de 1945. Son projet de puissance en est comme tétanisé. Pékin, en revanche, affirme des ambitions mondiales de très haut niveau, et ses moyens pour y parvenir se développent d'année en année, comme en témoignent les « nouvelles routes de la soie » (réseau d'infrastructures connectant la Chine au reste de l'Asie, à l'Europe et à l'Afrique).

[Réponse] Les concurrences régionales sont très sévères, et prennent parfois un caractère agressif, même si elles font davantage place à des complémentarités sur le plan économique. Les ambitions mondiales sont cependant très différentes. Il fait peu de doute que la Chine assumera rapidement le *leadership* régional, en attendant mieux. Le projet de Xi Jinping de « Renaissance chinoise » va clairement dans ce sens.

[Remise en perspective] Dans les deux cas, cependant, Chine et Japon doivent compter avec les États-Unis : comme soutien et garant de sa sécurité pour le second, comme un rival encore loin en tête pour la première.

SUJET 49

Croquis n° 1
LES CROQUIS DU BAC

Pôles et flux de la mondialisation

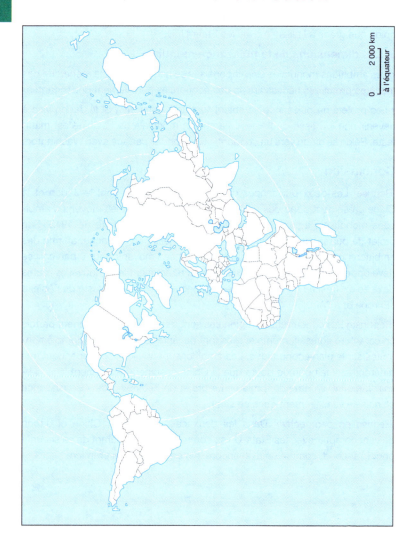

282

CORRIGÉ 49

POINT MÉTHODE

Organiser son travail

• Par quoi doit-on commencer pour faire un croquis ? **Par faire la légende.** Celle-ci doit être organisée en **deux ou trois parties** qui correspondent aux grandes idées que vous voulez faire passer dans le croquis. Vous pouvez éventuellement utiliser un second niveau de plan (I.A, I.B, II.A, II.B…).

• Il faut ensuite vous atteler à la réalisation du croquis lui-même. Pour d'évidentes raisons de **lisibilité**, veillez à respecter cet ordre :

❶ les **figurés surfaciques** (aplats de couleurs, trames), par exemple les zones ou les pays ;

❷ les **figurés linéaires** (lignes, flèches), par exemple les flux ;

❸ les **figurés ponctuels** (points, symboles), par exemple les villes, les ports, etc. ;

❹ les **figurés textuels** (toponymie), par exemple les noms de villes, de régions, etc.

Ne faites pas ceci :   Faites cela :

Observez (à gauche) comment le coloriage par-dessus les éléments linéaires, ponctuels et textuel a provoqué un effet salissant.

Croquis • **La mondialisation en fonctionnement** **CORRIGÉ 49**

Pôles et flux de la mondialisation

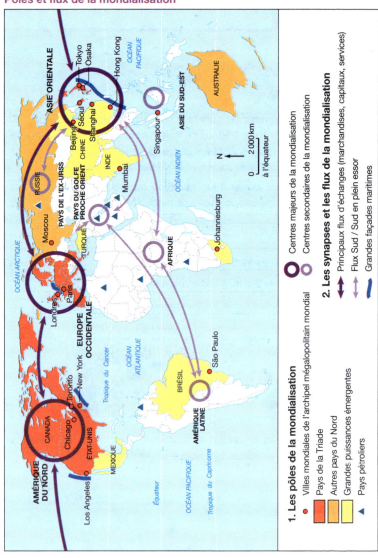

SUJET 50

Croquis n° 2
LES CROQUIS DU BAC

Une inégale intégration des territoires dans la mondialisation

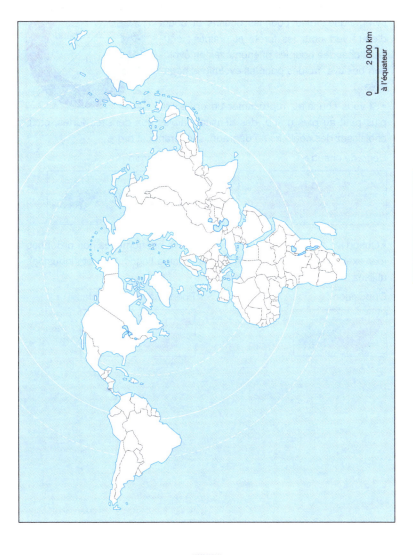

CORRIGÉ 50

POINT MÉTHODE

Bien employer les couleurs

- Choisissez les couleurs **en fonction de leur symbolique** : bleu pour les océans et cours d'eau ; vert pour les forêts et prairies ; couleurs chaudes pour les phénomènes en évolution positive, froides pour les évolutions négatives…

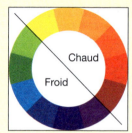

- Si vous souhaitez **représenter un ordre** (du plus petit au plus grand, des densités faibles aux densités fortes, etc.), choisissez des couleurs **en dégradé**, suggérant cet ordre.

Dégradé chaud :   Dégradé froid :

- Quand les couleurs doivent représenter des **phénomènes non ordonnés** (par exemple, des activités différentes comme l'agriculture et l'industrie), utilisez des **couleurs séparatives**.

Opposition :   Phénomènes différents :

Une inégale intégration des territoires dans la mondialisation

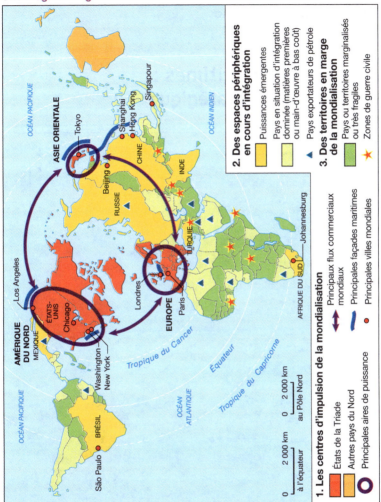

SUJET 51

Croquis n° 3
LES CROQUIS DU BAC

Les espaces maritimes : approche géostratégique

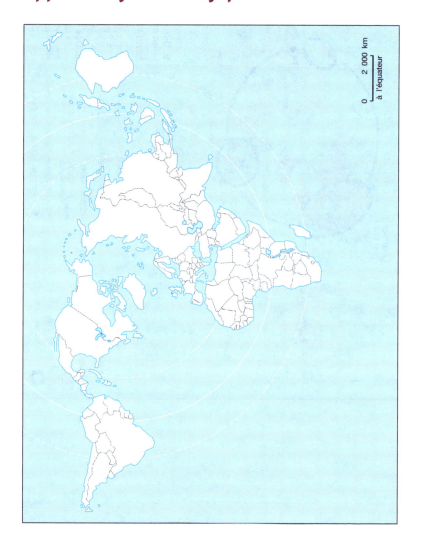

CORRIGÉ 51

POINT MÉTHODE

Traiter les figurés de surface

- Les figurés de surface (ou surfaciques) représentent des phénomènes qui **s'étendent dans l'espace**. Pour les réaliser, un seul outil : le **crayon de couleur**.

- Vous devez veiller au soin, à **l'uniformité du coloriage**. Évitez de colorier sur une trame granuleuse. Si vous avez le temps, **estompez** vos traits de couleur (avec un mouchoir en papier, par exemple).

Sur surface non lisse :

Sur surface lisse :

Sur surface lisse avec estompage :

- Avant de colorier, il est nécessaire de commencer par **délimiter la frontière entre les deux surfaces**. Sur l'exemple ci-dessous, observez comment, grâce à une frontière bien marquée, les deux zones se distinguent aisément.

- Si vous souhaitez **superposer des figurés surfaciques**, optez pour des **trames** en **hachures** (au milieu) ou en **points** (à droite), qui permettront de distinguer ce qu'il y a dessous.

Croquis • Les territoires dans la mondialisation — CORRIGÉ 51

Les espaces maritimes : approche géostratégique

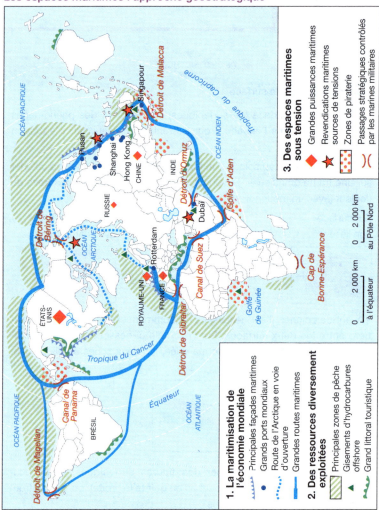

SUJET 52

Croquis n° 4
LES CROQUIS DU BAC

Les dynamiques territoriales des États-Unis

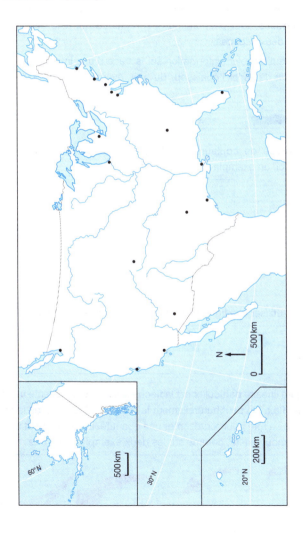

GÉOGRAPHIE

CORRIGÉ 52

POINT MÉTHODE

Traiter les figurés linéaires

• Une figuré linéaire est une ligne qui permet de **représenter des réseaux, des interfaces**, tout phénomène géographique qui relie deux points ou distingue deux espaces.

• Si l'on veut doubler l'information sur le tracé d'une information quantitative, il suffit de varier **l'épaisseur du trait**, éventuellement en utilisant des pointillés.

• Un **dégradé de couleur** permet de représenter un ordre entre deux réseaux. Ici, un exemple de réseau hiérarchisé.

• On peut utiliser une **ligne festonnée** pour représenter une interface.

• Un figuré linéaire particulier est la **flèche**. La flèche représente **un mouvement, un flux**. On peut naturellement faire varier l'épaisseur de la flèche et la taille de sa tête pour représenter une quantité. Le dessin peut accentuer l'effet de mouvement, comme sur les deux exemples de droite.

Croquis • L'Amérique : puissance du Nord, affirmation du Sud — **CORRIGÉ 52**

Les dynamiques territoriales des États-Unis

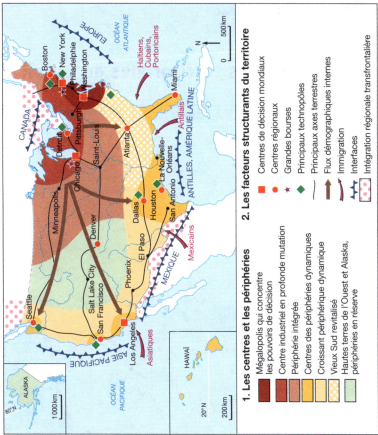

SUJET 53

Croquis n° 5
LES CROQUIS DU BAC

Les dynamiques territoriales du Brésil

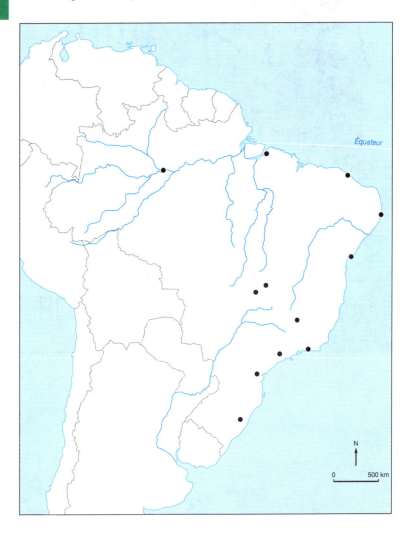

Croquis • L'Amérique : puissance du Nord, affirmation du Sud **CORRIGÉ 53**

CORRIGÉ 53

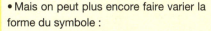
POINT MÉTHODE

Traiter les figurés ponctuels

• Les figurés ponctuels représentent un **phénomène de superficie restreinte** par rapport à l'échelle de la carte : une ville sur une carte de continent, par exemple.

• Pour représenter des **phénomènes différents** par des symboles ponctuels, on pourra utiliser la couleur de façon séparative :

• Mais on peut plus encore faire varier la forme du symbole :

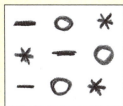

• Pour traduire une **quantité**, on fera varier la taille du symbole.

• Pour traduire un **ordre**, on peut utiliser la couleur du symbole, avec un dégradé.

Croquis • L'Amérique : puissance du Nord, affirmation du Sud — CORRIGÉ 53

Les dynamiques territoriales du Brésil

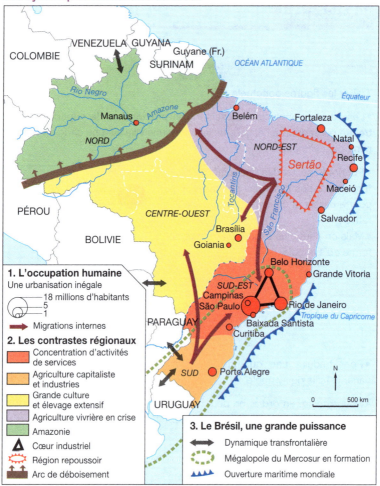

SUJET 54

Croquis n° 6
LES CROQUIS DU BAC

Le continent africain : contrastes de développement et inégale intégration dans la mondialisation

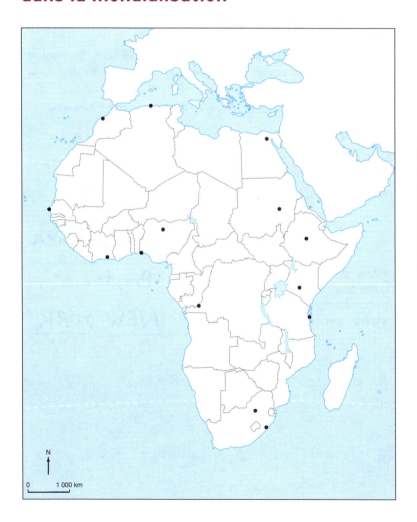

Croquis • L'Afrique : les défis du développement   **CORRIGÉ 54**

CORRIGÉ 54

POINT MÉTHODE

Traiter la toponymie

• Quels noms indiquer sur votre croquis ? Ceux des grands repères, des grands éléments naturels, des pays frontaliers, des villes importantes et d'une manière générale de **tout lieu intéressant votre sujet** ; mais en vous limitant **à l'essentiel.**

• Certaines couleurs s'imposent, tel le bleu pour les noms de mers et d'océans. N'oubliez pas cependant que **le noir reste le plus visible** sur la plupart des fonds.

• Vous devez écrire au stylo à l'encre, à l'horizontale, **en écriture script.**

Non :   *New York*   Oui :   New York

• La taille des toponymes doit s'adapter à celle des figurés.

N'écrivez pas :   Boston New York   Mais plutôt :   Boston New York

• Vous pouvez aussi **utiliser les majuscules** pour mettre en valeur un toponyme particulièrement important, mais **n'en abusez pas.** Les minuscules sont plus lisibles.

Boston NEW YORK

Croquis • L'Afrique : les défis du développement **CORRIGÉ 54**

Le continent africain : contrastes de développement et inégale intégration dans la mondialisation

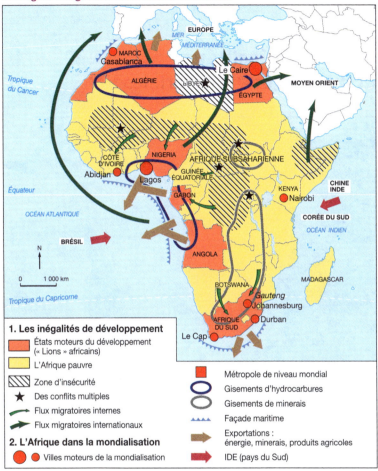

SUJET 55

Croquis n° 7
LES CROQUIS DU BAC

Mumbai : inégalités et dynamiques territoriales

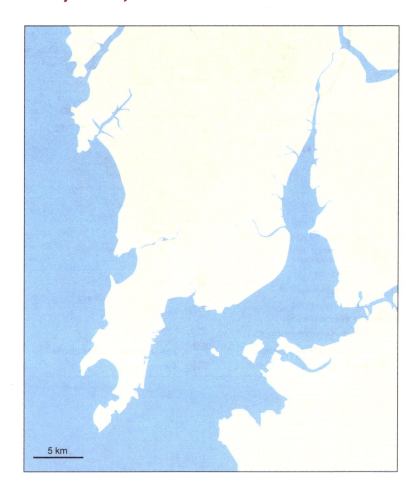

CORRIGÉ 55

POINT MÉTHODE

Traiter les trames : hachures et points

• Vous pouvez utiliser les trames pour montrer des phénomènes différents. Il suffit de **changer l'orientation de la trame en hachures** :

Ou **le grain de la trame en points** :

• Vous pouvez également utiliser des trames pour **montrer des ordres ou suggérer des quantités**. Il faut alors faire **varier la densité des trames**.

Ordre en hachures…　　　　　　　et en points

 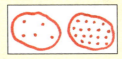

• Naturellement, dans l'un comme dans l'autre cas, vous pouvez utiliser des **trames en couleurs** : couleurs **séparatives** pour des phénomènes différents, couleurs en **dégradé** pour des phénomènes ordonnés.

Mumbai : inégalités et dynamiques territoriales

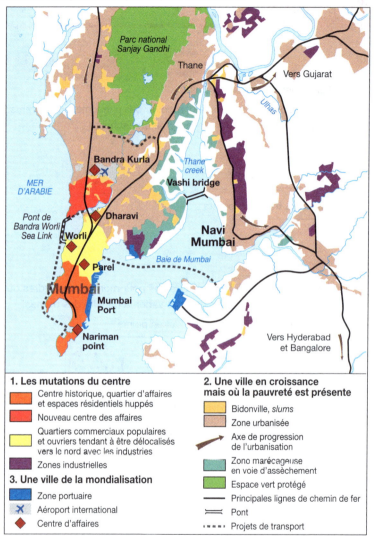

Préparer l'épreuve orale de contrôle

7 sujets corrigés et expliqués

SUJET

56

Sujet d'oral n° 1
ÉTUDE DE DOCUMENT

La reconnaissance des responsabilités de l'État français durant la Seconde Guerre mondiale

DOCUMENT **La commémoration des rafles des 16-17 juillet 1942**

« Il est, dans la vie d'une nation, des moments qui blessent la mémoire, et l'idée que l'on se fait de son pays. Ces moments, il est difficile de les évoquer, parce que l'on ne sait pas toujours trouver les mots justes pour rappeler l'horreur, pour dire le chagrin de celles et ceux qui ont vécu la tragédie. […]

Il est difficile de les évoquer, aussi, parce que ces heures noires souillent à jamais notre histoire et sont une injure à notre passé et à nos traditions. Oui, la folie criminelle de l'occupant a été, chacun le sait, secondée par l'État français. La France, patrie des Lumières, patrie des Droits de l'homme, terre d'accueil, terre d'asile, la France, ce jour-là, accomplissait l'irréparable. Manquant à sa parole, elle livrait ses protégés à leurs bourreaux […]. Nous conservons à l'égard des déportés juifs de France une dette imprescriptible.

Reconnaître les fautes du passé, reconnaître les fautes commises par l'État. Ne rien occulter des heures sombres de notre histoire, c'est, tout simplement, défendre une idée de l'Homme, de sa liberté, de sa dignité. C'est lutter contre les forces obscures, sans cesse à l'œuvre […].

Certes, il y a les erreurs, il y a les fautes, il y a, c'est indiscutable, une faute collective, mais il y a aussi la France, une certaine idée de la France, droite, généreuse, fidèle à ses traditions, à son génie. Et cette France n'a jamais été à Vichy. Elle n'est plus alors, et depuis longtemps, à Paris. Elle est dans les sables de Libye, et partout où se battent les Français libres. Elle est à Londres, incarnée par le général de Gaulle. Elle est présente, une et indivisible, dans le cœur des Français,

Oral • Histoire **CORRIGÉ 56**

ces « justes parmi les nations » qui, au plus noir de la tourmente, en sauvant au péril de leur vie, comme l'écrit Serge Klarsfeld, les trois-quarts de la communauté juive résidant en France, ont donné vie à ce qu'elle a de meilleur, cette France : les valeurs humanistes, les valeurs de liberté, de justice, de tolérance, qui fondent l'identité française et qui nous obligent pour l'avenir. »

Discours de Jacques Chirac, le 16 juillet 1995.

PISTES POUR L'ORAL

PRÉPARATION

Entrer dans le sujet

• Le sujet porte sur les responsabilités : il s'agit d'expliquer dans quelle mesure cette allocution du président de la République marque une évolution dans la perception des mémoires du second conflit mondial.

• Le sujet se limite à l'État français durant la période de la Seconde Guerre mondiale. La date du document indique bien l'année concernée : 1942.

Organiser l'exposé

• Dans un premier temps, vous devez, à l'aide du document, revenir sur le tournant que représente ce discours présidentiel dans la prise en compte des mémoires du second conflit mondial et des responsabilités de l'État français.

• Ensuite, vous devez envisager les ambiguïtés de ce texte notamment en évoquant la persistance d'une approche résistancialiste qui permet de considérer Vichy comme une parenthèse de l'histoire nationale.

PRÉSENTATION

Introduction

C'est la mémoire des 70 000 Juifs français qui trouvèrent la mort dans les camps d'extermination qu'évoque le président Chirac en été 1995. Plus de 50 ans après, à l'occasion de la commémoration des rafles des 16 et 17 juillet 1942, il reconnaît officiellement les responsabilités de l'État français dans ce crime contre l'humanité.

ORAL

Oral • Histoire **CORRIGÉ 56**

I. Un discours qui marque un tournant dans la reconnaissance des responsabilités de l'État français lors de la Seconde Guerre mondiale

1. Les heures sombres de l'Occupation

• En évoquant les « heures noires », Jacques Chirac fait référence à l'occupation allemande qui débouche sur la soumission du pays et sa division.

• De Vichy, capitale de la France dite « libre », mais aussi de Paris en zone occupée, des « forces obscures » entendent faire payer ceux qu'ils jugent responsables de la défaite.

2. La politique de collaboration de l'État français (1940-1944)

• En 1940, Vichy se lance dans une politique de collaboration qui vise les populations juives.

• À l'été 1942, l'État français commet « l'irréparable » : il participe à l'arrestation et à la déportation de milliers de Juifs français (rafle dite du « Vel'd'hiv »).

3. Le président de la République reconnaît les responsabilités de l'État français

• Le discours de Jacques Chirac constitue donc une importante rupture.

• Longtemps la mémoire de Vichy et de la collaboration a été occultée.

• La mémoire juive du conflit, jusque dans les années 1960-1970, a peu d'écho dans l'opinion publique.

II. Ambiguïtés et limites du discours

1. « une certaine idée de la France… »

• Toute la France n'a pas collaboré. Une autre France s'exprime hors de Vichy. Ici, le discours du président se fait le relais du mythe résistancialiste.

• Il insiste sur l'engagement dans la Résistance du général de Gaulle, qui permet au pays d'être compté parmi les vainqueurs de l'Allemagne nazie.

2. Les limites du discours

• Seul un faible nombre de Français étaient engagés dans la Résistance.

• C'est le travail sur les mémoires qui a permis de reconnaître définitivement la spécificité de l'extermination systématique du peuple juif.

Conclusion

Ce discours rompt avec la position des précédents chefs de l'État en reconnaissant pleinement la responsabilité de l'État français dans la déportation et l'extermination des Juifs de France.

SUJET 57

Sujet d'oral n° 2
ÉTUDE DE DOCUMENTS

Le rôle des médias lors de la crise de mai 1968

DOCUMENT 1 — Le rôle des radios selon le gouvernement

« Je ne peux pas ne pas souligner le rôle, en pareil cas difficilement évitable mais néfaste, de radios qui, sous prétexte d'informer, enflammaient, quand elles ne provoquaient pas. Entre la diffusion des renseignements et la complicité, entre le souci de recueillir les explications des manifestants et l'appel à la manifestation, il n'y a qu'un pas et qui fut franchi parfois allègrement. »

Georges Pompidou, discours devant l'Assemblée nationale, 14 mai 1968.

DOCUMENT 2 — « La police vous parle »

Affiche de l'Atelier des beaux-arts, Paris, 1968.

Oral • Histoire **CORRIGÉ 57**

PISTES POUR L'ORAL

PRÉPARATION

Entrer dans le sujet

Comme le souligne l'énoncé ainsi que le titre du premier document, il faut expliquer le rôle exercé par les médias (télévision, radios, voire affiches, sans oublier la presse papier) pendant le mouvement de mai 1968. La confrontation des deux documents permet d'opposer le point de vue des principaux acteurs de la crise : les autorités gouvernementales d'une part, les étudiants d'autre part. Ces points de vue n'interdisent pas, pour autant, d'en évoquer d'autres, ceux de journalistes indépendants par exemple.

Le but est de souligner l'importance stratégique des outils d'information et d'évaluer leur impact sur l'opinion publique.

Organiser l'exposé

Commencez par rappeler le contexte de mai 1968 en vous appuyant sur une présentation rapide des documents.

Faites ensuite l'étude critique du discours du Premier ministre (Georges Pompidou), autrement dit donnez son point de vue puis, en vous appuyant sur des connaissances personnelles, relevez en quoi il peut être fondé ou non.

Faites le même travail à propos de l'affiche, puis concluez en évaluant l'importance politique des médias lors de cette crise.

Vous pouvez exposer en deux parties successives les fonctions des médias puis leur contrôle.

PRÉSENTATION

Introduction

En mai 1968, la France se trouve plongée dans une crise politique qui fait vaciller le pouvoir exécutif. Pendant près d'un mois, les rues de Paris sont le théâtre de manifestations violentes tandis que le pays est paralysé par un mouvement de grève générale à partir du 17 mai. Dans ce contexte, les Français cherchent à s'informer. Pour ce faire, ils disposent de la presse papier mais aussi de la

> **Conseil**
> À l'oral, l'introduction est décisive. Mettez bien en évidence la question à laquelle vous entendez répondre, annoncez clairement votre plan. Vous donnez ainsi également à votre interlocuteur la possibilité de vous remettre vite dans les rails si vous partez hors-sujet ou oubliez une partie de celui-ci.

308

Oral • Histoire **CORRIGÉ 57**

télévision et des radios. Quel rôle jouent ces outils d'information pendant la crise ?

L'extrait d'un discours du Premier ministre, Georges Pompidou, permet de connaître son avis sur la question ; il est daté du 14 mai, soit trois jours après les premières émeutes du Quartier latin et trois avant le déclenchement de la grève générale. Le second document est une affiche réalisée par des étudiants des beaux-arts en 1968 (date précise indéterminée) ; elle dénonce la mainmise de la police sur l'ORTF. La confrontation de ces documents permet de comprendre les missions imparties aux médias et les attitudes des parties concernées.

I. Le rôle des médias : informer ou mobiliser ?

1. Informer le public

• Indirectement, Pompidou le rappelle : les médias ont pour mission d'informer le public. En mettant en scène un policier parlant dans un micro de l'ORTF, l'affiche évoque la même idée.

> **Attention**
> Pendant le temps de présentation, ne rédigez pas vos réponses. Classez les idées clés du développement en les écrivant en gros caractères d'imprimerie pour les lire d'un coup d'œil. Si vous rédigez des phrases, vous allez lire votre brouillon, ce qu'il faut éviter. Il faut parler à l'examinateur, surtout pas lui faire la lecture.

• Le problème est de savoir quelle information circule. Pompidou soulève la question du passage de l'information à la complicité quand le journaliste cherche à expliquer un point de vue. En effet, expliquer c'est essayer de comprendre et comprendre peut conduire à excuser ou à adhérer. Si Pompidou fait un procès d'intention aux médias, son raisonnement n'est pas contestable.

2. Mobiliser

• Pompidou dénonce « l'appel à manifester » orchestré par les médias. Il peut s'appuyer sur des journalistes engagés dans le mouvement ; quand, par ailleurs, au micro d'une radio, un leader étudiant appelle les auditeurs à rejoindre les manifestants, le journaliste se trouve dans une position de relais d'un point de vue militant. Cela ne signifie pas qu'il est favorable à ce point de vue.

• Pompidou oublie que, depuis l'affaire Dreyfus, mobiliser l'opinion contre ce qu'ils jugent inacceptable est l'une des missions que s'attribuent les médias. Les gaullistes ne se priveront pas de les utiliser pour appeler les Parisiens à soutenir de Gaulle lors de la manifestation du 30 mai.

ORAL

Oral • Histoire **CORRIGÉ** 57

II. Les médias, parole et censure d'État

1. La « voix de son maître »

• L'affiche met en cause la tutelle de l'État sur le réseau d'émetteurs de la radio-télévision publique (l'ORTF). Ce statut lui donne un pouvoir de contrôle qui s'ajoute au monopole sur la télévision française.

• Les autorités n'ont pas hésité à censurer des reportages réalisés par des journalistes de la télévision. L'usage par les radios des voitures émettrices fut interdit et les fréquences coupées par le ministère de l'Intérieur.

2. Les limites d'un pouvoir

• Toutefois, la liberté de la presse n'a pas été suspendue : s'ils n'étaient pas paralysés par des grèves, les journaux pouvaient paraître ; les radios périphériques (Europe 1 surnommée *Radio barricades*, RTL) fonctionnaient.

• Le droit de grève a permis aux adversaires du pouvoir de gêner la diffusion de la parole gouvernementale. Pour son discours du 30 mai, de Gaulle fut obligé d'utiliser les radios.

Conclusion

En mai 1968, les médias ont été l'un des enjeux majeurs de la crise, le développement de celle-ci étant lié à leur contrôle. Ils ont orienté ou canalisé les réactions des Français, au service de chaque parti.

SUJET

58

Sujet d'oral n° 3
QUESTION DE COURS

1973-1993 : la France face à la crise

PISTES POUR L'ORAL

PRÉPARATION

Entrer dans le sujet

• Le sujet porte sur la France dont il faut évaluer l'action ou les réactions dans un contexte donné. C'est donc essentiellement les choix politiques du pays qu'il faut caractériser. La France a-t-elle su faire face à la crise ?

• Les limites du sujet sont d'abord temporelles, du premier choc pétrolier (1973) à la fin de la guerre froide (1991) et création de l'UE (1993), moment d'espoir et de reprise économique. Le « face à la crise » combiné avec le sous-énoncé inscrit entre parenthèses invite à limiter l'étude aux seuls domaines de politiques économiques et sociales.

Mobiliser ses connaissances

Le sujet s'inscrit dans la question 1 du thème 4 (« Gouverner la France depuis 1946 »). La période à traiter correspond à celle dite de « la crise ». Au-delà des décisions politiques qu'il faudra exposer dans leur suite chronologique, ce sujet oblige à maîtriser au minimum les notions de politique économique : la relance, l'austérité, le monétarisme, la désétatisation ou encore la déréglementation néolibérale. Sur le plan social, il faut se référer aux mesures d'intervention de l'État et d'assistance publique (notion d'État-Providence), aux notions de « chômage de masse » et de « fracture sociale ».

Organiser l'exposé

Le sous-énoncé invite à suivre une approche thématique en deux parties.

ORAL

311

Oral • Histoire **CORRIGÉ 58**

PRÉSENTATION

Introduction

Entre le premier choc pétrolier de 1973 et la création de l'Union européenne vingt ans plus tard, la France traverse une zone de turbulences économiques et sociales. Comment a-t-elle fait face à cette situation ? A-t-elle trouvé des solutions satisfaisantes ?

I. Une adaptation difficile et tâtonnante (les aspects économiques)

1. La France déstabilisée

• La croissance ralentit et l'inflation s'accélère.

• Les déficits commerciaux se creusent et le franc est affaibli.

• Les entreprises éprouvent des difficultés de trésorerie.

2. Échec et limites des mesures classiques

• Les mesures de relance (Chirac, 1974 ; Mauroy, 1981) échouent.

• Les politiques d'austérité (Barre, 1976 ; Delors, 1983) peinent à stopper la crise.

• La politique monétaire (Barre) s'avère à double tranchant.

• La politique d'économies d'énergie et de « tout nucléaire » (1974) reste insuffisante.

3. Le choix européen et libéral

• Les mesures de déréglementation soulagent les entreprises.

• Les solutions communautaires (Acte unique européen de 1986) redonnent espoir.

• La France s'engage dans le libéralisme européen (accord de Maastricht, 1992).

II. La mise en place d'une « fracture sociale » (les aspects sociaux)

1. L'installation durable du chômage et de la précarité

• Le chômage de masse et de longue durée s'installe.

• La précarité s'accentue (CDD) et l'exclusion frappe les plus faibles (SDF).

Oral • Histoire **CORRIGÉ** 58

2. La multiplication des mesures d'assistance publique

• Une fiscalité à vocation sociale (CSG, ISF) est mise en place.

• Des revenus minimums d'insertion (RMI) sont institués pour parer au plus pressé.

• Les associations d'entraide se multiplient (Restos du cœur).

3. Le raffermissement des inégalités ?

• Les jeunes et les femmes sont plus touchés que les hommes adultes.

• La « fracture » s'établit en termes de qualification (l'exclusion des non-diplômés).

• La « fracture sociale » devient l'argument de campagne de J. Chirac (1995).

Conclusion

Entre 1973 et 1993, la France a trouvé des solutions pour faire face à la crise et ne pas sombrer, mais une partie des Français n'a pas trouvé sa place dans cette nouvelle société.

ORAL

SUJET

59

Sujet d'oral n° 4
QUESTION DE COURS

Le continent américain entre tensions et intégrations régionales

PISTES POUR L'ORAL

PRÉPARATION

Entrer dans le sujet

• Le sujet ne comporte ni piège ni surprise. C'est classiquement une partie dont l'intitulé est directement tiré du programme. Il suffit donc de reprendre le plan de votre cours… que vous aurez soigneusement révisé pendant l'année, sous forme de fiches.

• Les deux termes, tensions et intégrations, sont antithétiques et pourtant, les deux phénomènes coexistent. L'adjectif « régionales » vous interdit de sortir du continent américain, car c'est de lui qu'il s'agit : tout rapport entre États américains est donc régional.

• La puissance des États-Unis est évidemment au cœur du sujet et orientera normalement tout votre exposé, tant il est vrai que les intégrations se font toutes par, avec ou contre les États-Unis.

Mobiliser ses connaissances

• Une bonne connaissance de l'histoire récente du continent américain est requise, notamment en relation avec la puissance américaine.

• Une des difficultés consiste à identifier les multiples tentatives d'intégration régionale, et à se souvenir de la signification des nombreux sigles nécessaires.

Organiser l'exposé

L'énoncé du sujet invite à construire l'exposé en deux parties. La première fera le bilan des tensions régionales qui traversent le continent américain. La deuxième analysera les multiples tentatives d'intégration.

Oral • Géographie **CORRIGÉ** **59**

PRÉSENTATION

Introduction

Le continent américain présente peu de conflits régionaux depuis son accession à l'indépendance, au XIXᵉ siècle pour l'essentiel. Pourtant, l'intégration qu'ont connue d'autres parties du monde, telle l'Union européenne, est loin d'être achevée dans le cas du continent américain.

I. Un hémisphère sous tension ou sous contrôle ?

1. Des tensions régionales nombreuses mais de faible intensité

• Des caractéristiques communes aux États américains : autrefois nouveaux mondes, peuplement de type européen, empreinte esclavagiste, passé colonial, tradition chrétienne, peu de conflits armés.

• Pourtant des tensions interétatiques, souvent frontalières, qui s'expliquent par des constructions nationales inachevées et un contrôle territorial inégal (contentieux frontalier Chili-Pérou, Équateur-Colombie).

2. Hémisphère américain, hémisphère états-unien

• Les États-Unis sont les premiers, au cours du XIXᵉ siècle, à achever leur construction nationale et territoriale.

• Ils affirment leur impérialisme sur le continent (doctrine Monroe ; « *big stick policy* » de Théodore Roosevelt), un impérialisme que décuple la guerre froide.

• Fin de la guerre froide : retour de la démocratie en Amérique latine ; priorité à la lutte contre la drogue et le terrorisme.

3. La domination économique des États-Unis

• Les États-Unis première puissance économique ; aspirateur des exportations du reste du continent.

• Dissymétrie des échanges : position latino-américaine subordonnée dans la division régionale du travail.

• Mais déclin relatif devant la montée des pays émergents.

II. De multiples tentatives d'intégration régionale

1. L'intégration continentale et ses échecs

• Les États-Unis tentent un « panaméricanisme » institutionnel : TIAR, OEA.

• Mais des tentatives d'autonomisation s'affirment : ALADI, « Groupe de Rio ».

• Création de marchés communs : marché commun centre-américain ; Pacte andin ; Communauté des Caraïbes.

Oral • Géographie CORRIGÉ 59

2. Deux pôles majeurs d'intégration régionale

• L'ALENA intègre les États-Unis, le Canada et le Mexique : libre circulation des capitaux et des marchandises, mais pas des hommes (maquiladoras, Mexamérique).

• Le Mercosur compte 10 pays membres et associés en union douanière : division régionale du travail.

3. De nouvelles dynamiques d'intégration

• Échec de la ZLEA et relance des accords bilatéraux avec les États-Unis. Mais Chavez lance l'ALBA.

• Création de la CSAN puis de l'UNASUR en 2008, accord du Pacifique en 2011.

Conclusion

Le jeu géopolitique sur le continent américain est donc devenu très complexe. Les intégrations régionales sont devenues si nombreuses, que le continent paraît plus fragmenté qu'intégré. Par ailleurs, d'autres dynamiques d'intégration sont à l'œuvre, à une échelle mondialisée. L'Inde et surtout la Chine sont ainsi de plus en plus présentes, notamment dans l'exploitation des immenses ressources naturelles du continent. D'autres logiques spatiales sont donc à l'œuvre que celles purement américaines !

SUJET

60

Sujet d'oral n° 5
ÉTUDE DE DOCUMENT

Le commerce maritime mondial, un enjeu géostratégique

DOCUMENT — **Les routes du commerce maritime mondial**

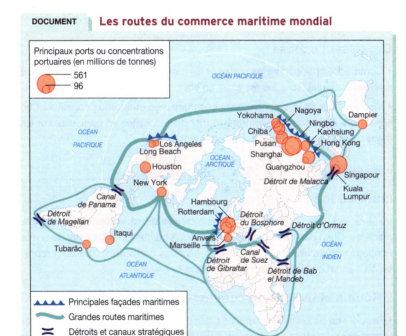

Oral • Géographie **CORRIGÉ 60**

PISTES POUR L'ORAL

PRÉPARATION

Entrer dans le sujet

• Le sujet est à l'intersection entre la partie du programme sur la mondialisation et celle sur les espaces maritimes.

• Vous devez montrer, à l'aide du document, que le commerce maritime mondial est un enjeu géostratégique majeur dans le cadre de la mondialisation.

Organiser l'exposé

• Commencez par décrire les routes et les régions touchées par le commerce maritime mondial. Tous les espaces, en effet, ne sont pas également affectés.

• Montrez ensuite en quoi ces espaces maritimes et littoraux constituent un enjeu particulier dans la géostratégie mondiale. Insistez en particulier sur les menaces de toutes natures qui les affectent.

PRÉSENTATION

Introduction

90 % du commerce mondial de marchandises s'effectue aujourd'hui par voie maritime. C'est dire l'importance des espaces maritimes et littoraux dans une économie mondialisée. Quels sont les espaces concernés ? En quoi représentent-ils un enjeu géostratégique majeur ?

I. Routes et régions du commerce maritime mondial

• Rappel : La richesse des espaces maritimes est exploitée depuis bien longtemps dans l'histoire : ressources halieutiques jadis, énergétiques offshore aujourd'hui. Le commerce maritime fut à l'origine de réussites historiques exceptionnelles (ex : Venise).

• La navigation et le transport maritime sont des activités essentielles dans le cadre de l'économie mondialisée. Les autoroutes maritimes structurent l'espace mondial : 50 000 navires marchands transportent 90 % du commerce mondial (rôle du conteneur). Cela a accru le rôle des façades maritimes et provoqué une littoralisation de l'économie.

318

Oral • Géographie **CORRIGÉ** 60

• Cette littoralisation se traduit par l'aménagement des façades maritimes et la constitution d'immenses zones portuaires. Les façades maritimes principales sont celles de la Triade : Amérique du Nord, Union européenne et Asie orientale (cf. concentration portuaire). Les autoroutes maritimes principales relient ces façades, mais d'autres existent (développer une route au choix : par exemple, la route alternative par le Cap).

II. Un enjeu géostratégique majeur

• Les espaces maritimes sont des zones de tension dont la maîtrise et le contrôle sont devenus des enjeux capitaux pour les États qui cherchent à sécuriser les voies commerciales et à protéger leurs approvisionnements énergétiques (exploitation et transport). Les carrefours maritimes et les points de passage obligés les plus stratégiques, en particulier les détroits de Malacca et d'Ormuz, font l'objet de concurrences internationales, comme les canaux de Panama et de Suez.

• Les flux maritimes sont particulièrement vulnérables. Terrorisme et piraterie constituent les principaux risques. La piraterie a connu un essor important depuis 1990, surtout en Asie, mais semble en recul depuis 2007, sauf au large de l'Afrique (Somalie notamment).

• Les enjeux environnementaux ne sont pas non plus négligeables : les mers sont vulnérables, et les catastrophes écologiques ont souvent des retombées internationales, qu'il s'agisse de l'épuisement de certaines ressources halieutiques ou de pollutions de la mer et des littoraux (marées noires, rejets industriels toxiques…).

Conclusion

Face à la multiplication des revendications souvent concurrentes, la communauté internationale a cherché à fixer des règles. En 1982 est signée à Montego Bay la convention des Nations unies sur le droit de la mer. Les États-Unis ne l'ont toujours pas ratifiée, preuve que l'appropriation et l'exploitation des espaces maritimes restent un enjeu géostratégique majeur.

ORAL

SUJET 61

Sujet d'oral n° 6
ÉTUDE DE DOCUMENT

Le Sahara : ressources et conflits

DOCUMENT — Ressources et conflits au Sahara

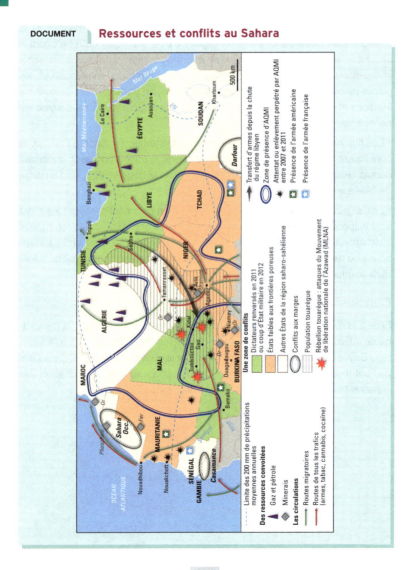

Oral • Géographie **CORRIGÉ** 61

PISTES POUR L'ORAL

PRÉPARATION

Entrer dans le sujet

• Le sujet reprend un intitulé du programme. Il ne peut donc vous surprendre.

• Attention aux ressources : il y en a d'autres que les hydrocarbures. Les frontières, les circulations ou la localisation du Sahara par rapport à l'Europe constituent pour les États sahariens des ressources à part entière, car elles font l'objet de trafics.

Organiser l'exposé

• Compte tenu de la légende de la carte, trois idées principales se dégagent et constitueront autant de parties dans votre exposé : la définition de cet espace particulier qu'est le Sahara, le recensement des ressources disponibles, les conflits qui l'affectent.

• N'hésitez pas à montrer des exemples directement sur la carte pendant votre exposé. De même, pensez à intégrer l'actualité dans vos connaissances, par exemple en évoquant l'intervention française récente au Mali.

PRÉSENTATION

Introduction

Jamais on n'a autant parlé du Sahara ! La rébellion touareg de 2012 et l'emprise d'AQMI sur le Nord-Mali rappellent qu'il s'agit là d'un espace particulier, dont les ressources très variées sont génératrices de conflits à de multiples échelles.

I. L'espace saharien

1. Le plus grand désert du monde

• Le Sahara est le plus grand désert du monde : 8,5 millions de km², 3 000 km de profondeur.

• L'aridité est la contrainte majeure : moins de 150 mm de précipitations.

• Les paysages du désert – erg, reg, hamadas – sont marqués par cette aridité.

2. Un espace ponctuel et linéaire

• Le Sahara est un espace de peuplement ponctuel (oasis), voire linéaire (vallée du Nil).

• Désert de nomades mais de plus en plus un désert de villes en forte croissance.

ORAL

Oral • Géographie CORRIGÉ 61

• Le Sahara est un désert traversé de flux qui en font une interface active.

3. Un espace en territorialisation

• La colonisation opère un retournement spatial, vers les littoraux, dos au désert.

• Depuis les indépendances, les États africains s'efforcent de territorialiser le Sahara.

• Les puissances tentent d'y protéger leurs intérêts stratégiques, énergétiques, commerciaux : France, États-Unis, Chine.

II. Des ressources convoitées

1. Des ressources liées aux circulations

• Un espace de commerce et de contrebande (cigarettes chinoises).

• Interface de la mondialisation, le Sahara l'est aussi pour le trafic de stupéfiants.

2. Des ressources liées aux frontières

• Frontières poreuses et États faibles sont une rente pour les pouvoirs locaux.

• La frontière constitue une ressource à part entière, en raison des différences de taxation.

3. Des ressources liées aux matières premières

• Le pétrole (Afrique du Nord, Soudan, Sahel) fait l'objet d'une course effrénée entre les grandes compagnies mondiales.

• Le Sahara renferme de nombreuses richesses minières, parfois exploitées (voir carte). La présence d'occidentaux notamment sur les sites miniers est l'occasion d'une nouvelle rente, la prise d'otages.

III. Le Sahara, espace conflictuel

1. Des conflictualités transsahariennes

• Déclin du nomadisme et des oasis, progrès de la sédentarisation et de l'urbanisation.

• 1,5 million de Touaregs peuplent le Sahara. Révolte au Nord-Mali pour créer un État touareg, l'Azawad.

2. Des conflictualités régionales : l'exemple du Sahara occidental

• Le Maroc l'annexe en 1975. Le Front Polisario proclame la République arabe sahraouie démocratique en 1976, avec le soutien de l'Algérie.

• Dans les années 1980, le Maroc construit un mur de défense, le « mur des sables », se réservant ainsi les ressources de l'ouest.

3. Des conflictualités globales

• Le Sahara est devenu une frontière migratoire pour l'Europe. Pourtant, seuls 10 à 20 % des migrants transsahariens cherchent à rejoindre l'Europe.

• Le Sahara devient un espace conflictuel dans la lutte contre le terrorisme. Al-Qaida au Maghreb islamique (AQMI) y enlève régulièrement des occidentaux et noyaute les conflits locaux, par exemple la révellion touarègue au Mali, déclenchant l'intervention française.

Conclusion

Loin de la carte postale, le Sahara est ainsi un espace agité, traversé, convoité, marqué de conflictualités à toutes les échelles. Son importance géostratégique n'a jamais été si marquée. Le Sahara fait ainsi partie de ces lieux de la mondialisation où se joue une part non négligeable du sort du monde.

SUJET

62

Sujet d'oral n° 7
QUESTION DE COURS

Mumbai : métropole de la modernité, métropole des inégalités

PISTES POUR L'ORAL

PRÉPARATION

Entrer dans le sujet

Trois termes importants sont dans ce sujet : métropole, modernité, inégalités. Chacun d'eux renvoie à une facette de Mumbai.

Il s'agit donc d'exposer simplement chacune de ces facettes. Là encore, une bonne connaissance de votre cours *via* des fiches de révision est indispensable.

Mobiliser ses connaissances

Mumbai est la première ville indienne, point d'ancrage de l'Inde à la mondialisation et l'une des principales mégapoles mondiales. Elle connaît une croissance économique forte, qui se traduit dans l'organisation de l'espace urbain ; mais c'est aussi une ville marquée par d'extrêmes inégalités en termes de conditions de vie, entre *slums* et classes moyennes.

Organiser l'exposé

Le plan peut s'organiser autour des trois facettes précédemment mentionnées. Une première partie pourra montrer la croissance de Mumbai à différentes échelles ; une deuxième partie pourra évoquer les processus géographiques de la modernité à l'œuvre dans l'espace urbain de Mumbai ; une troisième partie montrera en quoi la ville demeure marquée par des inégalités que les processus d'aménagement ne font que renforcer.

Oral • Géographie **CORRIGÉ 62**

PRÉSENTATION

Introduction

Mumbai (anciennement Bombay) est la vitrine de la *Shining India*, le symbole de l'Inde émergente. Des processus géographiques d'une incroyable vigueur la propulsent parmi les villes mondiales du XXIe siècle. Pourtant, derrière cette réussite exceptionnelle, Mumbai reste aussi une ville marquée par de profondes inégalités. Partons à la découverte de cette ville « schizophrène » !

I. Métropole et mégapole

1. Une mégapole en croissance

• Une croissance foudroyante : 1 million d'habitants en 1911, plus de 20 millions aujourd'hui et la plus peuplée du monde d'ici 2020.

• Mumbai est aussi une ville compacte, une ville de l'ultra-densité.

• Le site est fort peu commode, ce qui explique un développement spatial gigantesque.

2. Une métropole majeure

• Capitale de l'État géant du Mahārāshtra (105 millions d'hab.), Mumbai domine sa région.

• C'est la métropole la plus riche du pays : 5 % du PNB indien, 70 % des flux de capitaux.

• Son capitalisme local domine le Mahārāshtra mais aussi le Gujarat voisin.

3. Une ville mondiale ?

• Bombay fut l'interface privilégiée entre la métropole britannique et l'empire des Indes.

• C'est une métropole de niveau mondial, porte d'entrée de l'Inde sur le monde.

• C'est aussi la capitale du *soft power* indien (Bollywood).

II. Un espace urbain en réaménagement constant

1. Gentrification et métropolisation

• Des mutations spatiales sont rendues nécessaires par l'engorgement de la ville et son accession au rang de ville mondiale.

• Les classes populaires sont repoussées vers les banlieues (gentrification).

• Mumbai centre perd des habitants mais les banlieues en gagnent, surtout les lointaines.

ORAL

Oral • Géographie **CORRIGÉ 62**

2. L'industrie repoussée en périphérie

• Mumbai est une vieille ville industrielle (textile exporté vers le Royaume-Uni).

• Elle l'est toujours aujourd'hui, avec une industrie très diversifiée et un port en eau profonde.

• Mais la métropolisation repousse l'industrie vers la banlieue nord jusqu'à Delhi.

3. Aménagement et desserrement sur le Greater Mumbai

• La ville demeure très engorgée et l'une des plus polluées au monde.

• Les projets d'aménagement se succèdent : essor des banlieues nord, de Navi Mumbai.

• D'autres projets améliorent ses infrastructures de communication (métro, monorail aérien).

III. La ville de tous les contrastes

1. Une ville cosmopolite et contrastée

• Mumbai est une ville cosmopolite (migrants, langues, religions).

• C'est le laboratoire de l'émergence (classe moyenne).

• Mais elle abrite aussi les populations les plus pauvres d'Asie dans des bidonvilles géants.

2. Mumbai la riche : la ville de l'émergence

• Au sud se concentrent les quartiers de standing : Malabar Hill, Marine Drive.

• De nouveaux centres d'affaires ont été créés au nord : Worli, Parel.

• Un 3ᵉ centre décisionnel se dessine à Bandra-Kurla, près de l'aéroport.

3. Mumbai la pauvre : la ville des *slums*

• Les *slums* abritent la moitié de la population et comblent les espaces interstitiels.

• Dharavi, le plus grand bidonville d'Asie est une zone d'activité économique informelle.

• Mais Dharavi est un espace convoité : expulsion des pauvres, ségrégation socio-spatiale.

Conclusion

Mumbai confirme donc son statut de ville duale : ville-phare de la *Shining India* mondialisée mais aussi ville des pauvres, que de puissants processus géographiques s'emploient à dissimuler.

La boîte à outils

Le programme en 9 cartes mentales

Histoire. 328

1. Les chemins de la puissance : États-Unis et Chine

2. Le Proche et le Moyen-Orient : un foyer de conflits depuis 1918

3. Gouverner la France depuis 1946

4. Une gouvernance européenne depuis le congrès de La Haye

5. La gouvernance économique mondiale depuis 1944

Géographie 333

6. Les dynamiques de la mondialisation

7. L'Amérique : puissance du Nord, affirmation du Sud

8. L'Afrique : les défis du développement

9. L'Asie du Sud et de l'Est : les enjeux de la croissance

1. Les chemins de la puissance : États-Unis et Chine

Les chemins de la puissance

AMÉRICAINE | CHINOISE

Seconde guerre mondiale

- Affirmation de la puissance.
- Arsenal des démocraties.

Affirmation de l'unité nationale face à l'envahisseur japonais.

Guerre froide

1945-années 1960
Puissance multiforme à la tête du monde libre
- puissance financière (accords de Bretton Woods, plan Marshall)
- puissance militaire (Bombe A, OTAN)

1945-1955
Dans l'ombre du modèle soviétique
- fin de la guerre civile (victoire communiste)
- proclamation de la République populaire de Chine par Mao Zedong

Années 1960-1980
Puissance remise en cause
- crise morale interne
- domination contestée (guerre du Vietnam)
- domination économique en déclin

1955-1978
La voie maoïste
- Grand Bond en avant
- ouverture diplomatique vers le Tiers Monde puis vers les États-Unis et l'Europe

Années 1980-1990
Sursaut américain
- guerre fraîche
- suprématie militaire (IDS) : fin de la guerre froide

Depuis 1978
Ouverture économique
- les quatre Modernisations (agriculture, industrie, science et technologie, défense nationale)
- ZES (Zones économiques spéciales, pour attirer les investisseurs étrangers)
- adhésion à l'OMC (2001)
- 2e puissance économique mondiale (2010)

Monde multipolaire

Depuis 1990
Hyperpuissance
Puissance militaire sans rivale, mais :
- concurrences économiques (UE, Japon, pays émergents)
- nouvelles menaces : islamisme (attentats du 11 Septembre 2001)

Le Proche et le Moyen-Orient : un foyer de conflits depuis 1918

Facteurs et enjeux

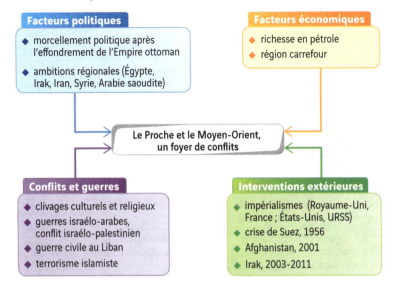

Facteurs politiques
- morcellement politique après l'effondrement de l'Empire ottoman
- ambitions régionales (Égypte, Irak, Iran, Syrie, Arabie saoudite)

Facteurs économiques
- richesse en pétrole
- région carrefour

Le Proche et le Moyen-Orient, un foyer de conflits

Conflits et guerres
- clivages culturels et religieux
- guerres israélo-arabes, conflit israélo-palestinien
- guerre civile au Liban
- terrorisme islamiste

Interventions extérieures
- impérialismes (Royaume-Uni, France ; États-Unis, URSS)
- crise de Suez, 1956
- Afghanistan, 2001
- Irak, 2003-2011

Quelques dates clés

- **1920** traité de Sèvres
  - → démantèlement de l'Empire ottoman
  - → système des mandats
- **1947** plan de partage de la Palestine proposé par l'ONU
- **1948** création de l'État d'Israël
  - → début de la première guerre israélo-arabe
- **1967** guerre des Six Jours
- **1973** guerre du Kippour
- **1979** traité de paix israélo-égyptien
- **1980-1988** guerre Iran-Irak
- **1990-1991** guerre du Golfe
- **1993** accords d'Oslo
  - → début du processus de paix israélo-palestinien
- **2003-2011** intervention militaire américaine en Irak

Gouverner la France depuis 1946

1946-fin des années 1970 : Un État « modernisateur »	Depuis la fin des années 1970 : Un État « incitateur »
Domaine administratif	
◆ Création des régions (centralisation encore forte) ◆ Création de l'ENA	◆ Décentralisation ◆ Création de l'intercommunalité ◆ Projet d'un nouveau découpage territorial pour renforcer le poids des régions au sein de l'UE
Domaine politique	
Renforcement du pouvoir exécutif par la Ve République (pouvoir de dissolution de l'Assemblée par le président, scrutin majoritaire renforçant la bipolarité de la vie politique)	◆ Alternance / cohabitation : pouvoir présidentiel affaibli (prééminence du Premier ministre) ◆ Réforme constitutionnelle du quinquennat : renforcement du rôle du président
Domaine économique	
◆ Dirigisme : nationalisations ◆ Planification incitative ◆ Commandes publiques	◆ Privatisations ◆ Baisse des commandes publiques
Domaine social	
État-providence (sécurité sociale, allocations familiales)	Recul de l'État-providence (déremboursement de certains médicaments, allocations familiales progressives soumises aux revenus)
Domaine culturel / médias	
◆ Création du ministère de la Culture ◆ Inventaire des monuments historiques ◆ Contrôle étatique des médias (ORTF)	◆ Soutien à la création culturelle française mais subventions en baisse en période de crise ◆ Libéralisation des médias (radios libres) ◆ Essor des nouveaux médias (Internet)
Domaine territorial / environnemental	
Aménagement du territoire (DATAR) : stations balnéaires, ZIP, stations de sports d'hiver, aéroports, autoroutes	◆ Pôles de compétitivité ◆ Protection de l'environnement (Grenelle de l'environnement, COP 21)

4 Une gouvernance européenne depuis le congrès de La Haye

Les étapes de la construction européenne

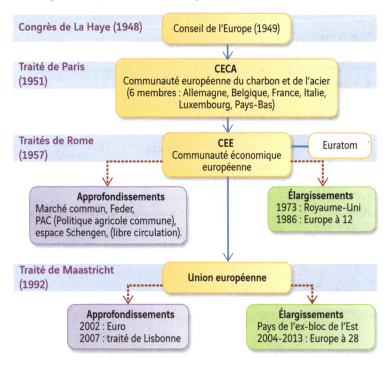

Les faiblesses du projet européen

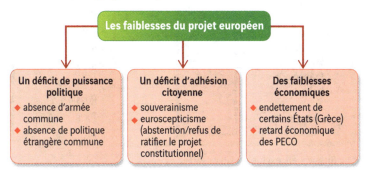

5. La gouvernance économique mondiale depuis 1944

L'émergence d'une gouvernance économique mondiale

1944-1971 Réguler l'économie pour la paix et la prospérité	• Accords de Bretton Woods • Création du FMI et de la BIRD • Croissance économique des Trente Glorieuses
1971-1990 La gouvernance mondiale face à la crise	• Fin de la convertibilité du dollar en or • Chocs pétroliers • Croissance dépressive • Essor du néolibéralisme
Depuis 1990 Définir une nouvelle gouvernance mondiale	• Dérégulation de l'économie et fluctuation des monnaies • Spéculation boursière • Endettement des pays et crise des dettes publiques • Interventions du FMI, du G20, des organisations régionales et des États

Du G6 au G20

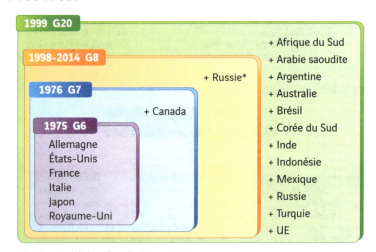

*La Russie a été exclue du G8 en 2014.

6 Les dynamiques de la mondialisation

La mondialisation en fonctionnement

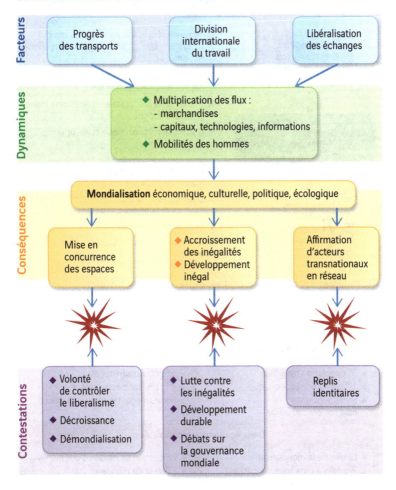

7. L'Amérique : puissance du Nord, affirmation du Sud

Le continent américain : entre tensions et intégrations régionales

Le continent américain entre tensions et intégrations régionales

Un hémisphère sous tension ou sous contrôle ?
- Tensions régionales nombreuses mais de faible intensité, liées à des constructions nationales inachevées
- Volonté hégémonique des États-Unis sur l'hémisphère américain
- Retour de la démocratie en Amérique latine, lutte anti-drogue
- Domination économique états-unienne

De multiples tentatives d'intégration régionale
- Échec d'une intégration continentale (panaméricanisme)
- Deux pôles majeurs d'intégration régionale : l'ALENA et le Mercosur
- Fragmentation régionale
- De nouvelles dynamiques d'intégration mondialisées

États-Unis, Brésil : rôle mondial, dynamiques territoriales

ÉTATS-UNIS	BRÉSIL
Puissance globale	**Puissance émergente**
◆ 3e population mondiale ◆ 1re puissance économique ◆ Hyperpuissance : *hard power / soft power*	◆ 5e population mondiale ◆ 7e puissance économique ◆ Fortes inégalités mais émergence
Deux économies mondialisées	
◆ Leader de la mondialisation ◆ Produits à forte valeur ajoutée	◆ Production de matières premières ◆ « Ferme du monde »
Des dynamiques territoriales décalées	
◆ Problème de la minorité noire ◆ Deux centres : Nord-Est, *Sun Belt* ◆ Vieux Sud en rénovation	◆ Grand métissage de la population ◆ Front pionnier amazonien ◆ Nordeste, région bloquée

8 L'Afrique : les défis du développement

Le Sahara : ressources, conflits

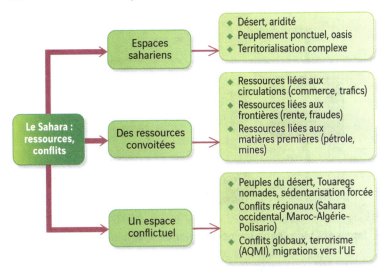

Le continent africain face au développement et à la mondialisation

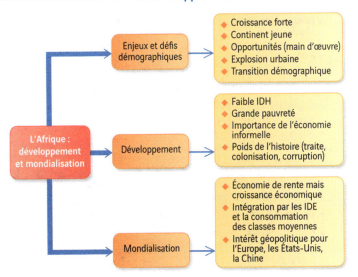

9. L'Asie du Sud et de l'Est : les enjeux de la croissance

Les défis de la population et de la croissance

Japon et Chine : concurrences régionales, ambitions mondiales

JAPON	CHINE
Un face-à-face historique	
◆ Révolution Meji (1868) puis « haute croissance » (1955-1973) ◆ 3e économie mondiale (2010) ◆ Économie dominante et internationalisée	◆ Chine communiste de Mao Zedong puis modernisations de Deng Xiaoping (1978) ◆ 2e économie mondiale (2010) ◆ Usine du monde, pays émergents
De la complémentarité à la concurrence régionale	
◆ Japon donneur d'ordres + Chine plate-forme manufacturière = complémentarité ◆ Transferts technologiques en Chine = concurrence ◆ Difficile intégration régionale (ASEAN, OCS) ◆ Contentieux géopolitiques (nationalismes, revendications territoriales, incidents)	
Des ambitions mondiales	
◆ *Soft power* développé : *cool Japan*, aide au développement ◆ Siège non permanent à l'ONU ◆ Protection militaire des États-Unis ◆ Projet de puissance : « Suisse de L'Asie » ?	◆ *Soft power* en progrès ◆ Course aux matières premières ◆ Membre permanent de L'ONU ◆ 2e budget militaire mondial et stratégie du « collier de perles » ◆ Projet de puissance : *condominium* avec les États-Unis ?